FRANZÖSISCH STEP BY STEP

CHARLES BERLITZ

FRANZÖSISCH

STEP BY STEP

BECHTERMÜNZ

Satz und Layout: MECO Buchproduktion, Dreieich
Redaktion: Christian Gerritzen
ISBN 3 927117 63 3

VORWORT

Französisch Step by Step ist das erste Buch seiner Art und unterscheidet sich grundlegend von anderen Lehr- oder Übungsbüchern für die französische Sprache.

Dieses Buch wird Sie Schritt für Schritt zur Beherrschung der französischen Sprache führen, vom ersten Kontakt mit der Sprache bis hin zur fortgeschrittenen Unterhaltung, und es enthält allgemeinverständliche Erklärungen ebenso wie Beispielunterhaltungen, die Sie sofort anwenden können.

Es wird Ihnen auf einfache Weise und ohne langatmige, schwierige Erklärungen zeigen, wie Sie korrektes, gebräuchliches Französisch sprechen können. Von der ersten Seite an lernen Sie französische Unterhaltungsbeispiele.

Dies wird möglich durch die logische und ungewöhnliche Weise, in der Französisch durch die *Step-by-Step*-Methode dargeboten wird. Jedes Element des französischen Satzbaus, jede Verwendungsmöglichkeit französischer Verben, jede moderne französische Redewendung und eine große Anzahl alltäglicher Situationen werden in kurzen, leicht nachvollziehbaren Musterunterhaltungen dargeboten. Diese Dialoge sind nicht nur unterhaltsam, sondern sie werden auch schnell in Ihrem Gedächtnis haften bleiben, wenn Sie sie einmal benutzt haben, denn Wörter und Sätze, die man gut in einer Unterhaltung mit französischsprechenden Menschen verwenden kann, merkt man sich leicht.

Wenn Sie Anfänger sind, werden Sie überrascht sein, wie leicht es ist, Französisch zu sprechen und es auch so auszusprechen, daß Franzosen Sie verstehen. Wenn Sie bereits etwas Französisch können, werden Sie feststellen, daß Sie mithilfe dieses Buches die Sprache besser verstehen, fließender und mit größerem Selbstvertrauen sprechen und einen größeren Wortschatz verwenden können.

Dieses Buch enthält 26 Schritte, die Sie anhand eines nach der Verwendungshäufigkeit ausgewählten Vokabulars zur französischen Sprache hinführen. Sie beginnen mit der Bestellung in einem Café, bald werden Sie verstehen, was französische Menschen, die Sie treffen, sagen, und werden ihnen antworten können. Schließlich werden Sie in der Lage sein, sich über Bücher, Politik, Kunst, Wissenschaften, Geschäftliches, Geschichte und jedes andere Thema zu unterhalten. Darüber hinaus enthalten die Beispielunterhaltungen kleine Ausflüge in die Kultur der französischsprechenden Welt – so daß Sie nicht nur lernen, *was* Sie sagen können, sondern auch, *was* Sie *wann* sagen können. Sie werden lernen, wie man eine Unterhaltung beginnt – wie man eine Geschichte erzählt – wie Menschen sprechen, wenn sie aufgeregt sind – und Sie werden sogar die Sprache der Gefühlswelt kennenlernen.

Gleichzeitig werden Sie einige tausend Vokabeln lernen – das sind mehr, als die meisten Menschen in ihrer Muttersprache verwenden. Durch die situationsbezogenen Unterhaltungen werden Sie die Formen der Verben und bildhafte Redewendungen lernen; mit anderen Worten: Sie werden einen *Instinkt* für die richtige Sprache in der jeweiligen Situation entwickeln – genau so, wie Sie es taten, als Sie Ihre Muttersprache gelernt haben.

Erklärungen zu diesen besonderen Konstruktionen werden genau an dem Punkt gegeben, an dem sie benötigt werden. Diese leichtverständlichen Erklärungen auf der rechten Hälfte jeder Seite beziehen sich direkt auf jedes neue Beispiel eines französischen Ausdrucks oder einer französischen Redewendung.

Am Ende jedes Schrittes befindet sich ein Abschnitt mit einer Beispielunterhaltung in Form eines kurzen Dialoges, der nicht nur dazu dient, das im vorhergegangenen Schritt Gelernte zu vertiefen, sondern der auch französische Menschen im natürlichen Gespräch zeigt, wobei sie das neue Material, das Sie gerade gelernt haben, auf alltägliche, korrekte Weise anwenden. Wenn Sie Französisch auf diese natürliche *Step-by-Step*-Methode erlernen, werden Sie feststellen, daß Sie es bald fließend sprechen und problemlos verstehen werden – und Sie werden Freude daran haben, die Sprache zu lernen.

INHALT

DIE AUSSPRACHE DES FRANZÖSISCHEN

Jeder Satz in den Lektionen dieses Buches ist dreimal abgedruckt – zunächst auf Französisch, dann in leicht lesbarer „Lautschrift“ (in eckigen Klammern), und schließlich auf Deutsch, damit Sie die Bedeutung verstehen können.

Um Französisch korrekt zu lesen, lesen Sie die zweite Zeile laut vor, wobei Sie jede Silbe so aussprechen, als wäre sie deutsch, und – Sie sprechen Französisch. Hier ist ein Beispiel:

Comment allez-vous?
[ko-moŋ ta-leh-wu?]
Wie geht es Ihnen?

Sie sehen bereits an diesem Satz eine Besonderheit des Französischen, nämlich die *liaison* – die Verbindung von zwei einzelnen Wörtern in der Aussprache. Die einzelnen Wörter würden, für sich ausgesprochen,

[ko-moŋ] [a-leh] [wu?]

lauten. Aufgrund des Zusammentreffens z.B. von *-t* am Wortende und *a-* am Anfang des nächsten Wortes ergibt sich die Aussprache, die Sie oben sehen. Durch alle Lektionen hindurch wird Ihnen dieses Phänomen immer wieder begegnen; Sie sollten sich also, wenn Sie die Aussprache studieren, nicht nur auf die einzelnen Wörter konzentrieren, sondern stets den gesamten Satz in Betracht ziehen – auf diese Weise werden Sie bald eine glatte und melodische Aussprache erreichen.

Während Sie in den Lektionen voranschreiten, sollten Sie versuchen, das Französische auszusprechen, ohne auf die zweite Zeile zu schauen – im Zweifelsfall ist sie ja immer noch da.

Die Aussprache des Französischen ist für Deutsche leider nicht ganz einfach nachzuvollziehen. Einige weitere wichtige Besonderheiten sind in der nachstehenden Tabelle aufgelistet:

FRANZÖSISCH	LAUTSCHRIFT	ENTSPRICHT IM DEUTSCHEN ETWA	
-ent; -en-	[oŋ]	ong	[wie in „Abonne**ment**“]
on	[ohŋ]	ohng	[wie in „Be**ton**“]
en; -in-	[äŋ]	äng	[wie in „Manne**quin**“]
un	[öŋ]	öng	[wie in „Pa**fum**“]
j	[sh]	sch	[wie in „**G**enie“]
dumpfes e	[e]	e	[wie in „Hack**e**“]
offenes e	[ä]	ä	[wie in „f**ä**llen“]
geschlossenes e	[eh]	e	[wie in „**E**ber“]

Darüber hinaus sollten Sie wissen, daß es im Französischen sogenannte „stumme“ Buchstaben gibt (wie z.B. das *-s* am Ende von *vous* – es entspricht also nicht jeder geschriebene Buchstabe genau einem Laut in der Aussprache.

Sogenannte Diphthonge (das sind Lautgruppen, die aus zwei Vokalen bestehen), sollten Sie beim Sprechen nicht „auseinanderziehen“, sondern so gut wie möglich verbinden: *voila* – [woa-la]

Ein Ratschlag: Nachdem Sie eine Lektion gelesen haben, ist es sehr wichtig, daß Sie den Text der Lektion und die „Beispielunterhaltung“ noch einmal laut lesen. Lesen Sie sie zunächst langsam, und steigern Sie dann allmählich die Geschwindigkeit bis zu einer normalen Unterhaltungsgeschwindigkeit, wobei Sie die französische Zeile anstelle der Lautschrift-Zeile lesen. Dies wird Ihnen nicht nur bei der Aussprache helfen, sondern es werden sich auch die Vokabeln und Ausdrücke tiefer in Ihr Gedächtnis einprägen. Egal, ob Sie allein lernen oder mit jemand anderem zusammen – versuchen Sie, die einzelnen Abschnitte bzw. Rollen in den Lektionen (und besonders in den Beispielunterhaltungen) laut zu lesen, mit Gesten und einer natürlichen Betonung, und mit wachsender Geschwindigkeit. Indem Sie sich an eine normale, fließende Sprechweise gewöhnen, werden Sie einen natürlichen Sprechrhythmus erreichen, der Ihnen die Fremdsprache bald so vertraut werden läßt wie Ihre Muttersprache.

BEISPIELUNTERHALTUNG: IN EINEM CAFÉ

Die folgenden Sätze können sofort in jedem französischen Café angewandt werden. Ein Gedankenstrich vor einem Satz ist die französisch gebräuchliche Form, einen Sprecherwechsel anzuzeigen, anstelle der im Deutschen üblichen Anführungszeichen.

—Bonjour, monsieur.
[bohŋ-shuhr, miss-jö.]
Guten Tag, mein Herr.

Die wichtige zweite Zeile
Die zweite Zeile, die die französische Aussprache bezeichnet, soll so gelesen werden, als wenn Sie deutsche Silben lesen; das Ergebnis wird verständliches Französisch sein. Der einzige phonetische Buchstabe, auf den Sie besonders achten müssen, ist ein *ng*, das wie ein nasales „ng" wie beispielsweise in „Gong" ausgesprochen werden sollte In der Lautschrift haben wir dafür das Sonderzeichen [ŋ] eingeführt. Zur genauen Aussprache jedes französischen Buchstaben beachten Sie bitte auch die Einleitung.

Voilà une table libre.
[woa-la ün table lihbre.]
Hier ist ein freier Tisch.

Jeder Gegenstand ist männlich oder weiblich
Alle Hauptwörter sind männlich oder weiblich. Sächliche Hauptwörter wie im Deutschen gibt es

im Französischen nicht. „Ein" (männlich) vor einem Hauptwort wird übersetzt mit *un*, „eine" mit *une*. Deutsche sächliche Hauptwörter sind im Französischen meistens männlich, „ein" (sächlich) heißt also meist *un*.

—Oh! Pardon, madame!
[oh! par-dohŋ, ma-dam!]
Oh! Verzeihung, meine Dame!

Pardon

Der Sprecher entschuldigt sich bei der Dame mit *pardon*, nachdem er auf dem Weg zu seinem Tisch gegen ihren Tisch gestoßen ist. Er hätte stattdessen auch *excusez-moi* oder *pardonnez-moi* oder *je m'excuse* sagen können.

—Ce n'est rien, monsieur.
[sse nä rjäŋ, miss-jö.]
Das macht nichts, mein Herr.

Die Anrede

Bei gebräuchlichen Begrüßungsformeln und Höflichkeitssätzen wie zum Beispiel „Guten Tag", „Auf Wiedersehen", „Wie geht es Ihnen?" setzt der Franzose anders als der Deutsche immer noch eine Anrede dahinter, wie beispielsweise „meine Dame", „mein Herr" oder dergleichen.

—Un café, s'il vous plaît.
[öŋ ka-feh, ssil wu plä.]
Einen Kaffee, bitte.

—Oui. Tout de suite, monsieur.
[wie. tud swit, miss-jö.]
Ja. Sofort, mein Herr.

—Ah! Henri. Comment allez-vous?
[ah! oŋ-ri. ko-moŋ ta-leh-wu?]
Ah! Henri. Wie geht es Ihnen?

—Trés bien, merci.
[trä bjäŋ, mär-ssi.]
Danke, sehr gut.

Et vous?
[eh wu?]
Und Ihnen?

—Pas mal.
[pa mal.]
Nicht schlecht.

Asseyez-vous un moment.
[ah-sseh-jeh-wu söŋ mo-moŋ.]
Setzen Sie sich für einen Augenblick.

Je vous en prie.
[she wu soŋ pri.]
Ich bitte Sie.

Höflichkeit – *La Politesse*
S'il vous plaît ist der gebräuchliche Ausdruck für „bitte", während *je vous en prie*, das ebenfalls „bitte" bedeutet, noch höflicher ist. Es kann auch die Bedeutung von „gern geschehen" oder „wenn ich bitten darf" haben.

—Volontiers. Avec plaisir.
[wo-lohŋ-tjeh. awäk pleh-sihr.]
Gerne. Mit Vergnügen.

—Garçon!
[gar-ssohŋ!]
Kellner!

Un autre café, s'il vous plaît.
[öŋ noh-tre ka-feh, ssil wu plä.]
Noch einen Kaffee, bitte.

Garçon!
Garçon bedeutet „Junge" und gleichzeitig auch „Kellner".

Beachten Sie, daß durch das Zeichen unter dem ç der Buchstabe wie „s" ausgesprochen wird.

—Voilà, monsieur.
[woa-la, miss-jö.]
Da ist er, mein Herr.

—Quel bon café!
[käl bohŋ ka-feh!]
Was für ein guter Kaffee!

—N'est-ce pas?
[ness pa?]
Nicht wahr?

Denken Sie nicht auch so?
N'est-ce pas? – „Nicht wahr?"- ist ein sehr gebräuchlicher Ausdruck mit vielen Bedeutungen, angefangen von „Denken Sie nicht auch so?", „Habe ich nicht recht?" bis zu „Nicht wahr?" oder „Ist es nicht so?"

—Garçon, l'addition!
[gar-ssohŋ, la-diss-johŋ!]
Kellner, die Rechnung!

—Voilà, monsieur.
[woa-la, miss-jö.]
Hier ist sie, mein Herr.

Voilà!
Voilà bedeutet „da ist er, sie, es", „da sind sie" oder „hier ist er, sie, es", „hier sind sie", ebenso wie „hier ist", „hier sind"; das hängt vom jeweiligen Textzusammenhang ab. Ein nützliches Wort, *n'est-ce pas?*

—Merci pour le café.
[mär-ssi pur le ka-feh.]
Vielen Dank für den Kaffee.

—De rien.
[d rjäŋ.]
Keine Ursache.

Au revoir!
oh-re-woahr!
Auf Wiedersehen!

—Au revoir et à bientôt.
[oh-re-woahr eh ah bjäŋ-to.]
Auf Wiedersehen und bis bald.

TESTEN SIE IHR FRANZÖSISCH

Finden Sie die zueinander passenden Sätze. Rechnen Sie sich 10 Punkte für jede korrekte Antwort an. Die Auflösung finden Sie unten.

1. Guten Morgen, mein Herr.	A	Avec plaisir.
2. Verzeihung, meine Dame.	B	Asseyez-vous un moment.
3. Keine Ursache, mein Herr.	C	Comment allez-vous?
4. Einen Kaffee, bitte.	D	Au revoir et à bientôt.
5. Sofort, mein Herr.	E	Très bien, merci.
6. Wie geht es Ihnen?	F	Pardon, madame.
7. Sehr gut, vielen Dank.	G	Tout de suite, monsieur.
8. Setzen Sie sich einen Moment.	H	De rien, monsieur.
9. Mit Vergnügen.	I	Bonjour, monsieur.
10. Auf Wiedersehen und bis bald.	J	Un café, s'il vous plaît.

Auflösung: 1–I; 2–F; 3–H; 4–J; 5–G; 6–C; 7–E; 8–B; 9–A; 10–D

Ergebnis: _____ %

step 1 ORTE UND GEGENSTÄNDE

Voici un hôtel, un restaurant,
[woa-ssi öŋ no-täl, öŋ räss-to-roŋ,]
Hier ist ein Hotel, ein Restaurant,

Voici
Voici wird wie *voilà* benutzt, aber für Dinge, die sich in der Nähe befinden. Es bedeutet „hier (da) ist", „hier (da) ist er, sie, es", „hier (da) sind" usw. Jedoch wird auch *voilà* häufig für nahe gelegene Dinge benutzt.

un théâtre, une banque.
[öŋ teh-ahtre, ün booŋk.]
ein Theater, eine Bank.

Est-ce un restaurant?
[ess öŋ räss-to-roŋ?]
Ist das ein Restaurant?

Oui. C'est un restaurant.
[wie. ssä töŋ räss-to-roŋ.]
Ja. Das ist ein Restaurant.

Est-ce un hôtel?
[ess öŋ no-täl?]
Ist das ein Hotel?

Ce n'est pas un hôtel.
[sse nä pa söŋ no-täl.]
Das ist kein Hotel.

„Es ist" und „es ist nicht"
C'est ist die Übersetzung für „das ist, dies ist" oder „es ist", wenn Sie etwas vorstellen. Um die

Verneinung zu bilden, umrahmen Sie das Verb *est* (ist) mit der Konstruktion *ne ... pas*. Weil *est* mit einem Vokal beginnt, fällt das *e* von *ne* weg und man erhält *ce n'est pas* – „das ist nicht". Um „ist es?" oder „ist das?" zu sagen, drehen Sie die Wortfolge um – *est-ce...?*

Qu'est-ce que c'est?
[kess ke ssä?]
Was ist das?

C'est un theâtre.
[ssä töŋ teh-ahtre.]
Das ist ein Theater.

Un taxi, un autobus.
[öŋ tak-ssi, öŋ no-to-bühss.]
Ein Taxi, ein Bus.

Est-ce un taxi ou un autobus?
[ess öŋ tak-ssi u öŋ no-to-bühss?]
Ist das ein Taxi oder ein Bus?

Est-ce l'autobus pour Versailles?
[ess lo-to-bühss pur wär-ssai?]
Ist das der Bus nach Versailles?

C'est un taxi.
[ssä töŋ tak-ssi.]
Das ist ein Taxi.

Voici un cinéma,
[woa-ssi öŋ ssi-neh-ma,]
Hier sind ein Kino,

un magasin, un musée.
[öŋ ma-ga-säŋ, öŋ mü-seh.]
ein Geschäft, ein Museum.

—Est-ce un magasin?
[ess öŋ ma-ga-säŋ?]
Ist das ein Magazin?

—Oui, c'est un magasin.
[wie, ssä töŋ ma-ga-säŋ.]
Ja, das ist ein Magazin.

—Est-ce un musée?
[ess öŋ mü-seh?]
Ist das ein Museum?

—Non, ce n'est pas un musée.
[nohŋ, sse nä pa söŋ mü-seh.]
Nein, das ist kein Museum.

Qu'est-ce que c'est?
[kess ke ssä?]
Was ist das?

C'est un cinéma.
[ssä töŋ ssi-neh-ma.]
Das ist ein Kino.

Une rue, une place, une statue.
[ün rü, ün plass, ün sta-tü.]
Eine Straße, ein Platz, eine Statue.

Quelle est cette rue?
[käl ä ssät rü?]
Welche Straße ist das?

C'est la rue de la Paix.
[ssä la rü d la pä.]
Das ist die rue de la Paix (Straße des Friedens).

Quelle est cette place?
[käl ä ssät plass?]
Welcher Platz ist das?

C'est la Place de l'Opéra.
[ssä la plass d lo-peh-ra.]
Das ist der Place de l'Opéra (Opernplatz).

Le, la* und *l'

Das Wort für „der" ist *le*, das Wort für „die" ist *la*, das Wort für „das" ist in der Regel *le*. Wenn ein Wort mit einem Vokal beginnt, verlieren das *le* und das *la* den Vokal und ersetzen ihn durch ein Apostroph, wie bei *L'Opéra* – „die Oper". Das gleiche geschieht mit „das Hotel" – *l'hôtel*, denn da das *h* im Französischen niemals gesprochen wird, ist es, als wenn das Wort mit einem *o* beginnen würde.

Quel est cet hôtel?
[käl ä ssät oh-täl?]
Welches Hotel ist das?

Quel* und *quelle

Quel steht für „welcher?" oder „was?", *quelle* ist die weibliche Form. „Welches" ist meistens *quel*, da das deutsche Neutrum im Französischen in der Regel Maskulinum ist. Beachten Sie die Wortfolge: Im Französischen sagt man – wörtlich übersetzt – „Welches ist dieses Hotel?" statt „Welches Hotel ist das?" Beachten Sie außerdem, daß nicht jedes Wort, das im Deutschen weiblich oder männlich ist, dies auch automatisch im Französichen sein muß. So ist „der Platz" im Französischen beispielsweise weiblich – *„la place"*.

Das Wort für „dieser" ist *ce*, die weibliche Form „diese" ist *cette*. „Dieses" heißt in der Regel *ce*. *Ce* wird zu *cet*, wenn das Wort, auf das es sich bezieht, mit einem Vokal oder einem stummen *h* wie in *hôtel* beginnt.

C'est l'Hôtel de Paris.
[ssä lo-täl d pari.]
Das ist das Hotel de Paris.

Quel est ce restaurant?
[käl ä sse räss-to-roŋ?]
Welches Restaurant ist das?

C'est le Café de la Paix.
[ssä le ka-feh d la pä.]
Das ist das Café de la Paix.

Le café
Das Wort für „der Kaffee" – *le café* ist das selbe wie das Wort für „Das Café".

Quelle est cette statue?
[käl ä ssät sta-tü?]
Welche Statue ist das?

C'est une statue de Napoléon.
[ssä tün sta-tü d na-po-leh-ohŋ.]
Das ist eine Statue Napoleons.

BEISPIELUNTERHALTUNG: EINE FAHRT MIT DEM TAXI

—Taxi, êtes-vous libre?
[tak-ssi, ät-wu lihbre?]
Taxi, sind Sie frei?

Der Bindestrich für Fragen
Der Bindestrich wird bei Fragen zwischen Verb und Pronomen geschrieben, wenn die Wortfolge verändert ist – wie bei diesen Beispielen.

—Oui, monsieur.
[wie, miss-jö.]
Ja, mein Herr.

Où allez-vous?
[u aleh-wu?]
Wohin fahren Sie?

—A l'Hôtel de Paris.
[a lo-täl d pari.]
Zum Hotel de Paris.

Est-ce loin?
[ess loäŋ?]
Ist es weit?

—Non, monsieur.
[nohŋ, miss-jö.]
Nein, mein Herr.

Ce n'est pas loin.
[sse nä pa loäŋ.]
Das ist nicht weit.

—Pardon. Où est l'Hôtel Ritz?
[pardohŋ. u-ä lo-täl ritss?]
Verzeihung. Wo ist das Hotel Ritz?

—Là-bas, à gauche.
[la-ba, ah gohsch.]
Dort, links.

—Est-ce un bon hôtel?
[ess öŋ bohŋ no-täl?]
Ist es ein gutes Hotel?

—Oui, monsieur.
[wie, miss-jö.]
Ja, mein Herr.

Très bon... et très cher.
[trä bohŋ... eh trä schähr.]
Sehr gut... und sehr teuer.

—Où est le Musée du Louvre?
[u-ä le mü-seh dü luwre?]
Wo ist das Museum Louvre?

—Au bout de cette rue, à droite.
[oh bu d ssät rü, a droat.]
Am Ende von dieser Straße, rechts.

de + le = du; à + le = au
De bedeutet „von", „aus" und *à* bedeutet „in", „nach". Wenn Sie *de* und *le* (der, das) miteinander verbinden, wird daraus *du*. Aus der Verbindung von *à* und *le* wird *au*. *De la* und *à la* gehen keine veränderte Verbindung miteinander ein.

Ce grand bâtiment là-bas.
[sse groŋ ba-ti-moŋ la-ba.]
Das große Gebäude dort.

Nous voila à l'Hôtel de Paris.
[nu woa-la ah lo-täl d pari.]
Hier sind wir am Hotel de Paris.

Wortstellung
Nous bedeutet „wir", aber es steht vor *voilà*. Die französische Wortfolge ist häufig anders als die deutsche, wie Sie noch sehen werden.

—Très bien. Merci. C'est combien?
[trä bjäŋ. mär-ssi. ssä kohŋ-bjäŋ?]
Sehr schön. Danke. Wieviel macht es?

Wieviel?
„Wieviel macht es?" oder „Wieviel kostet es?" ist *Combien est-ce?*, aber der üblichere Ausdruck ist *C'est combien?* – wörtlich „Das ist wie teuer?" im Sinne einer Frage.

—Quatre francs.
[katre froŋ.]
Vier Francs.

—Voyons… un, deux, trois, quatre... et cinq.
[woa-johŋ… öŋ, döh, troa, katre... eh ssähŋk.]
Mal sehen... eins, zwei, drei, vier... und fünf.

—Merci, monsieur.
[mär-ssi, miss-jö.]
Danke, mein Herr.

Die Wichtigkeit des Geschlechts
Ähnlich wie im Deutschen ist es wichtig zu wissen, ob ein Hauptwort im Französischen weiblich oder männlich ist, da die Eigenschaftswörter (Adjektive) und Fürwörter (Pronomen), die sich auf das Hauptwort (Substantiv) beziehen, genau wie im Deutschen das entsprechende Geschlecht des Hauptworts annehmen. Es empfiehlt sich, das Geschlecht des Substantivs mitzulernen, da es nicht unbedingt dem deutschen Geschlecht entsprechen muß. Beispiel:

une clé – „ein" Schlüssel

TESTEN SIE IHR FRANZÖSISCH

Schreiben Sie *un* oder *une*, entsprechend dem Geschlecht, vor jedes Hauptwort. Rechnen Sie sich 10 Punkte für jede korrekte Antwort an. Die Auflösung finden Sie unten.

1. Voici _____ hôtel.
2. C'est _____ restaurant.
3. Voici _____ théâtre.
4. C'est _____ cinéma.
5. Ce n'est pas _____ musée.
6. C'est _____ statue de Napoléon.
7. Voici _____ banque.
8. C'est _____ taxi.
9. Voici _____ magasin.
10. Ce n'est pas _____ autobus.

Auflösung: 1. un; 2. un; 3. un; 4. un; 5. un; 6. une; 7. une; 8. un; 9. un; 10. un.

Ergebnis: _____ %

step 2 DAS PRÄSENS DER VERBEN

Voici le verb *être:*
[woa-ssi le wärb ätre:]
Hier ist das Verb *être* („sein"):

Je suis français.
[she swi froŋ-ssä.]
Ich bin Franzose.

Vous êtes américain.
[wu sät sa-meh-ri-käŋ.]
Sie (Höflichkeitsform) sind Amerikaner.

Il est anglais.
[il ä toŋ-glä.]
Er ist Engländer.

Sa femme est française.
[ssa fam ä froŋ-ssäs.]
Seine Frau ist Französin.

Adjektive sind maskulin oder feminin
Adjektive nehmen das Geschlecht des Hauptwortes oder Pronomens an, auf das sie sich beziehen. Die weibliche Endung für ein Adjektiv wird normalerweise durch Anhängen eines -e gebildet:

männlich	weiblich
français	*française*
anglais	*anglaise*
américain	*américaine*

Nous sommes ici en visite.
[nu ssomm si-ssi oŋ wi-sit.]
Wir sind hier zu Besuch.

C'est très intéressant.
[ssä trä säŋ-teh-rä-ssoŋ.]
Das ist sehr interessant.

Où sont Monsieur et Madame Bernard?
[u ssohŋ miss-jö eh ma-dam bär-nahr?]
Wo sind Herr und Frau Bernard?

Ils sont en voyage.
[il ssohŋ toŋ woa-jahsh.]
Sie sind auf Reisen.

Konjugation von *être* – „sein"

je suis	ich bin
tu es	du bist
il (elle) est	er (sie) ist
nous sommes	wir sind
vous êtes	ihr seid, Sie sind
ils (elles) sont	sie sind

Die Konjugation von *être* ist sehr unregelmäßig und muß auswendig gelernt werden. Bei dem letzten Beispiel „sie sind", heißt es *ils*, wenn „sie" sich auf Männer oder männliche Hauptwörter bezieht und *elles*, wenn „sie" sich auf Frauen oder weibliche Hauptwörter bezieht. Im Falle einer gemischten Gruppe heißt es *ils*, auch wenn es sich nur um einen Mann und viele Frauen handelt. Wenn eine Person gesietzt werden soll, heißt es *vous êtes*.
Die höfliche Anredeform ist also anders als im Deutschen die 2. Person Plural.

Leurs enfants ne sont pas la.
[lör soŋ-foŋ ne ssohŋ pa la.]
Ihre Kinder sind nicht da.

Einige besitzanzeigende Fürwörter (Possesivpronomen) haben männliche oder weibliche Formen, und alle sind entweder Singular oder Plural. Die folgende Tabelle wird Ihnen helfen, die Possesivpronomen zu erkennen, die sie in Step 2 vorfinden:

	Singular		Plural
	mask.	fem.	mask. und fem.
mein	*mon*	*ma*	*mes*
sein, ihr	*son*	*sa*	*ses*
unser	*notre*	*notre*	*nos*
euer	*votre*	*votre*	*vos*
ihr	*leur*	*leur*	*leurs*

Où sont-ils?
[u ssohŋ-til?]
Wo sind sie?

Je ne sais pas.
[she ne ssä pa.]
Ich weiß es nicht.

„Ich weiß nicht"
Dieser Ausdruck ist hier einfach als ein sehr gebräuchlicher Ausdruck angeführt worden. Das Verb „wissen" *(savoir)* kommt in einer späteren Lektion vor.

Et voilà le verbe *parler:*
[eh woa-la le wärb par-leh:]
Und hier ist das Verb *parler* („sprechen"):

Parler
Wenn Sie ein Verb in einem Wörterbuch suchen, werden Sie es in der Infinitiv-Form finden, so wie *parler* („sprechen"). Die meisten französischen Infinitive enden auf *-er* und werden wie *parler* konjugiert. Hier ist das Präsens von *parler:*

ich spreche	*je parle*
du sprichst	*tu parles*
er, sie spricht	*il (elle) parle*
wir sprechen	*nous parlons*
ihr sprecht, Sie sprechen	*vous parlez*
sie sprechen	*ils (elles) parlent*

Je parle français.
[she parl froŋ-ssä.]
Ich spreche Französisch.

Parlez-vous anglais?
[par-leh-wu soŋ-glä?]
Sprechen Sie Englisch? (Sprecht ihr Englisch?)

Ma femme ne parle pas bien français.
[ma fam ne parl pa bjäŋ froŋ-ssä.]
Meine Frau spricht nicht gut Französisch.

Eine der Möglichkeiten, im Französischen Fragen zu stellen, ist es, den Satz umzustellen:

Sprechen Sie? – *Parlez-vous?*

Bei Verneinungen stellen Sie *ne* vor das Verb und *pas* hinter das Verb:

Ich spreche nicht. – *Je ne parle pas.*

Nous parlons français
[nu par-lohŋ froŋ-ssä]
Wir sprechen Französisch

avec nos amis français.
[awäk noh sa-mi froŋ-ssä.]
mit unseren französischen Freunden.

Ils ne parlent pas anglais.
[il ne parl pa soŋ-glä.]
Sie sprechen kein (nicht) Englisch.

Le verbe *venir:*
[le wärb we-nihr:]
Das Verb *venir* („kommen"):

Venir

Während die meisten Infinitive auf *-er* enden wie zum Beispiel *parler*, enden andere auf *-ir*, *-re* und *-oir*. Wir werden uns mit dem Präsens vieler Verben in Step 5 beschäftigen, aber wir führen *venir* hier schon ein, weil es in grundlegenden Unterhaltungen so häufig vorkommt.

Hier ist das Präsens von *venir:*

Je viens, tu viens, il (elle) vient, nous venons, vous venez, ils (elles) viennent

Je viens de Montréal.
[she wjäŋ d mohŋ-reh-all.]
Ich komme aus Montreal.

D'où venez-vous?
[du we-neh wu?]
Woher kommen Sie? (Woher kommt ihr?)

Est-ce que Bertrand vient avec nous?
[ess ke bär-troŋ wjäŋ ta-wäk nu?]
Kommt Bertrand mit uns?

Einfache Fragen

Est-ce que... ist eine einfache Art, eine Frage zu bilden. Sie behalten die normale Wortstellung bei (anstatt sie umzustellen) und leiten die Frage mit *est-ce que* ein – wörtlich übersetzt „ist es, daß..."

Vous êtes italien. – Sie sind Italiener.
Est-ce que vous êtes italien? – Sind Sie Italiener?
Etes-vous italien? – Sind Sie Italiener?

Non, il ne vient pas avec nous.
[nohŋ, il ne wjäŋ pa sa-wäk nu.]
Nein, er kommt nicht mit uns.

Nous venons de Californie.
[nu we-nohŋ d ka-li-for-ni.]
Wir kommen aus Kalifornien.

De quel pays viennent-ils?
[d käl peh-i wjänn-til?]
Aus welchem Land kommen Sie?

Présentations:
[preh-soŋ-tass-johŋ:]
Vorstellungen:

—Monsieur Dumas, un ami américain.
[miss-jö dü-ma, öŋ na-mi a-meh-ri-käŋ.]
Herr Dumas, ein amerikanischer Freund.

Madame Latour.
[ma-dam la-tur.]
Frau Latour.

—Bonjour, monsieur.
[bohŋ-shuhr, miss-jö.]
Guten Tag, mein Herr.

Enchanté, madame.
[oŋ-schoŋ-teh, ma-dam.]
Sehr erfreut, meine Dame.

Die Höflichkeit
Enchanté ist ein höfliche Art, auf eine Vorstellung zu reagieren. Wenn einem Mann eine Dame vorgestellt wird, ist ein noch höflicherer Satz *Mes hommages, madame.* – „Meine Ehrerbietung, meine Dame".

—Vous êtes américain, monsieur,
[wu sät sa-meh-ri-käŋ, miss-jö,]
Sie sind Amerikaner, mein Herr,

Im Französischen ist es höflich, *monsieur, madame* und *mademoiselle* bei der Anrede, bei der Begrüßung und in anderen Situationen zu benutzen. Der Franzose sagt also nicht nur „Guten Tag", sondern *Bonjour, Madame* oder *Bonjour, Monsieur*. Gegenüber erwachsenen Frauen wird eher *madame* als *mademoiselle* gesagt, wenn nicht bekannt ist, ob die Dame verheiratet ist oder nicht.

mais votre nom est français.
[mä wo-tre nohŋ ä froŋ-ssä.]
aber Ihr Name ist französisch.

—Oui, mes parents sont français.
[wie, meh pa-roŋ ssohŋ froŋ-ssä.]
Ja, meine Eltern sind Franzosen.

—Ah! C'est intéressant!
[ah! ssä täŋ-teh-rä-ssoŋ!]
Ah! Das ist interessant!

Et de quelle région viennent-ils?
[eh d käl reh-shjohŋ wjänn-til?]
Und aus welcher Gegend kommen Sie?

—Ils sont de Marseille.
[il ssohŋ d mar-ssäj.]
Sie sind aus Marseille.

Et vous, madame,
[eh wu, ma-dam,]
Und Sie, meine Dame,

êtes-vous parisienne?
[ät-wu pa-ris-jän?]
sind Sie Pariserin?

—Oui, monsieur, je suis parisienne.
[wie, miss-jö, she swi pa-ris-jän.]
Ja, mein Herr, ich bin Pariserin.

—Parlez-vous anglais?
[par-leh-wu soŋ-glä?]
Sprechen Sie Englisch?

—Un peu seulement.
[öŋ pö ssöl-moŋ.]
Nur ein wenig.

L'anglais est très difficile.
[loŋ-glä ä trä di-fi-ssil.]
Englisch ist sehr schwierig.

Mais vous, monsieur.
[mä wu, miss-jö.]
Aber Sie, mein Herr.

Vous parlez très bien français.
[wu par-leh trä bjäŋ froŋ-ssä.]
Sie sprechen sehr gut Französisch.

Votre accent est très bon.
[wotre ak-ssoŋ tä trä bohŋ.]
Ihr Akzent ist sehr gut.

—Merci, madame.
[mär-ssi, ma-dam.]
Danke, meine Dame.

Vous êtes bien aimable.
[wu sät bjäŋ nä-mable.]
Sie sind sehr liebenswürdig.

BEISPIELUNTERHALTUNG: IN EINEM BÜRO

M. Rollin vient de New York.
[miss-jö ro-läŋ wjäŋ d new jork.]
Herr Rollin kommt aus New York.

Il est américain,
[il ä ta-meh-ri-käŋ,]
Er ist Amerikaner,

mais il parle aussi français.
[mä sil parl oh-ssi froŋ-ssä.]
aber er spricht auch Französisch.

Il est dans un bureau à Paris,
[il ä doŋ söŋ bü-ro ah pari,]
Er ist in einem Büro in Paris,

Legrand & Compagnie.
[le-groŋ eh kohŋ-paŋ-ji.]
Legrand & Compagnie.

Albert Rollin parle
[al-bär rol-äŋ parl]
Albert Rollin spricht

avec la secrétaire de Philippe Legrand.
[awäk la sse-kreh-tähr d fi-lihp le-groŋ.]
mit der Sekretärin von Philippe Legrand.

Zugehörigkeit
Der Genitiv wird mit *de* gebildet, was „von" oder „aus" bedeutet.

La voiture de Paul – „Pauls Auto"

M. ROLLIN:

Bonjour.
[bohŋ-shuhr.]
Guten Tag.

Est-ce bien le bureau de M. Legrand?
[ess bjäŋ le bü-ro d miss-jö le-groŋ?]
Ist das das Büro von Herrn Legrand?

LA SECRÉTAIRE:

Oui, monsieur.
[wie, miss-jö.]
Ja, mein Herr.

Je suis sa secrétaire.
[she swi ssa sse-kreh-tähr.]
Ich bin seine Sekretärin.

M. ROLLIN:

Je suis un ami de M. Legrand.
[she swi söŋ na-mi d miss-jö le-groŋ.]
Ich bin ein Freund von Herrn Legrand.

Voici ma carte.
[woa-ssi ma kart.]
Hier ist meine Karte.

Je viens de New York.
[she wjäŋ d new jork.]
Ich komme aus New York.

Et je suis ici de passage.
[eh she swi si-ssi d pa-ssahsh.]
Und ich bin hier auf der Durchreise.

Est-ce que M. Legrand est très occupé?
[ess ke miss-jö le-groŋ ä trä so-kü-peh?]
Ist Herr Legrand sehr beschäftigt?

LA SECRÉTAIRE:

Excusez-moi, monsieur...
[äkss-kü-seh-moa, miss-jö...]
Entschuldigen Sie mich, mein Herr...

(Elle parle au téléphone
[äl parl oh teh-leh-fohn]
(Sie spricht am Telefon)

Allô! monsieur… Etes-vous libre un instant?
[ah-loh! miss-jö… ät-wu lihbre öŋ näŋss-toŋ?]
Hallo! Monsieur… Sind Sie für einen Augenblick frei?

M. Rollin est ici… un ami de New York.
[miss-jö ro-läŋ ä ti-ssi… öŋ na-mi d new jork.]
Herr Rollin ist hier… ein Freund aus New York.

Très bien… Tout de suite.
[trä bjäŋ… tud swit.]
Sehr gut… sofort.

M. Legrand est dans son bureau, monsieur.
[miss-jö le-groŋ ä doŋ ssohŋ bü-ro, miss-jö.]
Herr Legrand ist in seinem Büro, mein Herr.

Par ici, s'il vous plaît.
[par i-ssi, ssil wu plä.]
Dort entlang, bitte.

M. ROLLIN:

Merci, mademoiselle, vous êtes bien aimable.
[mär-ssi, mad-moa-säl, wu sät bjäŋ nä-mable.]
Danke, Fräulein, Sie sind sehr liebenswürdig.

LA SECRÉTAIRE:

Mais c'est un plaisir, monsieur.
[mä ssä töŋ pleh-sihr, miss-jö.]
Aber das ist (mir) ein Vergnügen, mein Herr.

TESTEN SIE IHR FRANZÖSISCH

Ordnen Sie die deutschen Sätze der richtigen französischen Übersetzung auf der rechten Seite zu. Rechnen Sie sich 10 Punkte für jede korrekte Antwort an. Die Auflösung finden Sie unten.

1. Sprechen Sie Englisch?	A	Nous sommes ici en visite.
2. Ich spreche Französisch.	B	C'est très intéressant.
3. Woher kommen Sie?	C	Par ici, s'il vous plaît.
4. Sie sind auf einer Reise.	D	De quel pays viennent-ils?
5. Wir sind hier zu Besuch.	E	Vous êtes bien aimable.
6. Das ist sehr interessant.	F	Je parle français.
7. Hier entlang, bitte.	G	Parlez-vous anglais?
8. Aus welchem Land kommen sie?	H	Ils sont en voyage.
9. Sie sind sehr liebenswürdig.	I	Vous parlez très bien français.
10. Sie sprechen sehr gut Französisch.	J	D'où venez-vous?

Auflösung: 1-G; 2-F; 3-J; 4-H; 5-A; 6-B; 7-C; 8-D; 9-E; 10-I

Ergebnis: _____ %

step 3 ZAHLWÖRTER UND IHR GEBRAUCH

Les nombres de 1 à 10:
[leh noohŋbre d öŋ a diss:]
Die Zahlen von 1 bis 10

Plural von *le, la, l'* = *les*
Der Plural von *le, la, l'* („der, die, das") ist für beide Geschlechter *les:*

le garçon – der Junge
les garçons – die Jungen
la femme – die Frau
les femmes – die Frauen
l'homme – der Mann
les hommes – die Männer

Der Plural der Hauptwörter wird normalerweise durch Hinzufügen eines *-s* gebildet.

1	2	3	4	5
un	deux	trois	quatre	cinq
[öŋ]	[döh]	[troa]	[katre]	[ssähŋk]
6	7	8	9	10
six	sept	huit	neuf	dix
[ssiess]	[sset]	[wiet]	[nöf]	[diss]

de dix à seize
[d diss a ssähs:]
von 10 bis 16

11	12	13
onze	douze	treize
[oohŋs]	[duhs]	[trähs]

14	15	16
quatorze	quinze	seize
[kators]	[kähŋs]	[ssähs]

et ensuite
[eh oŋswiet]
und dann

17	18	19	20
dix-sept	dix-huit	dix-neuf	vingt
[dissät]	[dis-wiet]	[diss-nöf]	[wäŋ]

Et après vingt:
[eh aprä wäŋ:]
Und nach 20:

21	22	23	24
vingt et un	vingt-deux	vingt-trois	vingt-quatre
[wäŋ-teh-öŋ]	[wäŋ-döh]	[wäŋ-troa]	[wäŋ-katre]

25 et cetera, jusqu'à 30:
[wäŋ-ssähŋk eh ssä-te-ra shüss-ka trooŋt:]
25 und so weiter, bis 30:

40	50
quarante	cinquante
[ka-rooŋt]	[ssäŋ-kooŋt]

60	70
soixante	soixante-dix
[swa-ssooŋt]	[swa-ssooŋt-diss]

„Sechzig-zehn" und „vier-zwanzig"
Siebzig *(soixante-dix)* ist wörtlich „sechzig-zehn" und einundsiebzig *(soixante et onze)* ist „sechzig und elf", dann „sechzig-zwölf" *(soixante-douze)*, und so weiter.
Achtzig *(quatre-vingt)* ist „vier-zwanzig" und 81, 82 usw. sind *quatre-ving-un, quatre-vingt-deux*, usw. Wenn wir bei neunzig sind, heißt es wörtlich „vier-zwanzig-zehn", und 91, 92, usw. sind „vier-

zwanzig-elf" *(quatre-vingt-onze)*, „vier-zwanzig-zwölf" *(quatre-vingt-douze)* usw. Fast wie eine Rechenmaschine *(une machine à calculer), n'est-ce pas?*

71	72	73
soixante et onze	soixante-douze	soixante-treize
[swa-ssooŋt-eh-oohŋs]	[swa-ssooŋt-duhs]	[swa-ssooŋt-trähs]
80	90	
quatre-vingt	quatre-vingt-dix	
[katre-wäŋ]	[katre-wäŋ-diss]	
91	92	93
quatre-vingt-onze	quatre-vingt-douze	quatre-vingt-treize
[katre-wäŋ-oohŋs]	[katre-wäŋ-duhs]	[katre-wäŋ-trähs]

100	101	102 etc.	200	300
cent	cent un	cent deux etc.	deux cents	trois cents
[ssoŋ]	[ssoŋ öŋ]	[ssoŋ döh eh ssä-te-ra]	[döh ssoŋ]	[troa ssoŋ]
1.000	100.000	1.000.000		
mille	cent mille	un million		
[mihl]	[ssoŋ mihl]	[öŋ mihl-johŋ]		

Große Zahlen
Im Französischen setzt man bei hohen Summen die Punkte und Kommata genau wie im Deutschen. Also zum Beispiel: 1.000.000,20 francs.

Les nombres sont très importants –
[leh noohŋbre ssohŋ trä säŋ-por-toŋ –]
Zahlen sind sehr wichtig –

Adjektive im Plural
Importants hat ein *-s* am Ende, weil Adjektive sowohl in der Zahl als auch im Geschlecht mit dem Hauptwort, das sie näher bestimmen, übereinstimmen.

Dans un magasin…
[doŋ söŋ ma-ga-säŋ…]
In einem Geschäft…

Un client: C'est combien?
[öŋ kli-oŋ: ssä kohŋ-bjäŋ?]
Ein Kunde: Das macht wieviel?

La vendeuse: Dix-sept francs vingt-cinq centimes.
[la woŋ-döhs: dissät froŋ wäŋ-ssähŋk ssoŋ-tim.]
Die Verkäuferin: siebzehn Francs (und) fünfundzwanzig Centimes.

Au téléphone…
[oh teh-leh-fon…]
Am Telefon…

Une voix: Allo!
[ün woa: alloh!]
Eine Stimme: Hallo!

C'est le 281-71-91?
[ssä le döh ssoŋ katre wäŋ-töŋ, swa-ssooŋ-teh-oohŋs, katre-wäŋ-oohŋs?]
Ist das die 281-71-91?

Une voix qui répond:
[ün woa ki reh-poohŋ:]
Eine Stimme, die antwortet:

Non. Ici, c'est le 282-72-92.
[nohŋ, i-ssi, ssä le döh-ssoŋ katre-wäŋ-döh, swa-ssooŋt-duhs, katre-wäŋ-duhs.]
Nein. Hier ist 282-72-92.

La voix: Pardon. Excusez-moi!
[la woa: par-dohŋ. äkss-kü-seh-moa!]
Die Stimme: Verzeihung. Entschuldigen Sie mich.

Pour les adresses…
[pur leh sa-dress…]
Für Adressen…

—Quelle est votre adresse?
[käl ä wotre a-dräss?]
Wie (welches) ist ihre Adresse?

—116 rue du Quatre Septembre.
[ssoŋ ssähs rü dü katre sep-toŋbre.]
116 rue du 4 Septembre. (Straße des 4. September, Nr. 116)

Pour savoir quelle heure il est…
[pur ssa-woar käl öhr il ä…]
Um zu wissen, wieviel (welche) Uhr es ist…

„Ich weiß nicht"
Savoir bedeutet „wissen". *Pour* („für") wird mit *savoir* in der Infinitiv-Form im Sinne von „um zu wissen" benutzt. Wörtlich übersetzt bedeutet es „für das wissen".

Zeit und Stunde
Ausdrücke, die sich auf die Uhrzeit beziehen, werden durch *heure* („Stunde, Uhr, Zeit") ausgedrückt.

Wie spät ist es? – *Quelle heure est-il?*
Es ist ein Uhr. – *Il est une heure.*

Quelle heure est-il?
[käl öhr ä-til?]
Wie spät ist es?

Il est sept heures.
[il ä sset öhr.]
Es ist sieben Uhr.

Il est sept heures cinq… sept heures dix.
[il ä sset öhr ssähŋk… sset öhr diss.]
Es ist fünf nach sieben… zehn nach sieben.

Il est sept heures et quart.
[il ä sset öhr eh kar.]
Es ist viertel nach sieben.

Sept heures vingt… sept heures vingt-cinq...
[sset öhr wäŋ… sset öhr wäŋ-ssähŋk.]
Zwanzig nach sieben… fünfundzwanzig nach sieben...

Il est sept heures et demie.
[il ä sset öhr eh demi.]
Es ist halb acht.

Huit heures moins vingt-cinq… moins vingt…
[wiet öhr moäŋ wäŋ-ssähŋk… moäŋ wäŋ…]
Fünf nach halb acht… zwanzig vor acht…

Il est huit heures moins le quart.
[il ä wiet öhr moäŋ le kar.]
Es ist viertel vor acht.

„Weniger ein Viertel"
Im Französischen sagt man „8 Stunden weniger 25 Minuten, 8 Stunden weniger ein Viertel".
Heures bedeutet Stunden.

Moins dix… moins cinq…
[moäŋ diss… moäŋ ssähŋk…]
Zehn vor…fünf vor…

Maintenant il est huit heures.
[mäŋt-noŋ il ä wiet öhr.]
Jetzt ist es acht Uhr.

Pour les rendez-vous:
[pur leh roŋ-deh-wu:]
Für Verabredungen:

—C'est bien pour demain à six heures, n'est-ce pas?
[ssä bjäŋ pur de-mäŋ a ssiess öhr, ness pa?]
Es ist richtig, morgen um sechs Uhr, nicht wahr?

—Non, non, c'est à cinq heures et demie.
[nohŋ, nohŋ, ssä a ssähŋk öhr eh demi.]
Nein, nein, es ist um halb sechs.

—Mais où?
[mä u?]
Aber wo?

—Place de la Liberté, sous l'horloge.
[plass d la li-bär-teh, ssu lor-lohsh.]
Am Platz der Freiheit, unter der Uhr.

Eine „Faustregel"
Französische Hauptwörter, die auf *-té* enden, sind in der Regel weiblich. Wer Englisch kann, kann bei einigen von ihnen ihre Bedeutung aus dem Englischen erschließen, wo sie auf *-ty* enden.

liberté, fraternité, unité, éternité, beauté, facilité, université, faculté, générosité, sincerité, possibilité

—D'accord. Mais si je ne suis pas là
[da-kohr. mä ssi she ne swi pa la]
Einverstanden. Aber wenn ich nicht dort bin

à cinq heures et demie précises,
[a ssähŋk öhr eh demi preh-ssis,]
um Punkt halb sechs,

Femininum und Plural
Précis bedeutet „genau" oder „bestimmt". *Précises* ist die weibliche Pluralform von *précis* und steht hier, weil *heures* (auf das es sich bezieht), weiblich und Mehrzahl ist.

attendez-moi!
[a-tooŋ-deh-moa!]
warten Sie auf mich!

BEISPIELUNTERHALTUNG: AN DER UNIVERSITÄT

Devant le Bureau de l'Administrattion de l'Université
[de-woŋ le bü-ro d lad-mi-niss-trass-johŋ d lü-ni-wär-ssi-teh]
Vor dem Verwaltungsbüro der Universität

un jeune homme parle avec une jeune fille:
[öŋ shön om parl awäk ün shön fih:]
spricht ein junger Mann mit einem jungen Mädchen:

Jeune fille = jeune personne
Fille bedeutet sowohl „Mädchen" als auch „Tochter". Aber wenn es „Mädchen" bedeuten soll, denken Sie daran, daß Sie das Adjektiv *jeune* („jung") voranstellen. Sie können für „Mädchen" auch *jeune personne* sagen.

PAUL:
[poll:]
PAUL:

Bonjour, mademoiselle.
[bohŋ-shuhr, mad-moa-säl.]
Guten Tag, Fräulein.

Vous étes une nouvelle étudiante n'est-ce pas?
[wu sät sün nu-wäl eh-tüd-jooŋt ness pa?]
Sie sind eine neue Studentin, nicht wahr?

Veränderung der Adjektive
Bei den meisten Adjektiven wird bei der weiblichen Form ein -e angehängt, aber einige erfahren eine grundlegendere Veränderung. Die männlichen und weiblichen Formen von „neu" heißen zum Beispiel *nouveau* und *nouvelle*. Ein anderes Wort für „neu" ist *neuf (neuve)*, das hinter das Hauptwort gestellt wird:

le pont neuf – „die neue Brücke"

HENRIETTE:

[oŋ-ri-et:]

HENRIETTE:

Oui, monsieur. Je suis en première année.
[wie, miss-jö. she swi soŋ prem-jähr a-neh.]
Ja, mein Herr. Ich bin im ersten Jahr.

PAUL:

Je suis le secrétaire de l'Administration de l'Université.
[she swi le sse-kreh-tähr d lad-mi-niss-trass-johŋ d lü-ni-wär-ssi-teh.]
Ich bin der Sekretär der Universitätsverwaltung.

Je m'appelle Paul Balard.
[she ma-pell poll ba-lar.]
Ich heiße Paul Balard.

Et vous, mademoiselle...
[eh wu, mad-moa-säl...]
Und Sie, Fräulein...

comment vous appelez-vous?
[ko-moŋ wu sap-leh-wu?]
wie heißen Sie?

Wie heißen Sie?

„Wie ist Ihr Name?" kann mit *Quel est votre nom?* übersetzt werden, aber es ist natürlicher und höflicher, den Ausdruck *Comment vous appelez -vous?* („Wie heißen Sie?") – wörtlich übersetzt „Wie sich nennen Sie?" – zu benutzen. Die Antwort darauf ist *Je m'appelle...* (wörtlich „Ich mich nenne..."). Diese rückbezügliche Verbkonstruktion wird in Step 12 erklärt werden. Bis dahin behalten Sie nur diese beiden hier gegebenen Beispiele im Kopf.

HENRIETTE:

Moi, je m'appelle Henriette Leclerc.
[moa, she ma-pell oŋ-ri-et le-klähr.]
Ich, ich heiße Henriette Leclerc.

PAUL:

Quelle est votre adresse?
[käl ä wotre a-dräss?]
Wie ist Ihre Adresse?

HENRIETTE:

76, rue de la République.
[swa-ssooŋt-ssiess, rü d la reh-pü-blik.]
76, rue de la République (Straße der Republik).

PAUL:

Quel est votre numéro de téléphone?
[käl ä wotre nü-meh-ro d teh-leh-fon?]
Wie ist ihre Telefonnummer?

HENRIETTE:

C'ést le 313-31-04.
[ssä le troa ssoŋ trähs, trooŋt-eh-öŋ seh-roh-katre.]
Das ist die 313-31-04.

PAUL:

Merci, mademoiselle.
[mär-ssi, mad-moa-säl.]
Danke, Fräulein.

Au revoir, et... à bientôt.
[oh re-woahr, eh a bjäŋ-to.]
Auf Wiedersehen, und... bis bald.

JACQUES:

Bonjour, Henriette.
[bohŋ-shuhr, oŋ-ri-et.]
Guten Tag, Henriette.

Tiens! Ce type-là, c'est un de vos amis?
[tjän! sse tüp-la, ssä töŋ d wo sa-mi?]
Sieh da! Jener Kerl, ist er einer von Ihren Freunden?

Dies oder das

Weil *ce* (oder *cet* vor einem Vokal) (männlich) und *cette* (weiblich) entweder „dieser, diese, dieses" oder „jener, jene, jenes" bedeuten kann, ist manchmal noch ein *-ci* oder *-là* mit dem Hauptwort verknüpft, um „dieser" oder „jener" genauer zu bezeichnen.

cet homme-ci – „dieser Mann"
cet homme-là – „jener Mann"

Type bedeutet „Type, Kerl, Mensch.". Ein anderes leicht herabsetzendes Wort für „Person" ist *individu* – „Individuum".

HENRIETTE:

Pourqoi pas?
[pur-kwa pa?]
Warum nicht?

C'est le secrétaire de l'Administration de l'Université .
[ssä le sse-kreh-tähr d lad-mi-niss-trass-johŋ d lü-ni-wär-ssi-teh.]
Er ist der Sekretär der Universitätsverwaltung.

JACQUES:

Quelle blague!
[käl blag!]
Was für ein Ulk!

C'est un étudiant comme nous… Attention!
[ssä töŋ neh-tüd-joŋ kom nu… a-toŋss-johŋ!]
Er ist ein Student wie wir… Vorsicht!

TESTEN SIE IHR FRANZÖSISCH

Übersetzen Sie diese Sätze ins Deutsche. Rechnen Sie sich 10 Punkte für jeden richtig übersetzten Satz an. Die Auflösung finden Sie unten.

1. C'est combien? ______________________
2. Dix-sept francs vingt-cinq. ______________________
3. Quelle est votre adresse? ______________________
4. Quelle heure est-il? ______________________
5. Il est sept heures et quart. ______________________
6. Comment vous appelez-vous? ______________________
7. Quel est votre numéro de téléphone? ______________________
8. C'est un de vos amis? ______________________
9. Si je ne suis pas là, attendez-moi. ______________________
10. Quelle blague! ______________________

Auflösung: 1. Wieviel kostet es? 2. Siebzehn Francs 25. 3. Wie ist Ihre Adresse? 4. Wieviel Uhr ist es? 5. Es ist viertel nach sieben. 6. Wie heißen Sie? 7. Wie ist Ihre Telefonnummer? 8. Ist das einer von Ihren Freunden? 9. Wenn ich nicht dort bin, warten Sie auf mich. 10. Was für ein Ulk!

Ergebnis: _____ %

step 4 ORTSANGABEN

Il y a ... est une expression trés utile.
[il ja ... ä tün äkss-präss-ssjohŋ trä sü-til.]
Il y a... – „Es gibt" – ist ein sehr gebräuchlicher Ausdruck.

—Y a-t-il quelqu'un dans ce bureau?
[ja-til käl-köŋ doŋ sse bü-ro?]
Ist jemand (Gibt es jemanden) in diesem Büro?

—Oui, il y a quelqu'un, il y a un directeur.
[wie, il ja käl-köŋ, il ja öŋ di-räk-töhr.]
Ja, es ist jemand dort (es gibt jemanden), es ist (es gibt) ein(en) Direktor.

—Combien de personnes y a-t-il dans cette pièce?
[kohŋ-bjäŋ d pär-sson ja-til doŋ ssät pjäss?]
Wieviele Personen befinden sich (gibt es) in diesem Raum?

Combien + de
Hinter *combien* – „wieviel" oder „wieviele" – steht *de* ohne den Artikel.

Wieviel? – *Combien?*
Wieviel Geld? – *Combien d'argent?*
Wieviele Bücher? – *Combien de livres?*
Wieviel(e) Personen? – *Combien de personnes?*

—Il y a trois personnes dans cette pièce.
[il ja troa pär-sson doŋ ssät pjäss.]
Es befinden sich (es gibt) drei Personen in diesem Raum.

—Combien de bureaux y a-t-il ici?
[kohŋ-bjäŋ d bü-ro ja-til i-ssi?]
Wieviele Schreibtische gibt es hier?

—Il y a deux bureaux ici.
[il ja döh bü-ro i-ssi.]
Es gibt hier zwei Schreibtische.

Sur chaque bureau, il y a
[ssür schak bü-ro, il ja]
Auf jedem Schreibtisch gibt es

un téléphone et une machine à écrire.
[öŋ teh-leh-fon eh ün ma-schin a eh-krihr.]
ein Telefon und eine Schreibmaschine.

—Combien de chaises y a-t-il dans cette pièce?
[kohŋ-bjäŋ d schähs ja-til doŋ ssät pjäss?]
Wieviele Stühle gibt es in diesem Zimmer?

Ein extra „t" zur besseren Aussprache
Um zu fragen „gibt es?", wird die Wortfolge des Ausdrucks *il y a* umgestellt oder *est-ce que* davorgestellt, ohne die Wortfolge zu verändern.

Gibt es...? – *Y a-t-il...?*
Gibt es...? – *Est-ce qu'il y a...?*

Im ersten Beispiel ist wegen der Aussprache zwischen *a* und *il* ein „t" eingefügt.
Im zweiten Beispiel sind aus den gleichen Gründen *que* und *il* zu *qu'il* zusammengezogen.

—Il y a quatre chaises dans cette pièce;
[il ja katre schähs doŋ ssät pjäss;]
Es gibt vier Stühle in diesem Raum;

Deux près de chaque bureau.
[döh prä d schak bü-ro.]
Zwei neben jedem Schreibtisch.

—Est-ce qu'il y a quelque chose sur le mur?
[ess kil ja käl-ke schohs ssür le mür?]
Hängt etwas (Gibt es etwas) an der Wand?

—Oui, il y a quelque chose.
[wie, il ja käl-ke schohs.]
Ja, dort hängt etwas (es gibt etwas).

—Qu'est-ce qu'il y a sur le mur?
[kess kil ja ssür le mür?]
Was hängt (gibt es) an der Wand?

Qu'est-ce qu'il y a?
Das Fragewort „was?", *qu'est-ce que?*, wird zu *Qu'est-ce qu'il y a?* – „Was gibt es?". „Was ist los?", weil *que* sich mit *il* verbindet. „Was ist das?" – um den Namen von etwas oder eine Erklärung zu erhalten – ist *Qu'est-ce que c'est?*

—Il y a une pendule et deux tableaux.
[il ja ün poŋ-dül eh döh tab-lo.]
Es hängen dort (es gibt) eine Uhr und zwei Bilder.

—Quelle heure est-il?
[käl öhr ä til?]
Wieviel Uhr ist es?

—Il est sept heures trente.
[il ä sset öhr trooŋt.]
Es ist halb acht (sieben Uhr dreißig).

—Est-ce qu'il y a quelqu'un dans les bureaux?
[ess kil ja käl-köŋ doŋ leh bü-ro?]
Ist jemand (gibt es jemand) in den Büros?

—Non, il n'y a personne.
[nohŋ, ilnja pär-sson.]
Nein, dort ist niemand.

Niemand – jemand
Personne bedeutet „Person", aber in Verbindung mit der Verneinung bedeutet es „niemand". „Niemand ist dort" – *Personne n'est là.*
Quelqu'un bedeutet „jemand" oder „(irgend)einer".

Les bureaux sont fermés.
[leh bü-ro ssohŋ fär-meh.]
Die Büros sind geschlossen.

—Est-ce qu'il y a quelque chose sur cette table?
[ess kil ja käl-ke schohs ssür ssät table?]
Ist etwas auf diesem Tisch?

—Oui, il y a quelque chose.
[wie, il ja käl-ke schohs.]
Ja, da ist etwas.

—Qu'est-ce qu'il y a?
[kess kil ja?]
Was ist dort (Was gibt es)?

—Il y a des fleurs,
[il ja deh flöhr,]
Dort sind (Es gibt) Blumen,

des fruits, du pain, du fromage,
[deh früi, dü päŋ, du fro-mahsh,]
Früchte, Brot, Käse,

et une bouteille de vin.
[eh ün bu-täj d wäŋ.]
und eine Flasche Wein.

(Et la plume de ma tante).
[eh la plüm d ma tooŋt.]
(Und die Schreibfeder meiner Tante).

—Est-ce qu'il y a quelque chose sur la chaise?
[ess kil ja käl-ke schohs ssür la schähs?]
Ist etwas auf dem Stuhl?

—Non, il n'y a rien – absolument rien.
[nohŋ, ilnja r(e)jäŋ – ap-so-lü-moŋ-r(e)jäŋ.]
Nein, dort ist nichts – absolut nichts.

Etwas

„Etwas" heißt *quelque chose*, „nichts" heißt *rien*. Wenn *rien* Teil eines Satzes ist, muß es mit *ne* zusammen gebraucht werden.

Gibt es etwas? – *Y a-t-il quelque chose?*
Es gibt nichts. – *Il n'y a rien.*

«Il y a» est très utile pour poser des questions,
[«il ja» ä trä sü-til pur po-seh deh käss-tjohŋ,]
„Es gibt" ist sehr nützlich, um Fragen zu stellen,

en voyage, par example:
[oŋ woa-jash, par äg-sooŋple:]
auf einer Reise zum Beispiel:

Pardon, monsieur, savez-vous...
[par-dohŋ, miss-jö, ssa-weh-wu...]
Verzeihung, mein Herr, wissen Sie...

...où il y a un bon restaurant?
[...u il ja öŋ bohŋ räss-to-roŋ?]
...wo es ein gutes Restaurant gibt?

...où il y a une pharmacie?
[...u il ja ün far-ma-ssi?]
...wo es eine Apotheke gibt?

...où il y a une cabine téléphonique?
[...u il ja ün ka-bin teh-leh-fo-nik?]
...wo es eine Telefonzelle gibt?

...où il y a une boîte aux lettres?
[...u il ja ün boat oh lätre?]
...wo es einen Briefkasten gibt?

Dans un hôtel:
[doŋ söŋ no-täl:]
In einem Hotel:
Y a-t-il une chambre libre?
[ja-til ün schooŋbre lihbre?]
Gibt es ein freies Zimmer?

Dans un restaurant:
[doŋ söŋ räss-to-roŋ:]
In einem Restaurant:
Y a-t-il une table libre?
[ja-til ün table lihbre?]
Gibt es einen freien Tisch?

Dans les affaires:
[doŋ leh sa-fähr:]
Im Geschäft:

LE DIRECTEUR:
[le di-räk-töhr:]
DER DIREKTOR:
Est-ce qu'il y a qelque chose d'important dans le courrier?
[ess kil ja käl-ke schohs däŋ-por-toŋ doŋ le kur-jeh?]
Gibt es etwas wichtiges in der Post?

LA SECRÉTAIRE:
[la se-kreh-tähr:]
DIE SEKRETÄRIN:
Non. Il n'y a rien d'important.
[nohŋ. ilnja rjäŋ däŋ-por-toŋ.]
Nein. Es gibt nichts wichtiges.

Quelque chose d'important
Hier sind einige andere nützliche Ausdrücke, die *quelque chose* und *de* anwenden:

quelque chose d'intéressant – etwas Interessantes
quelque chose d'amusant – etwas Belustigendes
quelque chose de différent – etwas Unterschiedliches

A la maison:
[a la mä-sohŋ]
Zu Hause:

LE FILS:
[le fiss:]
DER SOHN:
Qu'est-ce qu'il y a à manger?
[kess kil ja ah moŋ-sheh?]
Was gibt es zu essen?

LA MERE:
[la mähr:]
DIE MUTTER:

Il y a du pain, du beurre et du jambon dans la cuisine
[il ja dü päŋ, dü bör, du shoŋ-bohŋ doŋ la küi-sin.]
Es gibt Brot, Butter und Schinken in der Küche.

LE MARI:
[le ma-ri:]
DER EHEMANN:

Est-ce qu'il y a quelque chose à boire?
[ess kil ja käl-ke schohs ah boahr?]
Gibt es etwas zu trinken?

LA FEMME:
[la fam:]
DIE EHEFRAU:

Oui, de la bière et du vin.
[wie, d la bjähr eh dü wäŋ.]
Ja, Bier und Wein.

Entre amis:
[ooŋtre a-mi:]
Unter Freunden:

—Qu'est-ce qu'il y a de nouveau?
[kess kil ja d nu-wo?]
Was gibt es Neues?

—Oh, il n'y a rien de particulier.
[oh, ilnja r(e)jäŋ d par-ti-kül-jeh.]
Oh, es gibt nichts Besonderes.

BEISPIELUNTERHALTUNG: POST UND BOTSCHAFTEN ERHALTEN

A la réception de l'hôtel:
[a la reh-ssäpss-johŋ d lo-täl:]
An der Hotelrezeption:

UN CLIENT:
[öŋ kli-oŋ:]
EIN GAST:

Ma clé, s'il vous plaît.
[ma kleh, ssil wu plä.]
Meinen Schlüssel, bitte.

Est-ce qu'il y a quelque chose pour moi?
[ess kil ja käl-ke schohs pur moa?]
Gibt es etwas für mich?

L'EMPLOYÉ:
[loŋ-ploa-jeh:]
DER ANGESTELLTE:

Oui, monsieur.
[wie, miss-jö.]
Ja, mein Herr.

Il y a deux lettres,
[il ja döh lätre,]
Es gibt zwei Briefe,

une carte postale
[ün kart poss-tal]
eine Postkarte

et un assez gros paquet.
[eh öŋ na-sseh gro pa-kä.]
und ein ziemlich großes Paket.

Une des lettres vient d'Italie
[ün deh lätre wjäŋ di-ta-li]
Einer von den Briefen kommt aus Italien

et l'autre d'Espagne.
[eh lohtre däss-paŋ.]
und der andere aus Spanien.

Les timbres sont très beaux.
[leh tähŋbre ssohŋ trä bo.]
Die Briefmarken sind sehr schön.

LE CLIENT:

Oui, c'est vrai. Pardon.
[wie, ssä wrä. par-dohŋ.]
Ja, das ist wahr. Verzeihung.

Je suis un peu pressé.
[she swi söŋ pö prä-sseh.]
Ich bin ein bißchen in Eile.

Il n'y a rien d'autre?
[ilnja rjäŋ dohtre?]
Gibt es sonst nichts?

L'EMPLOYÉ:

Si. Il y a aussi une lettre recommandée.
[ssi. il ja o-ssi ün lätre re-kohŋ-moŋ-deh.]
Doch. Es gibt auch einen eingeschriebenen Brief.

Si wird als eine besonders starke Bejahung benutzt, stärker als *oui*, besonders wenn ein nachdrücklicher Widerspruch enthalten ist.

Votre signature ... ici, s'il vous plaît.
[wotre ssiŋ-ja-tühr...i-ssi, ssil wu plä.]
Ihre Unterschrift ... hier, bitte.

Beaucoup de courrier aujourd'hui, n'est-ce pas?
[bo-ku d kur-jeh o-shurd-wi, ness pa?]
Viel Post heute, nicht wahr?

Wenn ein Adverb, das eine Menge bezeichnet, wie beispielsweise *beaucoup* („viel[e]") oder *peu* („wenig") vor einem Hauptwort steht, wird das *de* ohne Artikel benutzt:

beaucoup d'argent – viel Geld
peu de courrier – wenig Post
pas de messages – keine Nachrichten

LE CLIENT:

Oui, assez. Merci.
[wie, a-sseh. mär-ssi.]
Ja, genug. Danke.

L'EMPLOYÉ::

Oh, pardon, monsieur. Il y a aussi
[oh, par-dohŋ, miss-jö. il ja o-ssi]
Oh, Verzeihung, mein Herr. Es gibt auch

deux messages téléphoniques. Les voici.
[döh mä-ssash teh-leh-fo-nik. leh woa-ssi.]
zwei telefonische Nachrichten. Hier sind sie.

LE CLIENT:

Merci bien. Et maintenant c'est tout?
[mär-ssi bjäŋ. eh mäŋt-noŋ ssä tu?]
Vielen Dank. Und ist das jetzt alles?

L'EMPLOYÉ::

Oui, c'est tout. Il n'y a rien d'autre.
[wie, ssä tu. ilnja rjäŋ dohtre.]
Ja, das ist alles. Es gibt nichts anderes mehr.

TESTEN SIE IHR FRANZÖSISCH

Übesetzen Sie diese Sätze ins Deutsche. Rechnen Sie sich 10 Punkte für jede korrekte Übesetzung an. Die Auflösung finden Sie unten.

1. Qu'est-ce qu'il a à manger? ____________________
2. Il y a du pain, du beurre et du jambon. ____________________
3. Est-ce qu'il y a quelque chose à boire? ____________________
4. Oui, de la bière et du vin. ____________________
5. Qu'est-ce qu'il y a de nouveau? ____________________
6. Oh, il n'y a rien de particulier. ____________________
7. Ma clé, s'il vous plaît. ____________________
8. Est-ce qu'il y a quelque chose pour moi? ____________________
9. Personne n'est là. ____________________
10. Il n'y a rien. ____________________

Auflösung: 1. Was gibt es zu essen (an Essen)? 2. Es gibt Brot, Butter und Schinken. 3. Gibt es etwas zu trinken? 4. Ja, Bier und Wein. 5. Was gibt es neues? 6. Oh, es gibt nichts besonderes. 7. Meinen Schlüssel, bitte. 8. Gibt es etwas für mich? 9. Niemand ist da. 10. Es gibt nichts.

Ergebnis: _____ %

step 5 ÜBER DEN GEBRAUCH DER RICHTIGEN VERB-FORMEN

Les terminaisons des verbes
[leh tär-mi-nä-sohŋ deh wärb]
Die Endungen der Verben

changent avec le sujet.
[schoŋsh awäk le ssü-shä.]
verändern sich mit dem Subjekt.

Par exemple, avec *je*
[par äg-sooŋple, awäk she]
Zum Beispiel ist mit *je*

la terminaison du verbe est souvent *-e*.
[la tär-mi-nä-sohŋ dü wärb ä ssu-woŋ -e.]
die Verb-Endung oft *-e*.

Französisch lernen durch Französisch
Sie werden bemerken, daß wir am Anfang jedes Lernschrittes häufig Französisch benutzen, um Verben oder andere Konstruktionen zu erklären. Diese Information wird ausführlich in Deutsch wiederholt. Es ist ein natürlicheres und direkteres Herangehen, die Erklärungen zuerst auf Französisch zu erhalten, und wie Sie bemerken werden, werden Sie Französisch durch den Gebrauch von Französisch lernen.

Je parle un peu français.
[she parl öŋ pö froŋ-ssä.]
Ich spreche eine bißchen Französisch.

Je visite la France.
[she wi-sit la frooŋss.]
Ich besuche Frankreich.

J'habite à l'Hôtel Napoléon.
[sha-bit ah lo-täl na-po-leh-ohŋ.]
Ich wohne im Hotel Napoleon.

Je m'appelle Rose Vidal.
[she ma-päl roos wi-dal.]
Ich heiße Rose Vidal.

Quelquefois, avec *je* la terminaison est *-s:*
[käl-ke-foa, awäk she la tär-mi-nä-sohŋ ä s:]
Manchmal ist die Endung mit *je -s:*

Je suis dans une cabine téléphonique.
[she swi doŋ sün ka-bin teh-leh-fo-nik.]
Ich bin in einer Telefonzelle.

Je viens des Etats-Unis.
[she wjäŋ deh seh-ta-sü-ni.]
Ich komme aus den Vereinigten Staaten.

Je vais au marché.
[she wä soh mar-scheh.]
Ich gehe zum Markt.

Je reviens tout de suite.
[she rew-jäŋ tud swit.]
Ich komme sofort zurück.

Il y a une exception, *j'ai:*
[il ja ün äg-ssäpss-johŋ, sheh:]
Es gibt eine Ausnahme, *j'ai* – „ich habe":

J'ai rendez-vous.
[sheh roŋ-deh-wu.]
Ich habe eine Verabredung.

Avec *vous* la terminaison est *-ez:*
[awäk wu la tär-mi-nä-sohŋ ä -ess;]
Mit *vous* – „ihr, Sie" (Höflichkeitsform) ist die Endung *-ez:*

Parlez-vous anglais?
[par-leh-wu soŋ-glä?]
Sprechen Sie Englisch?

Est-ce que vous me comprenez?
[ess ke wu me kohŋ-pre-neh?]
Vestehen Sie mich?

Attendez un moment.
[a-tooŋ-deh söŋ mo-moŋ.]
Warten Sie einen Moment.

Befehle
Im Präsens (Gegenwart) ist die Verb-Endung für *vous* fast immer *-ez*. Der Imperativ des Verbs, also die Form, um Befehle zu geben, ist die selbe Form, die mit *vous* gebraucht wird; *vous* selbst jedoch wird, wenn Sie einen Befehl geben, weggelassen:

Sie warten (Höflichkeitsform), Ihr wartet – *Vous attendez*
Wartet!, Warten Sie! – *Attendez!*

Aber wenn Sie Befehle geben, vergessen Sie nicht, *s'il vous plaît* zu sagen.

Mettez ça là.
[mä-teh ssa la.]
Legt das dorthin. (Legen Sie das dorthin)

A quelle heure finissez-vous?
[a käl öhr fi-ni-sseh-wu?]
Um wieviel Uhr hört ihr auf? (hören Sie auf?)

Venez avec moi!
[we-neh-sawäk moa!]
Kommt mit mir!

Où allez-vous?
[u a-leh-wu?]
Wohin gehen Sie?

Comment allez-vous?
[ko-moŋ-ta-leh-wu?]
Wie geht es Ihnen?

Wie geht es?
„Wie geht es Ihnen?" (euch) heißt *Comment allez-vous?* – wörtlich übersetzt „Wie gehen Sie?" Ein anderer, mehr mundartlicher Gebrauch ist *Comment ça va?* – „Wie geht es?"

Où habitez-vous?
[u a-bi-teh-wu?]
Wo wohnen Sie?

Avez-vous l'heure?
[a-weh-wu le toŋ?]
Haben Sie die (Uhr)zeit?

Avez-vous le temps?
[a-weh-wu löhr?]
Haben Sie Zeit?

Zeit und Stunde
Temps bedeutet Zeit in dem Sinne, daß es sich auf eine bestimmte Zeitspanne bezieht. Um Zeit im Sinne von „Stunde" oder „Uhrzeit" zu sagen, muß man *heure* verwenden.

Wissen Sie die Zeit? – *Savez-vous l'heure?*
Ich habe keine Zeit – *Je n'ai pas le temps.*

Avez-vous une cigarette?
[a-weh-wu sün ssi-ga-rät?]
Haben Sie eine Zigarette?

Avez-vous une allumette?
[a-weh-wu sün a-lü-mät?]
Haben Sie ein Streichholz?

Il y a quelques exceptions:
[il ja käl-ke säg-ssäpss-johŋ:]
Es gibt einige Ausnahmen:

vous êtes, vous faites, vous dites.
[wu sät, wu fät, wu dit.]
„ihr seid/Sie sind“, „ihr macht/Sie machen“, „ihr sagt/Sie sagen.“

Où êtes-vous?
[u ät-wu?]
Wo sind Sie? (Wo seid ihr?)

Qu'est-ce que vous faites?
[kess-ke wu fät?]
Was machen Sie?

Dites-moi, s'il vous plaît, …
[dit-moa, ssil wu plä, …]
Sagen Sie mir bitte, …

Avec *nous* la terminaison est *-ons:*
[awäk nu la tär-mi-nä-sohŋ ä -ons:]
Mit *nous* („wir“) ist die Endung *-ons:*

Que faisons-nous aujourd'hui?
[ke fä-sohŋ-nu o-shurd-wi?]
Was machen wir heute?

Que* und *qu'est-ce que
Wenn „was“ als ein Objekt benutzt wird, ist die Form *que* oder *qu'est-ce que.*

Was macht ihr? – *Qu'est-ce que vous faites?*
oder *Que faites-vous?*

Beachten Sie, daß beim zweiten Beispiel die Wortfolge des Verbs umgekehrt ist.

Nous allons à la campagne.
[nu sa-lohŋ sa la koŋ-panje.]
Wir gehen aufs Land.

Nous avons une nouvelle voiture.
[nu sa-wohŋ sün nu-wäl woa-tür.]
Wir haben ein neues Auto.

Prenons la route de Versailles.
[pre-nohŋ la rut d wär-ssaij.]
Nehmen wir die Straße nach Versailles.
(oder: Laßt uns die Straße nach Versailles nehmen)

Où déjeunons-nous?
[u deh-shö-nohŋ-nu?]
Wo essen wir zu Mittag?

Nous revenons à six heures.
[nu rew-nohŋ sa ssiess söhr.]
Wir kommen um sechs Uhr zurück.

Nous dînons en ville.
[nu di-nohŋ soŋ wil.]
Wir essen in der Stadt zu Abend.

Il y a une exception:
[il ja ün äg-ssäpss-johŋ:]
Es gibt eine Ausnahme:

Où sommes-nous?
[u ssomm-nu?]
„Wo sind wir?"

Avec *il*, *elle* ou *on*
[awäk il, äl u ohŋ]
Mit „er", „sie" oder „man"

la terminaison est *-e* et quelquefois *-t* ou *-d:*
[la tär-mi-nä-sohŋ ä -e eh käl-ke-foa t u d:]
ist die Endung *-e* und manchmal *-t* oder *-d:*

A quelle heure commence le concert?
[a käl öhr ko-moŋss le kohŋ-ssähr?]
Um wieviel Uhr beginnt das Konzert?

A quelle heure finit-il?
[a käl öhr fi-ni-til?]
Um wieviel Uhr endet es?

La banque ouvre à neuf heures.
[la booŋk uwre a nöf öhr.]
Die Bank öffnet um neun Uhr.

Elle ferme à quatre heures.
[äl färm a katre öhr.]
Sie schließt um vier Uhr.

Est-ce qu'on passe à droite ou à gauche?
[ess-kohŋ pass a droat u a gohsch?]
Überholt man rechts oder links?

Il part pour Londres.
[il par pur loohŋdre.]
Er reist nach London ab.

Elle est en voyage.
[äl ä oŋ woa-jahsh.]
Sie ist auf Reisen.

Elle ne prend pas le train.
[äl ne prooŋ pa le träŋ.]
Sie nimmt nicht den Zug.

Quand part-on?
[koŋ par-tohŋ?]
Wann gehen wir weg?
(wörtlich: Wann geht man weg?)

Qui sait?
[ki ssä?]
Wer weiß?

Des exceptions:
[deh säg-ssäpss-johŋ:]
Ausnahmen:

il (elle) va, il (elle) a
[il (äl) wa, il (äl) a]
„er (sie) geht", „er (sie) hat"

Elle va au marché;
[äl wa o mar-scheh;]
Sie geht auf den Markt (ins Geschäft);

elle ne va pas au restaurant.
[äl ne wa pa so räss-to-roŋ.]
sie geht nicht ins Restaurant.

Il a une affaire intéressante
[il a ün a-fähr äŋ-teh-rä-ssoŋ]
Er hat ein interessantes Geschäft

et il n'a pas de difficultés.
[eh il na pa d di-fi-kül-teh.]
und er hat keine Probleme.

Où va-t-on?
[u wa-tohŋ?]
Wohin geht man?

Au pluriel, avec *ils* ou *elles*,
[o plür-jäl, awäk il u äl,]
Im Plural mit „sie"

la terminaison est *-ent:*
[la tär-mi-nä-sohŋ ä -ent.]
ist die Endung *-ent:*

Les Robin visitent Paris.
[leh ro-bäŋ wi-sit pari.]
Die Robins besuchen Paris.

Bindung
Im Präsens (Gegenwart) enden die Verbformen für *ils* und *elles* fast immer mit *-ent*. Auch wenn die Endung mit *-ent* von der Aussprache her im allgemeinen stumm ist, wird das *t* häufig als Bindung ausgesprochen, wenn das nächste Wort mit einem Vokal beginnt.

Ils ne comprennent pas bien le français.
[il ne kohŋ-pränn pa bjäŋ le froŋ-ssä.]
Sie verstehen nicht gut Französisch.

Mais ils prennent des leçons,
[mä sil pränn deh le-ssohŋ,]
Aber sie nehmen Unterrichtsstunden,

et ils commencent à comprendre.
[eh il ko-moŋss a kohŋ-prooŋdre.]
und sie beginnen zu verstehen.

Renée et Marcelle habitent chez leurs parents.
[re-neh eh mar-ssäl a-bit scheh lör pa-roŋ.]
Renée und Marcelle wohnen bei ihren Eltern.

Elles travaillent dans une librairie,
[äl tra-weij doŋ sün li-brä-ri.]
Sie arbeiten in einer Buchhandlung,

et elles sortent beaucoup.
[eh äl ssort bo-ku.]
und sie gehen viel aus.

Verben, die auf *-er* enden
Weil die Mehrzahl der regelmäßigen Verben auf *-er* enden, können Sie die Präsens-Form der meisten von ihnen erhalten, indem Sie die Konjugation von *parler* aus Step 2 zu Rate ziehen. Andere Verben, die mit Infinitvformen auf *-ir*, *-re* und *-oir* enden, werden ausführlicher in Step 8 behandelt.

I y a quelques exceptions
[il ja käl-ke säg-ssäpss-johŋ]
Es gibt einige Ausnahmen wie

comme *vont, sont, ont, font.*
[kom wohŋ, ssohŋ, ohŋ, fohŋ.]
(sie) „gehen", „sind", „haben", „machen."

Où vont ces gens-là?
[u wohŋ sseh shoŋ-la?]
Wohin gehen diese Leute?

Ce sont des touristes.
[sse ssohŋ deh tu-risst.]
Sie sind Touristen.

Ils ont des appareils photographiques.
[il sohŋ deh sa-pa-räj fo-to-gra-fik.]
Sie haben Fotoapparate.

Ils font des photos.
[il fohŋ deh fo-to.]
Sie machen Bilder.

Ils vont au Musée du Louvre.
[il wohŋ to mü-seh d luwre.]
Sie gehen ins Museum Louvre.

BEISPIELUNTERHALTUNG: EINE EINLADUNG INS KINO

—Bonjour, mes jolies. Où allez-vous donc?
[bohŋ-shuhr, meh sho-li. u a-leh-wu doohŋk?]
Guten Tag, meine Hübschen. Wohin geht ihr denn?

Verbindende Wörter
Bestimmte Wörter wie *donc*, *alors* und *ensuite* werden ständig in der Unterhaltung benutzt. Sie alle bedeuten „dann" oder „denn" als eine Vestärkung oder als ein Übergang in bezug auf die nächste Sache, die Sie sagen oder erzählen. *Donc* kann mit einer Vielzahl von Wörtern wie „denn", „nun", „doch", „folglich" übersetzt werden und *alors* hat neben der Bedeutung von „damals" und „dann" auch noch die Bedeutung von „gut" oder „gut denn", wenn Sie zögern, bevor Sie den nächsten Satz beginnen.

—Nous allons au cinéma.
[nu sa-lohŋ o ssi-neh-ma.]
Wir gehen ins Kino.

—A quel cinéma?
[a käl ssi-neh-ma?]
In welches Kino?

—On va au Richelieu.
[ohŋ wa o ri-schel-jö.]
Wir gehen ins Richelieu.

***On dit* – „man sagt"**
On va bedeutet „man geht", es kann aber auch mit „du", „ihr/Sie", „wir" oder „sie gehen" in einem unpersönlichen Sinn übersetzt werden. *On* steht mit derselben Verbform wie *il* oder *elle:*

on dit – man sagt (sie sagen, es wird gesagt usw.)
on part – man geht weg (wir gehen weg, sie gehen weg usw.)
on joue – man spielt (sie spielen, es wird gespielt
on parle français – man spricht Französisch (wir sprechen Französisch, es wird Französisch gesprochen)

Der Gebrauch von *on* ist im Französischen so wichtig, daß, wenn Sie in Frankreich sofort Französich sprechen wollen, Sie als Abkürzungsweg damit beginnen können, die *on*-Form des Verbs zu benutzen, während sie die anderen Formen noch lernen. Normalerweise kann aus dem Zusammenhang geschlossen werden, was Sie meinen und außerdem würde es sich sehr französisch anhören, da diese Form in jeder Unterhaltung verbreitet ist.

—Quel film joue-t-on?
[käl film shu-tohŋ?]
Welcher Film wird gespielt?

—«Intrigue», un nouveau film de Danièle Darasse.
[äŋ-trig, öŋ nu-wo film d dan-jel da-rass.]
„Intrige", ein neuer Film von Danièle Darasse.

—On dit qu'il est très amusant.
[ohŋ di kil ä trä sa-mü-soŋ.]
Sie sagen (man sagt), daß er sehr amüsant ist.

—Vous ne venez pas avec nous?
[wu ne we-neh pa awäk nu?]
Sie kommen nicht mit uns?

—Je ne sais pas si j'ai le temps.
[she ne ssä pa ssi sheh le toŋ.]
Ich weiß nicht, ob ich die Zeit habe.

Quand commence le film?
[koŋ ko-moŋss le film?]
Wann beginnt der Film?

—Il commence bientôt,
[il ko-moŋss bjäŋ-to,
Er beginnt bald,

à huit heures et demie.
a wiet öhr eh de-mi.]
um halb neun (um acht Uhr und halb).

—Et savez-vous à quelle heure il finit?
[eh ssa-weh-wu a käl öhr il fi-ni?]
Und wißt ihr, um wieviel Uhr er zu Ende ist?

—Je crois qu'il finit à dix heures et demie.
[she kroa kil fi-ni a di söhr eh de-mi.]
Ich glaube, daß er um halb elf zu Ende ist.

—Ça n'est pas trop tard. Alors j'ai le temps.
[ssa nä pa tro tahr. a-lohr sheh le toŋ.]
Das ist nicht zu spät. Dann habe ich Zeit.

Je vous accompagne... et j'achète les billets.
[she wu sa-kohŋ-paŋ ...eh sha-schet leh bi-jä.]
Ich begleite euch ... und ich kaufe die Karten.

Wortstellung
In der französischen Wortstellung kommt das Fürwort (in diesem Fall *vous*) vor das Verb, außer nach einem bejahenden Befehl.

Das Präsens anstelle des Futur (Zukunft)
Beachten Sie, daß in Unterhaltungen das Präsens ähnlich wie im Deutschen häufig benutzt werden kann, um etwas Zukünftiges auszudrücken.

—Oh, ça c'est gentil!
[oh, ssa ssä shoŋ-ti.]
Oh, das ist nett!

Mais ce n'est pas la peine.
[mä sse nä pa la pän.]
Aber das ist nicht nötig.

Chacun paie sa place.
[scha-köŋ päj ssa plass.]
Jeder bezahlt für seinen Platz.

Maskulinum herrscht vor (!)
„Jeder" heißt *chacun* und „jede" heißt *chacune*. Das Mädchen hier benutzt die männliche Form, weil der Junge zu der Gruppe gehört und eine männliche Person eine ansonsten weibliche Gruppe männlich macht – wenigstens grammatisch gesehen.

TESTEN SIE IHR FRANZÖSISCH

Setzen Sie die richtigen Verbformen ein. Rechnen Sie sich 10 Punkte für jede korrekte Form an. Die Auflösung finden Sie unten.

1. Ich besuche Frankreich.

   Je __________ la France.

2. Was machen Sie?

   Qu'est-ce que vous __________ ?

3. Wir haben ein neues Auto.

   Nous __________ une nouvelle voiture.

4. Die Bank öffnet um neun Uhr.

   La banque __________ à neuf heures.

5. Sie schließt um vier Uhr.

   Elle __________ à quatre heures.

6. Sie gehen zum Museum Louvre.

   Ils __________ au Musée du Louvre.

7. Wir gehen ins Kino.

   Nous __________ au cinéma.

8. Nehmen wir die Straße nach Versailles.

   __________ la route de Versailles.

9. Kommt mit mir.

   __________ avec moi.

10. Wo wohnen Sie?

    Où __________ -vous?

Auflösung: 1. visite 2. faites 3. avons 4. ouvre 5. ferme 6. vont 7. allons 8. Prenons 9. Venez 10. habitez

Punktzahl _____ %

step 6 VERWANDTSCHAFTS-VERHÄLTNISSE

Une famille
[ün fa-miy]
Eine Familie

Le mari et la femme
[le ma-ri eh la fam]
Der Ehemann und die Ehefrau

Les parents et les enfants
[leh pa-roŋ eh leh soŋ-foŋ]
Die Eltern und die Kinder

Le père et le fils
[le pähr eh le fiss]
Der Vater und der Sohn

La mère et la fille
[la mähr eh la fiy]
Die Mutter und die Tochter

Le frère et la soeur
[le frähr eh la ssöhr]
Der Bruder und die Schwester

Le grand-père et sa petite-fille
[le groŋ-pähr eh ssa pe-tit-fiy]
Der Großvater und seine Enkelin

Le grand-mère et son petit-fils
[le groŋ-mähr eh ssohŋ pe-ti-fiss]
Die Großmutter und ihr Enkel

M. André Lafont est un homme d'affaires.
[miss-jö oŋ-dreh la-fohŋ ä töŋ nom da-fähr.]
Herr André Lafont ist ein Geschäftsmann.

Il a un bureau à Paris.
[il a öŋ bü-ro a pa-ri.]
Er hat ein Büro in Paris.

Les Lafont ont deux enfants.
[leh la-fohŋ ohŋ döh soŋ-foŋ.]
Die Lafonts haben zwei Kinder.

haben
Das Verb *avoir* („haben") bildet das Präsens (Gegenwart) wie folgt:

j'ai, tu as, il (elle) a, nous avons, vous avez, ils (elles) ont

Leur fils, Guillaume, est étudiant.
[lör fiss, gi-johm, ä teh-tüd-joŋ.]
Ihr Sohn, Guillaume, ist ein Student.

Il est à l'Ecole Centrale.
[il ä ta leh-kol ssoŋ-tral.]
Er ist an der Zentrumsschule.

Marie-Louise, sa soeur,
[ma-ri-lu-is, ssa ssöhr,]
Marie-Louise, seine Schwester,

fait ses études à la Sorbonne.
[fä sseh seh-tüd a la ssor-bon.]
studiert (macht ihre Studien) an der Sorbonne.

machen – tun

Faire („machen" oder „tun") hat viele sprach-eigentümliche Bedeutungen. Hier ist das Präsens:

je fais, tu fais, il (elle) fait, nous faisons, vous faites, ils (elles) font

Elle est fiancée.
[äl ä fjoŋ-sseh.]
Sie ist verlobt.

Son fiancé est avocat.
[ssohŋ fjoŋ-sseh ä ta-wo-ka.]
Ihr Verlobter ist ein Rechtsanwalt.

Le père de M. Lafont, M. George Lafont,
[le pähr d miss-jö la-fohŋ, miss-jö shorsh la-fohŋ,]
Der Vater von Herrn Lafont, Herr George Lafont,

grand-père de Guillaume et de Marie-Louise,
[groŋ-pähr d gi-johm eh d ma-ri-lu-is,]
Großvater von Guillaume und Marie-Louise,

est en retraite.
[ä toŋ re-trät.]
ist pensioniert.

C'est un ancien officier de marine.
[ssä töŋ noŋss-jäŋ no-fiss-jeh d ma-rin.]
Er ist ein früherer Marine-Offizier.

Das beschreibende *de*
De wird häufig in beschreibender Funktion gebraucht:

un homme d'affaires – ein Geschäftsmann
un officier de marine – ein Marine-Offizier

Souvent dans une famille on a aussi
[ssu-woŋ doŋ sün fa-miy ohŋ na o-ssi]
Oft hat man in einer Familie auch

des oncles et des tantes,
[deh soohŋ-kle seh deh tooŋt,]
Onkel und Tanten,

des neveaux et des nièces,
[deh ne-wö seh deh njäss,]
Neffen und Nichten,

des cousins et des cousines.
[deh ku-säŋ seh deh ku-sin.]
Vetter und Kusinen.

Vergessen Sie *des* nicht
Denken Sie daran, daß Hauptwörter selten allein gebraucht werden. Im Falle von Onkeln, Tanten, Vettern usw. – wie hier –, müssen Sie den Wörtern *des* vorangehen lassen; es sei denn, Sie nennen eine bestimmte Anzahl.

Dans une famille on a généralement
[doŋ sün fa-miy ohŋ na sheh-neh-ral-moŋ]
In einer Familie gibt es (hat man) im allgemeinen

un beau-père et une belle-mère,
[öŋ bo-pähr eh ün bäl-mähr,]
einen Schwiegervater und eine Schwiegermutter,

un gendre et une belle-fille,
[öŋ shooŋdre eh ün bäl-fiy,]
einen Schwiegersohn und eine Schwiegertochter,

un beau-frère et une belle-soeur.
[öŋ bo-frähr eh ün bäl-ssöhr.]
einen Schwager und eine Schwägerin.

Höflichkeit
Das entsprechende Wort für Schwieger-(mutter, sohn usw.) ist „schön“ (*beau* oder *belle*). Dies ist für sich genommen ein hervorragendes Beispiel für die französische Höflichkeit – *la politesse française*.

BEISPIELUNTERHALTUNG: GESPRÄCH ÜBER DIE FAMILIE

—Est-ce que vous êtes mariée?
[ess-ke wu sät mar-jeh?]
Sind Sie verheiratet?

—Oui, mon mari est là-bas.
[wie, mohŋ ma-ri ä la-ba.]
Ja, mein Ehemann ist dort.

—Celui qui a une barbe?
[sse-lüi ki a ün barb?]
Derjenige, der einen Bart hat?

Derjenige, der ... dieser – jener
Celui – derjenige; *ceux* – diejenigen (mask. Plural).
celle – diejenige; *celles* – diejenigen (fem. Plural)
Die hinweisenden Fürwörter *-ci* und *là* werden häufig zur genaueren Bestimmung an die obengenannten Pronomen angefügt.
Pas celui-ci, celui-là – „nicht dieser – jener." *Ceci* und *cela* (oft verkürzt zu *ça*) sind kürzere Formen, die „dies" und „das" bedeuten, ohne das Geschlecht näher zu bestimmen.

—Non, l'autre;
[nohŋ, lohtre;]
Nein, der andere;

celui qui a une moustache.
[sse-lüi ki a ün muss-tasch.]
derjenige, der einen Schnurrbart hat.

—Avez-vous des enfants?
[a-weh-wu deh soŋ-foŋ?]
Haben Sie Kinder?

—Oui, nous en avons quatre,
[wie, nu soŋ na-wohŋ katre,]
Ja, wir haben vier (von ihnen),

trois fils et une fille.
[troa fiss eh ün fiy.]
drei Söhne und eine Tochter.

***En* – ein Schlüsselwort**
En ist ein sehr wichtiges und nützliches Wort und bedeutet „davon", „von ihm (ihr)", „von ihnen", „etwas", „einige", wenn das Wort sich auf etwas bezieht, das schon erwähnt worden ist. Es ist eines derjenigen kleinen Wörter, die ständig in französischen Unterhaltungen benutzt werden, und eine Quelle der Verwirrung für den Französischlernenden bilden. Allein, wenn Sie sich vor Augen halten, daß es eine von mehreren Möglichkeiten bedeutet – und daß es sich der entsprechenden Bedeutung anpaßt –, bereitet es keine Schwierigkeiten mehr.

Et vous, avez-vous des enfants?
[eh wu, a-weh-wu deh soŋ-foŋ?]
Und Sie, haben Sie Kinder?

—Non, je n'en ai pas,
[nohŋ, she noŋ neh pa,]
Nein, ich habe keine (von ihnen),

je ne suis pas marié.
[she ne swi pa mar-jeh.]
ich bin nicht verheiratet.

Est-ce que vos enfants sont ici?
[ess-ke woh soŋ-foŋ sohŋ ti-ssi?]
Sind Ihre Kinder hier?

—Non, un de mes fils habite Londres.
[nohŋ, öŋ d meh fiss a-bit lohŋdre.]
Nein, einer von meinen Söhnen lebt in London.

Sa femme est anglaise.
[ssa fam ä toŋ-glähs.]
Seine Frau ist Engländerin.

Mes deux autre fils
[meh döh soh-tre fiss]
Meine beiden anderen Söhne

et ma fille Catherine,
[eh ma fiy kat-rin,]
und meine Tochter Catherine,

sont encore au lycée.
[ssohŋ toŋ-kohr o li-sseh.]
sind noch auf dem Gymnasium.

—Avez-vous une photo de vos enfants?
[a-weh-wu sün fo-to d woh soŋ-foŋ?]
Haben Sie ein Foto von Ihren Kindern?

—Oui, j'en ai une.
[wie, shoŋ eh ün.]
Ja, ich habe eines (von ihnen).

Les voici tous ensemble.
[leh woa-ssi tu soŋ-ssooŋble.]
Hier sind sie alle zusammen.

***En* und eine Anzahl**
„Ich habe eines"– *j'en ai une*. Beachten Sie den Gebrauch von *en* im Sinne von „von ihnen", wenn eine Mengenangabe in der Antwort ausgedrückt werden soll. Ein anderes Beispiel:

> Wieviele Fahrkarten haben Sie? – *Combien de billets avez-vous?*
> Ich habe vier. – *J'en ai quatre.*

—Quels beaux enfants!
[käl bo soŋ-foŋ!]
Was für schöne Kinder!

Quel âge a l'aîné?
[käl ahsh a lä-neh?]
Wie alt ist der älteste?

—André, celui de Londres,
[oŋ-dreh, sse-lüi d lohŋdre,]
André, derjenige in London,

a vingt-trois ans,
[a wäŋ-troa soŋ,]
ist dreiundzwanzig,

Pierre a dix-sept ans.
[pjähr a dissät oŋ.]
Pierre ist siebzehn.

Wie alt sind Sie?
Um das Alter anzugeben, benutzen Sie *avoir:*

Quel âge avez-vous? – Wie alt sind Sie?
J'ai vingt et un ans. – Ich bin einundzwanzig Jahre alt.

—Catherine est très jolie.
[kat-rin ä trä sho-li.]
Catherine ist sehr hübsch.

A quel lycée vont-ils?
[a käl li-sseh wohŋ-til?]
Auf welches Gymnasium gehen sie?

—Pierre est au lycée Henri IV à Paris.
[pjähr ä to li-sseh oŋ-ri katre a pa-ri.]
Pierre ist auf dem Gymnasium Henri IV in Paris.

Il habite chez sa grand-mère.
[il a-bit scheh ssa groŋ-mähr.]
Er wohnt bei seiner Großmutter.

—Et les autres?
[eh leh sohtre?]
Und die anderen?

—Les autres vont
[leh sohtre wohŋ]
Die anderen gehen

au Lycée Français.
[to li-sseh froŋ-ssä.]
aufs Französische Gymnasium.

—Alors, tous vos enfants parlent
[a-lohr, tu woh soŋ-foŋ parl]
Dann sprechen all Ihre Kinder

très bien français, n'est-ce pas?
[trä bjäŋ froŋ-ssä, ness pa?]
sehr gut französisch, nicht wahr?

—Oh oui, mieux que moi.
[oh wie, mjö ke moa.]
Oh ja, besser als ich.

—Mais vous parlez très bien français,
[mä wu par-leh trä bjäŋ froŋ-ssä.]
Aber Sie sprechen sehr gut französisch,

et vous avez
[eh wu sa-weh]
und Sie haben

un très bon accent.
[öŋ trä bohŋ ak-ssoŋ.]
einen sehr guten Akzent.

—Vous êtes bien aimable.
[wu sät bjäŋ nä-mable.]
Sie sind sehr liebenswürdig.

Ah! Voilà mon mari.
[ah! woa-la mohŋ ma-ri.]
Ah! Da ist mein Mann.

Il est sans doute temps de partir.
[il ä ssoŋ dut toŋ d par-tihr.]
Es ist ohne Zweifel Zeit zu gehen.

De mit Infinitiv

De entspricht in manchen Infinitvsätzen dem deutschen „zu“. In solchen Fällen wird es vor den Infinitiv gestellt und dann nicht übersetzt. So bedeutet in diesem Fall *partir* bereits „weggehen“ oder „gehen“ im Sinne von verlassen.

TESTEN SIE IHR FRANZÖSISCH

Übersetzen Sie diese Sätze ins Deutsche. Rechnen Sie sich 10 Punkte für jede richtige Übersetzung an. Die Auflösung finden Sie unten.

1. Est-ce que vous êtes mariée? ______________________________
2. Oui, mon mari est là-bas. ______________________________
3. Avez-vous des enfants? ______________________________
4. Oui, nous en avons quatre. ______________________________
5. Quels beaux enfants! ______________________________
6. Il est homme d'affaires. ______________________________
7. Il a un bureau à Paris. ______________________________
8. Je ne suis pas marié. ______________________________
9. Vous avez un très bon accent. ______________________________
10. Vous êtes bien aimable. ______________________________

Auflösung: 1. Sind Sie verheiratet? 2. Ja, mein Mann ist dort. 3. Haben Sie Kinder? 4. Ja, wir haben vier (von ihnen). 5. Was für schöne Kinder! 6. Er ist Geschäftsmann. 7. Er hat ein Büro in Paris. 8. Ich bin nicht verheiratet. 9. Sie haben einen sehr guten Akzent. 10. Sie sind sehr liebenswürdig.

Ergebnis: _____ %

step 7 FRANZÖSISCH LESEN, SCHREIBEN, BUCHSTABIEREN UND AUSSPRECHEN

Comment prononce-t-on
[ko-moŋ pro-nohŋss-tohŋ]
Wie bezeichnet man

les lettres de l'alphabet?
[leh lätre d lal-fa-bä?]
die Buchstaben des Alphabets?

Comme ceci:
[kom sse-ssi:]
Wie hier (dies):

A [a]	B [beh]	C [sseh]	D [deh]
E [e]	F [ef]	G [she]	H [asch]
I [i]	J [shi]	K [ka]	L [el]
M [em]	N [en]	O [o]	P [peh]
Q [kü]	R [är]	S [ess]	T [teh]
U [ü]	V [weh]	W [du-ble-weh]	
X [ikss]	Y [i-gräk]	Z [säd]	

W ausgesprochen wie V

Das „w" wird genauso wie das „v" ausgesprochen. Es ist eigentlich kein französischer Buchstabe, aber es ist im Alphabet enthalten, weil es in vielen Fremdwörtern und den Namen von Plätzen vorkommt.

—Pardon, comment vous appelez-vous?
[par-dohŋ, ko-moŋ wu sap-leh-wu?]
Verzeihung, wie heißen Sie?

—Je m'appelle Paul Champeaux.
[she ma-päl poll schoŋ-po.]
Ich heiße Paul Champeaux.

—Est-ce qu'on écrit cela,
[ess kohŋ neh-kri sse-la,]
Schreibt man das

C H A M P O T ?
[sseh, asch, a, em, peh, o, teh?]
C H A M P O T ?

—Non, pas comme ça,
[nohŋ, pa kom ssa,]
Nein, so nicht (nicht wie das),

C H A M P E A U X .
[sseh, asch, a, em, peh, e, a, ü, ikss.]
C H A M P E A U X .

Il y a trois accents en français:
[il ja troa sak-ssoŋ oŋ froŋ-ssä:]
Es gibt drei Hervorhebungen im Französischen:

L'accent aigu (´)
[lak-ssoŋ teh-gü]
Der spitze Akzent

et l'accent grave (`)
[eh lak-ssoŋ grahw]
und der schwere Akzent

changent la prononciation de *e* en *é* ou *è*,
[schoŋsh la pro-nohŋss-jass-johŋ d e oŋ eh u äh,]
verändern die Aussprache von e in *é* oder *è*,

par exemple, *l'Amérique, l'Algérie, l'élève.*
[par ägsooŋple, la-meh-rik, lal-sheh-ri, leh-lähw.]
zum Beispiel, „Amerika", „Algerien", „der Schüler".

Die geschriebenen Akzente ´ und `
Die geschriebenen Akzente wirken sich nur auf die Aussprache des *e* aus und machen es mehr zu eh und äh anstatt e oder ä. Der *accent aigu* (é) ist schärfer als der *accent grave* (è), der offener ist. Der beste Weg, um den Unterschied zwischen diesen Lauten zu hören, ist jedoch, einen Franzosen die Wörter sagen zu lassen, die wir als Beispiele angegeben haben.
Der *accent grave* über *a* und *u* verändert die Aussprache der beiden Laute nicht; er dient lediglich dazu, die Bedeutung kurzer Wörter zu unterscheiden, die gleich buchstabiert werden.

a – hat
à – in, nach
ou – oder
où – wo
la – die
là – dort, dorthin

On trouve des circonflexes sur les mots:
[ohŋ truw deh ssir-kohŋ-flekss ssür leh mo:]
Man findet Zirkumflexe über den Wörtern:

château, être, dîner, hôtel, dû,
[scha-to, ähtre, di-neh, o-täl, dü,]
„Schloß", „sein", „Abendessen", „Hotel", „schuldig",

et sur beaucoup d'autres mots.
[eh ssür bo-ku dohtre mo.]
und über vielen anderen Wörtern.

Der Zirkumflex

Der *accent circonflexe* (ˆ) steht über Vokalen in bestimmten Wörtern. Wenn der ˆ über einem *e* oder *o* steht, gibt er dem *e* einen kürzeren Klang und dem *o* einen längeren. Der ˆ zeigt oft auch an, daß der Buchstabe „s" dem Vokal folgt. Dies war im Altfranzösischen der Fall, so daß der ˆ in gewisser Weise an die Vergangenheit erinnert.

Le petit signe sous le *c* dans les mots
[le pe-ti ssin ssu le sseh doŋ leh mo]
Das kleine Zeichen unter dem *c* innerhalb der Wörter

ça, garçon, reçu, etc.
[ssa, gar-ssohŋ, re-ssü eh ssä-te-ra]
„das", „Junge", „Quittung" usw.

s'appelle la cédille.
[ssa-päl la sseh-diy.]
heißt die Cedille.

Das ç

Das c vor o, a oder u würde normalerweise hart sein – wie ein k; die Cedille wird benutzt, damit das c wie ein s ausgesprochen wird.
Wie Sie gesehen haben, gehören die französischen geschriebenen Akzente zur richtigen Schreibweise eines Wortes. Ärgern Sie sich nicht, wenn Sie sie manchmal vergessen. Das passiert den Franzosen auch!

On écrit une lettre à la main
[ohŋ neh-kri ün lätre a la mäŋ]
Man schreibt einen Brief mit der Hand

ou à la machine.
[u a la ma-schin.]
oder auf der Schreibmaschine.

Der unterschiedliche Gebrauch von à
à („nach" oder „auf") kann auch „in", „von", „um", „mit", „bis", „für" oder „zu" bedeuten, je nachdem, wie es angewendet wird.

Quand la lettre est finie,
[koŋ la lätre ä fi-ni,]
Wenn der Brief beendet ist,

on met le nom et l'adresse sur l'envelope.
[ohŋ mä le nohŋ eh la-dräss ssür loŋw(e)-lop.]
setzt man den Namen und die Adresse auf den Briefumschlag.

Ensuite, on met les timbres nécessaires,
[oŋ-swit, ohŋ mä leh tähŋbre neh-ssä-ssähr,]
Dann fügt man die nötigen Briefmarken hinzu,

et on porte la lettre à la boîte aux lettres.
[eh ohŋ port la lätre a la boat o lätre.]
und man bringt den Brief zum Briefkasten.

BEISPIELBRIEFE: EIN DANKESBRIEF UND EINE POSTKARTE

Voici une courte lettre à un ami:
[woa-ssi ün kurt lätre a öŋ na-mi:]
Hier ist ein kurzer Brief an einen Freund:

le 10 mai
[le diss mä]
10. Mai

Wenn Sie Französisch schreiben, denken Sie daran, daß für Wochentage, Monate, Namen von Sprachen oder Nationaltätsbezeichnungen, solange sie adjektivisch gebraucht werden, keine Großbuchstaben verwendet werden:

il est canadien – er ist Kanadier.
C'est un Canadien – Er ist ein Kanadier.

Mon cher Guillaume,
[mohŋ schähr gi-johm,]
Mein lieber Guillaume,

Merci beaucoup pour les jolies fleurs.
[mär-ssi bo-ku pur leh sho-li flöhr.]
Vielen Dank für die hübschen Blumen.

Elles sont très belles!
[äl ssohŋ trä bäl!]
Sie sind sehr schön!

Les roses rouges sont mes fleurs favorites.
[leh rohs ruhsh ssohŋ meh flöhr fa-wo-rit.]
Rote Rosen sind meine Lieblingsblumen.

A bientôt, j'espère.
[a bjäŋ-to, shäss-pähr.]
Bis bald, hoffe ich.

Bien amicalement, Yvette.
[bjäŋ na-mi-kal-moŋ, i-wät.]
Herzlichst, Yvette.

Voici une carte postale à une amie:
[woa-ssi ün kart poss-tal a ün a-mi:]
Hier ist eine Postkarte an eine Freundin:

Ma chère Janine.
[ma schähr sha-nin.]
Meine liebe Janine.

Bons souvenirs de Cannes.
[bohŋ ssuw-nihr d kan.]
Grüße aus Cannes.

Tout est très beau ici.
[tu tä trä bo i-ssi.]
Alles ist hier sehr schön.

Le temps est magnifique,
[le toŋ ä man-ji-fik,]
Das Wetter ist prächtig,

et les gens sont très aimables.
[eh leh shoŋ ssohŋ trä sä-mable.]
und die Leute sind sehr liebenswürdig.

Mais, malheureusement, vous n'êtes pas là.
[mä, ma-lö-rös-moŋ, wu nät pa la.]
Aber leider sind Sie nicht hier.

Là

Là kann je nach dem Zusammenhang „hier“ oder „dort“ bedeuten.

Meilleures amitiés, Jacques.
[mä-jöhr sa-mit-jeh, shak.]
Beste Grüße, Jacques.

TESTEN SIE IHR FRANZÖSISCH

Übersetzen Sie diese Sätze ins Französische. Rechnen Sie sich 10 Punkte für jede richtige Übersetzung an. Die Auflösung finden Sie unten.

1. Vielen Dank für die hübschen Blumen. ____________________
2. Sie sind sehr schön! ____________________
3. Rote Rosen sind meine Lieblingsblumen. ____________________
4. Bis bald, hoffe ich. ____________________
5. Grüße aus Cannes. ____________________
6. Alles ist hier sehr schön. ____________________
7. Das Wetter ist prächtig. ____________________
8. Die Leute sind sehr liebenswürdig. ____________________
9. Aber leider sind Sie nicht hier. ____________________
10. Beste Grüße. ____________________

Auflösung: 1. Merci beaucoup pour les jolies fleurs. 2. Elles sont très belles! 3. Les roses rouges sont mes fleurs favorites. 4. A bientôt, j'espère. 5. Bons souvenirs de Cannes. 6. Tout est très beau ici. 7. Le temps est magnifique. 8. Les gens sont très aimables. 9. Mais, malheureusement, vous n'êtes pas là. 10. Meilleures amitiés.

Ergebnis: _____ %

step 8 WICHTIGE VERBEN DER WAHRNEHMUNG

Voilà quelques verbes très importants:
[woa-la käl-ke wärb trä säŋ-por-toŋ:]
Hier sind einige sehr wichtige Verben:

voir, regarder, lire, écrire,
[woahr, re-gar-deh, lihr, eh-krihr,]
„sehen“, „betrachten“, „lesen“, „schreiben“,

entendre, écouter,
[oŋ-tooŋdre, eh-ku-teh,]
„hören“, „zuhören“,

marcher, courir, danser,
[mar-scheh, ku-rihr, doŋ-sseh]
„gehen, wandern“, „laufen“, „tanzen“

et plusieurs autres.
[eh plüs-jöhr sohtre.]
und mehrere andere.

Die drei Verb-Gruppen

Sie kennen bereits das Präsens von mehreren dieser neuen Verben – diejenigen, die auf *-er* enden wie *regarder, écouter, marcher, danser, chanter* –, weil sie wie *parler* aus Step 5 konjugiert werden. Es muß nur das *-er* der Infinitvendung weggenommen werden und die entsprechende Endung – *-e* für *je* und *il, elle, ons* für *nous, ez* für *vous* und *ent* für *ils* oder *elles* – hinzugefügt werden:

je, il, elle	*–e*
nous	*–ons*
vous	*-ez*
ils, elles	*-ent*

Diese Verben auf *-er* werden erste Verbkonjugation genannt; die Verben auf *-ir* zweite Verbkonjugation und die Verben auf *-re* oder *-oir* werden zur dritten Verbkonjugation gerechnet und haben ein etwas anderes Konjugationsmuster, wie Sie noch sehen werden.

Nous voyons avec les yeux.
[nu woa-johŋ sawäk leh sjö.]
Wir sehen mit den Augen.

Je vous vois.
[she wu woa.]
Ich sehe euch.
(Ich sehe Sie)

Vous me voyez.
[wu me woa-jeh.]
Ihr seht mich.
(Sie [Höflichkeit] sehen mich)

Il ne nous voit pas, mais il la voit.
[il ne nu woa pa, mä il la woa.]
Er sieht uns nicht, aber er sieht sie. (weibl. Singular)

Das direkte Objekt-Pronomen

Das direkte Objekt steht vor dem Verb. *Je vous vois* ist wörtlich „Ich euch sehe." Bei der Verneinung steht das *ne* vor dem Objekt-Pronomen. Hier die direkten Objekt-Fürwörter

mich	*me*
dich	*te*
ihn oder es	*le*
sie oder es	*la*
uns	*nous*
euch/Sie	*vous*
sie	*les*

Nous voyons la mer de notre maison.
[nu woa-johŋ la mähr d notre mä-sohŋ.]
Wir sehen das Meer von unserem Haus.

Nous regardons la télévision.
[nu re-gar-dohŋ la teh-leh-wis-johŋ.]
Wir sehen Fernsehen.

Il la regarde.
[il la re-gard.]
Er betrachtet sie.

Elle le regarde.
[äl le re-gard.]
Sie betrachtet ihn.

Ils ne me regardent pas.
[il ne me re-gard pa.]
Sie blicken mich nicht an.

Ces personnes lisent.
[sseh pär-sson lis.]
Diese Personen lesen.

Cet homme lit le journal.
[ssät om li le shur-nal.]
Dieser Mann liest die Zeitung.

Cette femme ne lit pas le journal.
[ssät fam ne li pa le shur-nal.]
Diese Frau liest nicht die Zeitung.

Elle lit un magazine.
[äl li töŋ ma-ga-sin.]
Sie liest eine Zeitschrift.

Nous écrivons avec un crayon
[nu seh-kri-wohŋ sa-wäk öŋ krä-johŋ]
Wir schreiben mit einem Bleistift

ou avec un stylo.
[u awäk öŋ sti-lo.]
oder mit einem Füller.

Unregelmäßige Verben
Entsprechend ihren Endungen gehören *dire, voir, lire* und *écrire* zur dritten Verbkonjugation und

sollten normalerweise entsprechend konjugiert werden. Jedoch sind einige der gebräuchlichsten Verben unregelmäßig; das heißt, sie folgen keinem bestimmten Konjugationsschema und müssen getrennt berücksichtigt werden. Hier ist das Präsens dieser vier Verben (von jetzt an werden wir nur noch die *il*-Formen angeben, weil für *elle* die gleiche Form gilt):

dire (sagen)	*voir* (sehen)
je dis	*je vois*
tu dis	*tu vois*
il dit	*il voit*
nous disons	*nous voyons*
vous dites	*vous voyez*
ils disent	*ils voient*

lire (lesen)	*écrire* (schreiben)
je lis	*j'écris*
tu lis	*tu écris*
il lit	*il écrit*
nous lisons	*nous écrivons*
vous lisez	*vous écrivez*
ils lisent	*ils écrivent*

J'écris à la main.
[she-kri a la mäŋ.]
Ich schreibe mit der Hand.

Elle écrit à la machine.
[äl eh-kri a la ma-schin.]
Sie schreibt mit der Schreibmaschine.

Il m'écrit – Elle vous écrit.
[il meh-kri – äl wu seh-kri.]
Er schreibt mir – Sie schreibt euch.

On entend avec les oreilles.
[ohŋ noŋ-toŋ awäk leh so-räy.]
Man hört mit den Ohren.

***Entendre* – hören**

Entendre („hören") ist ein typisches Verb der 3. Konjugation (mit dem *-re*-Infinitiv):

> *j'entends, tu entends, il entend, nous entendons, vous entendez, ils entendent.*

Sie werden anderen gebräuchlichen Verben, die diesem Schema folgen, in zukünftigen Lektionen begegnen, und wir werden Ihnen dann die Verben, die wie *entendre* konjugiert werden, vor Augen halten.

Nous entendons parler les gens.
[nu soŋ-toŋ-dohŋ par-leh leh shoŋ.]
Wir hören die Leute sprechen.

Je vous parle.
[she wu parl.]
Ich spreche zu Ihnen.
(Ich spreche zu euch.)

Vous m'écoutez.
[wu meh-ku-teh.]
Sie (Höflichkeit) hören mir zu.
(Ihr hört mir zu)

Indirekte Objekt-Pronomen

Die indirekten Objekt-Pronomen sind folgende:

> mir, (oder) zu mir – *me*
> dir, (oder) zu dir – *te*
> ihm, ihr, (oder) zu ihm, zu ihr – *lui*
> uns, (oder) zu uns – *nous*
> euch/Ihnen, (oder) zu euch, zu Ihnen – *vous*
> ihnen (oder) zu ihnen – *leur*

Vous me parlez.
[wu me par-leh.]
Sie sprechen zu mir.

Je vous écoute.
[she wu seh-kut.]
Ich höre Ihnen zu.

Qu'est-ce que vous écoutez?
[kess-ke wu seh-ku-teh?]
Was hört ihr an?

Nous sommes en train d'écouter la radio.
[nu ssom soŋ träŋ deh-ku-teh la rad-jo.]
Wir sind gerade dabei Radio zu hören.

***En train de* = gerade dabei sein**
Das Französische hat ebenso wie das Deutsche keine eigene Verbform, um die Dauer einer Handlung, die sich vollzieht, auszudrücken. Um zu verdeutlichen, daß etwas gerade geschieht, eine Handlung also noch andauert, benutzt der Franzose den Ausdruck *être en train de*, an den der Infinitv des Verbs angeschlossen wird.

Je suis en train d'écrire une lettre – Ich schreibe gerade einen Brief – heißt also ganz wörtlich übersetzt: „Ich bin gerade dabei einen Brief zu schreiben."

Paul écoute les nouvelles.
[poll eh-kut leh nu-wäl.]
Paul hört Nachrichten.

Hélène écoute un disque.
[eh-län eh-kut öŋ dissk.]
Hélène hört eine Schallplatte.

Une dame chante.
[ün dam schoŋt.]
Eine Dame singt.

Les auditeurs l'écoutent.
[leh so-di-töhr leh-kut.]
Die Zuhörer lauschen ihr.

Elle finit de chanter.
[äl fi-ni d schoŋ-teh.]
Sie hört auf zu singen.

Finir – ein Muster für die zweite Konjugation
Finir ist ein typisches Beispiel für das Konjugationssschema der 2. Konjugation. Seine Formen sind: *je finis, tu finis, il finit, nous finissons, vous finissez, ils finissent*.
Das für die 3. Verbkonjugation übliche Konjugationssschema ist schon am Beispiel von *entendre* angeführt worden. Übrigens, da die 2. und 3. Konjugation zahlreiche Ausnahmen enthalten, ist es besser, jedes wichtige Verb einzeln zu betrachten – denn die gebräuchlichsten Verben sind im allgemeinen unregelmäßig –, und diese Verben und ihre Unregelmäßigkeiten durch den praktischen Gebrauch zu lernen.

Tout le monde dit:
[tul moohŋd di:]
Jedermann sagt:

Bravo! C'est magnifique! Formidable!
[bra-wo! ssä man-ji-fik! for-mi-dable!]
Bravo! Das ist prächtig! Phantastisch!

Jedermann = *Tout le monde*
Das Wort für „jedermann" oder „ein jeder" ist *tout le monde*, wörtlich übersetzt „die ganze Welt" – ein ziemlich gutes sinnverwandtes Wort für „jedermann", *n'est-ce pas*?

Avec la bouche, nous mangeons et nous buvons.
[awäk la busch, nu moŋ-shoŋ seh nu bü-wohŋ.]
Mit dem Mund essen wir und trinken wir.

Nous mangeons du pain, de la viande,
[nu moŋ-shoŋ dü päŋ, d law-jooŋd, deh]
Wir essen Brot, Fleisch,

des légumes et des fruits.
[leh-güm seh deh früi.]
Gemüse und Früchte.

Nous buvons du café, du thé,
[nu bü-wohŋ dü ka-feh, dü teh,]
Wir trinken Kaffee, Tee,

du vin, de la bière, de l'eau.
[dü wäŋ, d la bjähr, d lo.]
Wein, Bier, Wasser.

Der Teilungsartikel – 3 Beispiele
Beachten Sie, daß die drei Singularformen (Einzahl) des Teilungsartikels in einer Zeile vorkommen – *du, de la, de l'*.

Mon oncle Jules ne boit pas de lait.
[mo noohŋkle shül ne boa pa d lä.]
Mein Onkel Jules trinkt keine Milch.

Verneinender Teilungsartikel = *de* ohne den Artikel
Für die Verneinung des Teilungsartikels wird der Artikel weggelassen – es steht nur das *de:*

> Was! Sie essen keinen Käse? – *Quoi! Vous ne mangez pas de fromage?*

Il boit du champagne.
[il boa dü schoŋ-panj.]
Er trinkt Sekt.

Nous marchons et courons avec les jambes et les pieds.
[nu mar-schohŋ seh ku-rohŋ sa-wäk leh shooŋb seh leh pjeh.]
Wir gehen und laufen mit den Beinen und den Füßen.

Quand on danse, on remue tout le corps.
[koŋ tohŋ doŋss, ohŋ re-mü tul kohr.]
Wenn man tanzt, bewegt man den ganzen Körper.

Avec le corps nous sentons
[awäk le kohr nu ssoŋ-tohŋ]
Mit dem Körper nehmen wir wahr

***Sentir* bedeutet „fühlen“, „wahrnehmen“, „empfinden“ und auch „riechen“**

Obwohl es ein Verb ist, das auf *-ir* endet, formen *sentir* und eine Gruppe anderer Verben das Präsens auf eine andere Weise als *finir:*

je sens, tu sens, il sent, nous sentons, vous sentez, ils sentent.

Einige andere Verben, die dem Konjugationsschema von *sentir* folgen, sind *sortir* („ausgehen"), *dormir* („schlafen"), *courir* („laufen"), *partir* („weggehen").

si nous avons froid ou chaud,
[ssi nu sa-wohŋ froa u scho,]
ob wir frieren oder schwitzen
(wörtlich: ob wir kalt oder warm haben)

si nous avons faim ou soif,
[ssi nu sa-wohŋ fäŋ u swaf,]
ob wir Hunger oder Durst haben,

Feststehende Ausdrücke mit *avoir*
Um zu sagen, daß Sie schwitzen oder frieren, daß Sie hungrig oder durstig sind, müssen Sie *avoir* mit den hier angeführten Ausdrücken benutzen:

ich schwitze	*j'ai chaud*
ich friere	*j'ai froid*
„ich habe Hunger" oder „ich bin hungrig"	*j'ai faim*
„ich habe Durst" oder „ich bin durstig"	*j'ai soif*
Schwitzen Sie?	*Avez-vous chaud?*
Frieren Sie?	*Avez-vous froid?*
Haben Sie Hunger?	*Avez-vous faim?*
Haben Sie Durst?	*Avez-vous soif?*

Übrigens, achten Sie darauf, daß Sie nicht *faim* („Hunger") wie *femme* („Frau") aussprechen; es könnte sonst zu einem interessanten Mißverständnis führen.

et nous savons aussi si nous sommes malades
[eh nu ssa-wohŋ so-ssi ssi nu ssom ma-lad]
und wir wissen auch, ob wir krank sind

ou en bonne santé.
[u oŋ bon ssoŋ-teh.]
oder bei guter Gesundheit.

Voilà des exemples
[woa-la deh säg-sooŋ-ple]
Hier sind Beispiele

de l'emploi des pronoms compléments.
[d loŋ-ploa deh pro-nohŋ kohŋ-pleh-moŋ.]
für die Anwendung der Objektpronomen.

Pierre aime la campagne.
[pjähr äm la koŋ-panj.]
Pierre liebt das Land.

Il l'aime.
[il läm.]
Er liebt es.

Il regarde les oiseaux et les arbres.
[il re-gard leh swa-so eh leh sarbre.]
Er betrachtet die Vögel und die Bäume.

Il les regarde.
[il leh re-gard.]
Er betrachtet sie.

Un taureau mange l'herbe.
[öŋ to-ro moŋsh lärb.]
Ein Stier frißt das Gras.

Il la mange. (Gras ist im Französischen weiblich!)
[il la moŋsh.]
Er frißt es.

***En* – ein Wink**

Wenn der Stier „das" Gras frißt, ist das Objektpronomen *la.* Um auszudrücken „etwas Gras", würden wir die Form *de l'herbe* benutzen, und „er ißt etwas davon“, würde *il en mange* heißen.

Pierre ne voit pas le taureau.
[pjähr ne woa pa le to-ro.]
Pierre sieht den Stier nicht.

Il ne le voit pas.
[il ne le woa pa.]
Er sieht ihn nicht.

Le taureau regarde Pierre.
[le to-ro re-gard pjähr.]
Der Stier blickt Pierre an.

Il le regarde.
[il le re-gard.]
Er blickt ihn an.

Pierre entend le taureau.
[pjähr oŋ-toŋ le to-ro.]
Pierre hört den Stier.

Il l'entend et il le voit.
[il loŋ-toŋ eh il le woa.]
Er sieht ihn und er hört ihn.

Il court vers la barrière...
[il kur währ la bar-jähr...]
Er rennt zum Gatter...

et vite, il saute par-dessus.
[eh wit, il ssot par-de-ssü.]
und schnell springt er darüber.

BEISPIELUNTERHALTUNG: IN EINER DISCOTHEK

PIERRE:
[pjähr:]

Vous voyez cette femme là-bas?
[wu woa-jeh ssät fam la-ba?]
Sehen Sie diese Frau dort?

JEAN-PAUL:
[shoŋ-poll:]

Comment? Je ne vous entends pas bien
[ko-moŋ? she ne wu soŋ-toŋ pa bjäŋ]
Wie? Ich höre Sie nicht gut

à cause de la musique.
[a kohs d la mü-sik.]
wegen der Musik.

Il y a trop de bruit.
[il ja tro d brüi.]
Es ist zu viel Lärm.

PIERRE:

Je vous dis: Voyez-vous cette femme là-bas?
[she wu di: woa-jeh-wu ssät fam la-ba?]
Ich sage zu Ihnen: Sehen Sie diese Frau dort?

JEAN-PAUL:

Laquelle? Il y en a beaucoup.
[la-käl? il joŋ na bo-ku.]
Welche? Es gibt viele von ihnen.

Welcher?, Welche?, Welches?
Lequel – welcher (mask. Sing.)
Laquelle – welche (fem. Sing.)
Lesquelles – welche (mask. Pl.)
Lesquelles – welche (fem. Pl.)

PIERRE:

Celle qui est près du micro.
[ssäl ki ä prä dü mi-kro.]
Diejenige, die in der Nähe vom Mikrophon ist.

JEAN-PAUL:

La blonde qui est en train de chanter,
[la bloohŋd ki ä toŋ träŋ d schoŋ-teh,]
Die Blonde, die gerade singt,

ou la brune qui danse toute seule là-bas.
[u la brün ki doŋss tut ssöll la-ba.]
oder die Brünette, die dort ganz allein tanzt.

PIERRE:

Mais non. La jolie aux cheveux noirs.
[mä nohŋ. la sho-li o sche-wö noahr.]
Aber nein. Die Hübsche mit den schwarzen Haaren.

JEAN-PAUL:

Celle qui danse avec le vieux monsieur?
[ssäl ki doŋss awäk le wjö miss-jö?]
Diejenige, die mit dem alten Herrn tanzt?

PIERRE:

Oui, cella-là.
[wie, ssäl-la.]
Ja, jene.

JEAN-PAUL:

Tiens! Elle est assez jolie. Et en plus elle danse bien.
[tjäŋ! äl ä a-sseh sho-li. eh oŋ plüss äl doŋss bjäŋ.]
Sieh da! Sie ist ziemlich hübsch. Und dazu tanzt sie noch gut.

La connaissez-vous?
[la ko-nä-sseh-wu?]
Kennen Sie sie?

PIERRE:

Non, je ne la connais pas; et vous?
[nohŋ, she ne la ko-nä pa; eh wu?]
Nein, ich kenne sie nicht; und Sie?

JEAN-PAUL:

Moi non plus, bien sûr.
[moa nohŋ plü, bjäŋ ssühr.]
Ich auch nicht, natürlich.

Voilà pourqoi je vous le demande.
[woa-la pur-kwa she wul de-mooŋd.]
Deshalb frage ich Sie.

PIERRE:

Ça va. Je vois bien qu'elle vous intéresse.
[ssa wa. she woa bjäŋ käl wu säŋ-teh-räss.]
Richtig. Ich sehe wohl, daß sie Sie interessiert.

Allons voir Louis. Il connaît tout le monde.
[a-lohŋ woahr lui. il ko-nä tul moohŋd.]
Besuchen wir Louis. Er kennt jedermann.

Il va sûrement vous présenter.
[il wa ssühr-moŋ wu preh-soŋ-teh.]
Er wird Sie sicher vorstellen.

TESTEN SIE IHR FRANZÖSISCH

Schreiben Sie jeweils die Nummer des deutschen Satzes, der dem französischen Satz auf der rechten Seite entspricht, auf. Rechnen Sie sich zehn Punkte für jede richtige Zuordnung an. Die Auflösung finden Sie unten.

1.	Ich sehe Sie.	A	Il connaît tout le monde.
2.	Sie (Höflichkeitsform) sehen mich.	B	Elle danse bien.
3.	Er betrachtet sie.	C	Cette dame chante.
4.	Er liebt es.	D	Il y a trop de bruit.
5.	Er schreibt mir.	E	La connaissez-vous?
6.	Diese Dame singt.	F	Vous me voyez.
7.	Kennen Sie sie?	G	Il les regarde.
8.	Es ist zuviel Lärm.	H	Il l'aime.
9.	Sie tanzt gut.	I	Il m'écrit.
10.	Er kennt jedermann.	J	Je vous vois.

Auflösung: 1–J; 2–F; 3–G; 4–H; 5–I; 6–C; 7–E; 8–D; 9–B; 10–A

Ergebnis: _____ %

step 9 BERUFE UND BESCHÄFTIGUNGEN

Pour connaître la situation
[pur ko-nähtre la ssi-tü-ass-johŋ]
Um die Stellung oder den Beruf

ou la profession d'une personne, on demande:
[u la pro-fäss-johŋ dün pär-sson, ohŋ de-mooŋd:]
einer Person kennenzulernen, fragt man:

«Quelle est votre profession?»
[«käl ä wo-tre pro-fäss-johŋ?»]
„Was ist Ihr Beruf?"

ou: «Quel métier faites-vous?»
[u: «käl meh-tjeh fät-wu?»]
oder: „Welches Handwerk üben Sie aus (machen Sie)?"

Voici quelques métiers ou professions:
[woa-ssi käl-ke meh-tjeh su pro-fäss-johŋ:]
Hier sind einige Gewerbe oder Berufe:

Un homme d'affaires travaille dans un bureau.
[öŋ nom da-fähr tra-weiy doŋ söŋ bü-ro.]
Ein Geschäftsmann arbeitet in einem Büro.

Les ouvriers travaillent dans des usines.
[leh suw-ri-eh tra-weiy doŋ deh sü-sin.]
Die Arbeiter arbeiten in Fabriken.

Les médecins soignent les malades.
[leh mehd-ssäŋ swan-je leh ma-lad.]
Die Ärzte behandeln die Kranken.

Les acteurs et les actrices
[leh sak-töhr eh leh sak-triss]
Die Schauspieler und Schauspielerinnen

font du théâtre ou du cinéma.
[fohŋ dü teh-ahtre u dü ssi-neh-ma.]
spielen (arbeiten) im Theater oder im Kino.

***Faire* = machen – sich betätigen in**
Faire du théâtre ist eine Spracheigentümlichkeit, die gleichbedeutend mit „sich betätigen in" oder „arbeiten in" ist. Ein anderes Beispiel ist *faire de la politique* – „sich in der Politik betätigen."

Un peintre fait des portraits ou des paysages.
[öŋ pähŋtre fä deh por-trä u deh pe-i-sahsh.]
Ein Maler malt (macht) Porträts oder Landschaften.

Un auteur écrit des livres ou des articles.
[öŋ no-töhr eh-kri deh lihwre u deh sar-tikle.]
Ein Autor schreibt Bücher oder Artikel.

Un musicien joue du piano ou d'un autre instrument.
[öŋ mü-si-ssjäŋ shu dü pja-no u döŋ nohtre äŋss-trü-moŋ.]
Ein Musiker spielt Klavier oder ein anderes Instrument.

Jouer à – jouer de
Bei *jouer* – „spielen" – steht *de*, wenn es sich um das Spielen eines Instrumentes handelt.

Jouez-vous du violon? – Spielen Sie Geige?

Wenn es sich um das Spielen im Sport handelt, steht *à* mit dem bestimmten Artikel.

Spielen Sie Tennis? – *Jouez-vous au tennis?*

Un mécanicien répare des autos.
[öŋ meh-ka-niss-jäŋ reh-par deh so-to.]
Ein Mechaniker repariert Autos.

Le facteur apporte le courrier.
[le fak-töhr a-port le kur-jeh.]
Der Briefträger bringt die Post.

Un conducteur d'autobus conduit un autobus.
[öŋ kohŋ-dük-töhr do-to-büss kohŋ-düi öŋ no-to-büss.]
Ein Busfahrer fährt einen Bus.

Les chauffeurs de taxis conduisent des taxis.
[leh scho-föhr d tak-ssi kohŋ-düis deh tak-ssi.]
Die Taxifahrer fahren Taxis.

Les pompiers éteignent les incendies.
[leh pohŋp-jeh eh-täŋ-je leh säŋ-ssoŋ-di.]
Die Feuerwehrleute löschen Brände.

Les agents de police maintiennent l'ordre dans la rue,
[leh sa-shoŋ d po-liss mäŋ-tjäŋ lordre doŋ la rü,]
Die Polizisten erhalten die Ordnung auf der Staße aufrecht,

et arrêtent les criminels.
[eh a-rät leh kri-mi-näl.]
und verhaften die Verbrecher.

Sehen Sie bei Step 5 nach
Die meisten der oben angeführten Verben sind regelmäßig und gehören zur 1. Konjugation – *demander, travailler, soigner, jouer, apporter* und *arrêter* – und folgen deshalb alle dem Konjugationsmuster von *parler*. Die Infinitive der anderen Verben sind *faire, écrire, conduire, éteindre* und *maintenir*.

BEISPIELUNTERHALTUNG: AUF EINER PARTY

—Quelle agréable réunion!
[käl a-greh-able reh-ün-johŋ!]
Was für eine angenehme Zusammenkunft!

—Oui, les invités sont très intéressants.
[wie, leh säŋ-wi-teh ssohŋ trä säŋ-teh-rä-ssoŋ.]
Ja, die Eingeladenen sind sehr interessant.

Madame de Laramont a beaucoup d'amis,
[ma-dam d la-ra-mohŋ a bo-ku da-mi,]
Frau von Laramont hat viele Freunde,

dans des milieux très divers.
[doŋ deh mil-jö trä di-währ.]
in sehr verschiedenen Kreisen.

Dans ce groupe là-bas près de la fenêtre,
[doŋ sse grup la-ba prä d la fe-nähtre,]
In dieser Gruppe dahinten neben dem Fenster,

il y a un avocat, un compositeur,
[il ja öŋ na-wo-ka, öŋ kohŋ-po-si-töhr,]
gibt es einen Rechtsanwalt, einen Komponisten,

un banquier, un architecte,
[öŋ boŋk-jeh, öŋ nar-schi-täkt,]
einen Bankier, einen Architekten,

un dentiste et une vedette de cinéma.
[öŋ doŋ-tist eh ün we-dät d ssi-neh-ma.]
einen Zahnarzt und einen Filmstar.

—Tiens! Je me demande de quoi ils parlent,
[tjäŋ! she me de-mooŋd d kwa il parl,]
Sieh da! Ich frage mich, worüber sie sprechen,

architecture, finance, musique, droit... Qui sait?
[ar-schi-täk-tühr, fi-nooŋss, mü-sik, droa... ki ssä?]
Architektur, Finanzwesen, Musik, Recht... Wer weiß?

—Pensez-vous!
[poŋ-sseh-wu!]
Sie können es sich denken!

Ils parlent sûrement de cinéma.
[il parl ssür-moŋ d ssi-neh-ma.]
Sie sprechen sicherlich über das Kino.

—Savez-vous qui est cette très jolie femme brune,
[ssa-weh-wu ki ä ssät trä sho-li fam brün,]
Wissen Sie, wer diese sehr hübsche brünette Frau ist,

dans un élégant tailleur noir?
[doŋ söŋ neh-leh-shoŋ ta-jöhr noahr?]
in einem eleganten schwarzen Kostüm?

—C'est une danseuse étoile de l'Opera.
[ssä tün doŋ-ssöhs eh-toal d lo-peh-ra.]
Sie ist eine Startänzerin der Oper.

Elle s'appelle Yvonne Thomas.
[äl ssa-päl i-won to-ma.]
Sie heißt Yvonne Thomas.

—Et les deux hommes qui parlent avec elle?
[eh leh döh som ki parl awäk äl?]
Und die beiden Männer, die mit ihr reden?

—Le vieux monsieur est chef d'orchestre
[le wjö miss-jö ä schäf dor-kästre]
Der alte Herr ist ein Dirigent

et le beau jeune homme est acteur,
[eh le bo shön nom ä tak-töhr,]
und der schöne junge Mann ist Schauspieler,

assez mauvais d'ailleurs.
[a-sseh mo-wä da-jöhr.]
ein ziemlich schlechter übrigens.

—Regardez! Vous voyez qui arrive maintenant?
[re-gar-deh! wu woa-jeh ki a-riw mäŋt-noŋ?]
Schauen Sie! Sehen Sie, wer jetzt eintrifft?

—C'est le Commandant Marcel Bardet,
[ssä le ko-moŋ-doŋ mar-ssel bar-deh,]
Es ist Befehlshaber Marcel Bardet,

l'explorateur du fond de la mer.
[läkss-plo-ra-töhr dü fohŋ d la mähr.]
der Erforscher des Meeresbodens.

Das beschreibende *de*
Das Französische benutzt Hauptwörter nicht wie Adjektive. Wir können entweder „Meeresgrund" oder „Grund des Meeres" sagen, aber die Franzosen kennen nur den längeren Ausdruck. Sie sagen nicht „Tankstelle" oder „Feuerspritze", sondern „Stelle vom Benzin" (ganz wörtlich) *(poste d'essence)* und „Pumpe für Feuer" *(pompe à incendie)*.

—Tiens! Savez-vous qu'il y a un article sur lui
[tjäŋ! ssa-weh-wu kil ja öŋ nar-tikle ssür lüi]
Sieh da! Wissen Sie, daß es einen Artikel über ihn

dans le Figaro d'aujourd'hui?
[doŋ le fi-ga-ro do-shurd-wi?]
im Figaro von heute gibt?

Quelle vie aventureuse!
[käl wi a-woŋ-tü-röhs!]
Welch abenteuerliches Leben!

—...et dangereuse! Vous savez, je le connais bien.
[...eh doŋ-she-röhs! wu ssa-weh, she le ko-nä bjäŋ.]
...und gefährlich! Sie wissen, ich kenne ihn gut.

Il raconte toujours des choses très intéressantes.
[il ra-kohŋt tu-shuhr deh schohs trä säŋ-teh-rä-ssoŋ.]
Er erzählt immer sehr interessante Dinge.

Allons bavarder un moment avec lui.
[a-lohŋ ba-war-deh öŋ mo-moŋ awäk lüi.]
Laßt uns eine Weile mit ihm plaudern.

Laßt uns sehen
Allons – „wir gehen“ – kann auch „laßt uns“ bedeuten, wenn ein Verb im Infintiv folgt.

Allons voir – Laßt uns sehen (auch in der Bedeutung von besuchen)

Je vais vous le présenter.
[she wä wu le preh-soŋ-teh.]
Ich werde Sie ihm vorstellen.

Die Reihenfolge der Pronomen
Wenn zwei Objekt-Pronomen zusammen vor dem Verb gebraucht werden, folgen Sie einer Art Vorrangrecht in ihrer Reihenfolge. *Me, vous* und *nous* kommen zuerst, dann *le, la* und *les* und zum Schluß *lui* und *leur.*

TESTEN SIE IHR FRANZÖSISCH

Ordnen Sie diesen Menschen die ihnen entsprechende Arbeit zu. Rechnen Sie sich 10 Punkte für jede korrekte Antwort an. Die Auflösung finden Sie unten.

1.	Un homme d'affaires	A	fait des paysages.
2.	Les médecins	B	éteignent les incendies.
3.	Un auteur	C	joue du piano.
4.	Les acteurs et les actrices	D	arrêtent les criminels.
5.	Un peintre	E	travaille dans un bureau.
6.	Un musicien	F	apporte le courrier.
7.	Le facteur	G	répare des autos.
8.	Les pompiers	H	soignent les malades.
9.	Un mécanicien	I	écrit des livres.
10.	Les agents de police	J	font du cinéma.

Auflösung: 1–E; 2–H; 3–I; 4–J; 5–A; 6–C; 7–F; 8–B; 9–G; 10–D

Ergebnis: _____ %

step 10 NACH DEM WEG FRAGEN: REISEN MIT DEM AUTO

Voici quelques exemples de l'emploi
[woa-ssi käl-ke säg-sooŋple d loŋ-ploa]
Hier sind einige Beispiele für den Gebrauch

de l'impératif et des pronoms compléments.
[d läŋ-peh-ra-tif eh deh pro-nohŋ kohŋ-pleh-moŋ.]
des Imperativs und der Objekt-Pronomen.

L'homme dans la voiture parle à un piéton.
[lom doŋ la woa-tühr parl a öŋ pjeh-tohŋ.]
Der Mann in dem Auto spricht mit einem Fußgänger.

Il lui demande:
[il lüi de-mooŋd:]
Er fragt ihn:

«Est-ce que je suis bien sur la route d'Avignon?»
[«ess-ke she sswi bjäŋ ssür la rut da-win-johŋ?»]
„Bin ich richtig auf der Straße nach Avignon?"

Le piéton lui répond:
[le pjeh-tohŋ lüi reh-poohŋ:]
Der Fußgänger antwortet ihm:

«Non, monsieur.
[«nohŋ, miss-jö.]
„Nein, mein Herr.

Vous n'y êtes pas du tout.
[wu ni ät pa dü tu.]
Sie sind dort gar nicht.

Die Bedeutung von *y*

Das Ein-Buchstaben-Wort *y* bedeutet „da", „dort", „darauf", „darin", „dahin", „dazu", „dabei", „daran" – um nur einige seiner Bedeutungen zu nennen. Dies ist ein weiteres der bekannten „kleinen Wörter", die häufig im Französischen vorkommen. *Y* und *en* sind wirklich sehr nützlich, da sie sich an die Stelle eines ganzen Satzes setzen können.

Pour retrouver la route d'Avignon,
[pur re-tru-weh la rut da-win-johŋ,]
Um die Straße nach Avignon wiederzufinden,

Continuez tout droit
[kohŋ-ti-nü-eh tu droa]
fahren Sie geradeaus weiter (wörtlich: setzen Sie fort)

jusqu'à la deuxième rue.
[shüss-ka la dös-jäm rü.]
bis zur zweiten Straße.

Puis tournez à gauche.
[püi tur-neh a gohsch.]
Dann biegen Sie links ab.

Allez jusqu'au troisième feu rouge.
[a-leh shüss-ko troas-jäm fö ruhsh.]
Fahren Sie bis zur dritten roten Ampel.

Là, vous tournez à droite.
[la, wu tur-neh a droat.]
Dort biegen Sie rechts ab.

Ensuite vous êtes sur la bonne route.
[oŋ-sswit wu sät ssür la bon rut.]
Dann sind Sie auf der richtigen Straße.

Mais, attention à la police!
[mä, a-toŋss-johŋ a la po-liss.]
Aber Vorsicht vor der Polizei!

Il y a une limite de vitesse.»
[il ja ün li-mit d wi-täss.»]
Es gibt eine Geschwindigkeitsbegrenzung."

L'automobiliste le remercie
[lo-to-mo-bi-lisst le re-mär-ssi]
Der Autofahrer dankt ihm

et suit ses indications;
[et ssüi sseh säŋ-di-kass-johŋ;]
und befolgt seine Anweisungen;

Il tourne à gauche dans la deuxième rue,
[il turn a gohsch doŋ la dös-jäm rü,]
Er biegt links in die zweite Straße ein,

continue jusqu'au troisième feu rouge,
[kohŋ-ti-nü shüss-ko troas-jäm fö ruhsh,]
fährt bis zur dritten roten Ampel weiter,

Rote und grüne Ampel
Feu bedeutet „Feuer". Eine Verkehrsampel, die auf rot steht, heißt *feu rouge* („rotes Feuer"), während eine Verkehrsampel, die auf grün steht, mit *feu vert* übersetzt wird.

et tourne à droite.
[eh turn a droat.]
und biegt rechts ab.

Mais un agent de police en motocyclette le voit.
[mä söŋ na-shoŋ d po-liss oŋ mo-to-ssi-klät le woa.]
Aber ein Polizist auf einem Motorrad sieht ihn.

Il le suit, le dépasse et l'arrête.
[il le ssüi, le deh-pass eh la-rät.]
Er folgt ihm, überholt ihn und hält ihn an.

Il lui dit:
[il lüi di:]
Er sagt zu ihm:

«Et alors, le feu rouge?
[«eh a-lohr, le fö ruhsh?»]
„Und was ist mit der roten Ampel?
(wörtl.: Und dann, die rote Ampel?)

Alors
Die französische Umgangssprache stützt sich stark auf das Wort *alors* -- in jedem erdenklichen Tonfall und auf unterschiedliche Weise gesagt – Sarkasmus eingeschlossen – wie im Falle dieses Polizisten.

Montrez-moi votre permis de conduire.»
[mohŋ-treh-moa wotre pär-mi d kohŋ-düihr.»]
Zeigen Sie mir Ihren Führerschein.“

Der verneinte Imperativ
Wenn Objekt-Pronomen nach einem Imperativ (Befehl) benutzt werden, wird *me* zu *moi*.

Donnez-le-moi! – Geben Sie ihn mir!

Beim bejahenden Imperativ ändert sich die normale Reihenfolge der Objekt-Pronomen: die indirekten Objekt-Pronomen stehen zuletzt. Aber beim verneinenden Imperativ herrscht wieder die reguläre Reihenfolge.

Ne me le donnez pas! – Geben Sie ihn mir nicht!

L'automobiliste le lui donne.
[lo-to-mo-bi-lisst le lüi don.]
Der Autofahrer gibt ihn ihm.

«Donnez-moi aussi la carte grise.»
[«do-neh-moa a-ssi la kart gris.»]
„Geben Sie mir auch den Kraftfahrzeugbrief (die graue Karte).“

Il la lui donne.
[il la lüi don.]
Er gibt ihn ihm.

L'agent écrit une contravention
[la-shoŋ eh-kri ün kohŋ-tra-woŋss-johŋ]
Der Polizist schreibt eine Übertretung auf

et la donne à l'automobiliste.
[eh la don a lo-to-mo-bi-lisst.]
und gibt sie dem Autofahrer.

Il lui rend le permis et la carte grise.
[il lüi roŋ le pär-mi eh la kart gris.]
Er gibt ihm den Führerschein und den Kraftfahrzeugbrief zurück.

«Tenez», lui dit-il,
[«te-neh», lüi di-til,]
„Da, nehmen Sie“, sagt er zu ihm,

«et à l'avenir faites attention.»
[«eh a law-nihr fät sa-toŋss-johŋ.»]
„und in Zukunft passen Sie auf.“

BEISPIELUNTERHALTUNG: ANWEISUNGEN GEBEN

LA DAME:
[la dam:]
DIE DAME:

Marie, vous n'entendez pas, on sonne,
[ma-ri, wu noŋ-toŋ-deh pa, ohŋ sson,]
Marie, hören Sie nicht, es läutet,

Il y a quelqu'un à la porte. Ouvrez, s'il vous plaît.
[il ja käl-köŋ a la port. u-wreh, ssil wu plä.]
Es ist jemand an der Tür. Öffnen Sie bitte.

Qui est-ce?
[ki ess?]
Wer ist es?

MARIE:
[ma-ri:]
MARIE:

C'est le garçon-boucher qui livre la viande.
[ssä le gar-ssohŋ bu-scheh ki liwre la wjooŋd.]
Es ist der Fleischerjunge, der das Fleisch abliefert.

LA DAME:

Mettez-la dans le réfrigérateur.
[mä-teh-la doŋ le reh-fri-sheh-ra-töhr.]
Legen Sie es in den Kühlschrank.

Avez-vous la note?
[a-weh-wu la not?]
Haben Sie die Rechnung?

MARIE:

C'est lui qui l'a, madame.
[ssä lüi ki la, ma-dam.]
Er ist derjenige, der sie hat, gnädige Frau.

C'est moi!

Nach Formen von *être* – wie *c'est*, und außerdem wenn Pronomen völlig allein stehen – wird eine andere Pronomenform verwendet:

Ich bin es	*C'est moi*
Du bist es	*C'est toi*
Er ist es	*C'est lui*
Sie ist es	*C'est elle*
Wir sind es	*C'est nous*
Ihr seid es/Sie(Höflichk.) sind es	*C'est vous*
Sie sind es (mask. Pl)	*C'est eux*
Sie sind es (fem. Pl.)	*C'est elles*

Im Deutschen kennt man diese betonten persönlichen Fürwörter mit einer eigenen Form, um das „ich" usw. besonders zu betonen, nicht.
Diese Formen werden auch zusammen mit Präpositionen benutzt:

avec moi – mit mir
sans elle – ohne sie

LA DAME:

Dites-lui de la laisser sur la table de la cuisine.
[dit-lüi d la lä-sseh ssür la table d la küi-sin.]
Sagen Sie ihm, er soll sie auf dem Küchentisch liegen lassen.

Je ne la paie pas tout de suite.
[she ne la päy pa tud sswit.]
Ich bezahle sie nicht sofort.

Voilà la liste pour demain.
[woa-la la list pur de-mäŋ.]
Hier ist die Liste für morgen.

Prenez-la et donnez-la-lui.
[pre-neh-la eh do-neh-la-lüi.]
Nehmen Sie sie und geben Sie sie ihm.

MARIE:

Oui, madame. Tout de suite.
[wie, ma-dam. tud sswit.]
Ja, gnädige Frau. Sofort.

LA DAME:

Et maintenant je sors.
[eh mäŋt-noŋ she ssor.]
Und jetzt gehe ich aus.

Je vais d'abord chez le coiffeur,
[she wä da-bohr scheh le koa-för,]
Ich gehe zuerst zum Friseur,

Chez le coiffeur

Die folgenden Vokabeln sind zur Verständigung mit dem Friseur nützlich:

Für Damen:
une mise en plis – ein Haarschnitt
un shampoing – eine Kopfwäsche
un rinçage – eine Spülung
plus clair – heller
plus foncé – dunkler
comme ça – wie dies, so
une manucure – eine Maniküre

und für Herren:
une coupe de cheveux – ein Haarschnitt
pas trop court – nicht zu kurz
un massage – eine Massage
la barbe aussi – auch eine Rasur

Das letzte bedeutet entweder „eine Rasur" oder „das Stutzen des Bartes", je nachdem, ob Sie einen „Bart" – *barbe* – haben oder nicht.

et ensuite je vais faire des courses.
[eh oŋ-sswit she wä fähr deh kurss.]
und dann gehe ich einkaufen.

Weitere Ausdrücke mit *faire*

Einige spracheigentümliche Ausdrücke mit *faire:*

faire des courses – einkaufen gehen, Einkäufe machen
faire une promenade – einen Spaziergang unternehmen (oder eine Spazierfahrt)

faire du ski – Ski fahren
faire du sport – Sport treiben
faire réparer – repariert haben
faire nettoyer – gereinigt haben
faire repasser – gebügelt haben

Pendant ce temps, nettoyez la maison
[poŋ-doŋ sse toŋ, nä-toa-jeh la mä-sohŋ.]
Inzwischen (während dieser Zeit), reinigen Sie das Haus

et préparez le dîner.
[eh preh-pa-reh le di-neh.]
und bereiten Sie das Abendessen vor.

Voilà deux robes, une jupe et un complet.
[woa-la döh rob, ün shüp eh öŋ kohŋ-plä.]
Hier sind zwei Kleider, ein Rock und ein Anzug.

Portez-les chez le teinturier.
[por-teh-leh scheh le täŋ-tür-jeh.]
Bringen Sie sie zur Reinigung.

Allons bon… Encore le téléphone…
[a-lohŋ bohŋ… oŋ-kohr le teh-leh-fon…]
Gut denn… Nochmals das Telefon…

Répondez, s'il vous plaît…
[reh-pohŋ-deh, ssil wu plä…]
Beantworten Sie (es), bitte…

Qui est-ce?
[ki ess?]
Wer ist es?

MARIE:

C'est mon ami Jules.
[ssä mohŋ na-mi shül.]
Es ist mein Freund Jules.

Il m'invite au bal ce soir.
[il mäŋ-wit o bal sse ssoahr.]
Er lädt mich zu einem Ball heute abend ein.

LA DAME:

Mais nous avons des invités.
[mä nu sa-wohŋ deh säŋ-wi-teh.]
Aber wir haben Gäste.

Bon… allez-y.
[bohŋ… a-leh-si.]
Gut… gehen Sie dorthin.

Mais servez d'abord le dîner.
[mä ssär-weh da-bohr le di-neh.]
Aber servieren Sie erst das Abendessen.

TESTEN SIE IHR FRANZÖSISCH

Übesetzen Sie diese Befehle ins Französische. Wo Pronomen verwendet werden, ist das Geschlecht in Klammern angegeben. Rechnen Sie sich 5 Punkte für jede korrekte Übersetzung an. Die Auflösung finden Sie auf der nächsten Seite.

1. Kommen Sie hierher! ________________
2. Gehen Sie! ________________
3. Fahren Sie geradeaus weiter! ________________
4. Biegen Sie rechts ab! ________________
5. Biegen Sie links ab! ________________
6. Sagen Sie mir! ________________
7. Zeigen Sie mir! ________________
8. Warten Sie! ________________
9. Antworten Sie! ________________
10. Passen Sie auf! ________________
11. Geben Sie es (mask.) mir! ________________
12. Öffnen Sie es! (fem., z. B. la fenêtre, das Fenster) ________________
13. Schließen Sie ihn! (mask.) ________________
14. Nehmen Sie sie! (fem. Sg.) ________________
15. Bringen Sie sie! (mask. Pl.) ________________
16. Reinigen Sie sie! (mask. Pl.) ________________
17. Geben Sie sie (fem. Sg.) ihm! ________________

18. Legen Sie es (fem.) hierher. ____________________

19. Machen Sie es! (mask.) ____________________

20. Machen Sie es (mask.) nicht! ____________________

Auflösung: 1. Venez-ici! 2. Allez! 3. Continuez tout droit! 4. Tournez à droite! 5. Tournez à gauche! 6. Dites-moi! 7. Montrez-moi! 8.Attendez! 9. Répondez! 10. Faites attention! 11. Donnez-le-moi! 12. Ouvrez-la! 13. Fermez-le! 14. Prenez-la! 15. Portez-les! 16. Nettoyez-les! 17. Donnez-la-lui! 18. Mettez-la ici! 19. Faites-le! 20. Ne le faites pas!

Ergebnis: _____ %

step 11 „WOLLEN“, „KÖNNEN“, „DÜRFEN“, „MÜSSEN“

Un jeune homme veut voir le match de football,
[öŋ shön om wö woahr le matsch d futbol,]
Ein junger Mann will das Fußballspiel sehen,

mais il ne peut pas entrer.
[mä sil ne pö pa soŋ-treh.]
aber er kann nicht hineingehen.

Pourquoi ne peut-il pas entrer?
[pur-kwa ne pö-til pa soŋ-treh?]
Warum kann er nicht hineingehen?

Parce qu'il n'a pas de billet.
[par-sse kil na pa d bi-jä.]
Weil er keine Eintrittskarte hat.

Pourquoi n'achète-t-il pas un billet?
[pur-kwa na-schät-til pa söŋ bi-jä?]
Warum kauft er nicht eine Eintrittskarte?

Parce qu'il n'a pas assez d'argent.
[par-sse kil na pa sa-sseh dar-shoŋ.]
Weil er nicht genug Geld hat.

Sans argent il ne peut pas voir le match.
[ssoŋ sar-shoŋ il ne pö pa woahr le matsch.]
Ohne Geld kann er das Spiel nicht sehen.

S'il veut le voir,
[ssil wö le woahr,]
Wenn er es sehen will,

il doit payer.
[il doa pä-jeh.]
muß er bezahlen.

Wollen, können und müssen

Vouloir – „wollen", *pouvoir* – „können" und *devoir* – „müssen, sollen, schulden, verdanken" verbinden sich direkt mit dem Infinitiv des nächsten Verbes oder können auch allein gebraucht werden. Hier sind ihre Präsens-(Gegenwarts-) Formen:

	vouloir	*pouvoir*	*devoir*
(je)	*veux*	*peux*	*dois*
(tu)	*veux*	*peux*	*dois*
(il)	*veut*	*peut*	*doit*
(nous)	*voulons*	*pouvons*	*devons*
(vous)	*voulez*	*pouvez*	*devez*
(ils)	*veulent*	*peuvent*	*doivent*

Mais voilà un de ses amis:
[mä woa-la öŋ d sseh sa-mi:]
Aber hier ist einer seiner Freunde:

«Dites donc», lui dit-il,
[«dit doohŋk», lüi di-til,]
„Sagen Sie doch," sagt er zu ihm,

«voulez-vous me prêter 10 francs
[«wu-leh-wu me prä-teh diss froŋ]
„wollen Sie mir 10 Francs leihen

Eine Einladung

Voulez-vous? ist eine weitere unkomplizierte Möglichkeit, eine Einladung auszusprechen oder einen versteckten Befehl zu geben.

Voulez-vous une cigarette? – Wollen (möchten) Sie eine Zigarette?

Voulez-vous fermer la fenêtre? – Wollen Sie das Fenster schließen?

pour aller voir le match?»
[pur a-leh woahr le matsch?»]
um das Spiel zu besuchen (sehen zu gehen)?"

«Peu-être,» dit-il,
[«pö-tähtre», di-til,]
„Vielleicht", sagt er,

«Quand pouvez-vous me les rendre?»
[«koŋ pu-weh-wu me leh rooŋdre?»]
„Wann können Sie sie mir wiedergeben?"

«Oh! Demain, certainement, sans faute,»
[«oh! de-mäŋ, ssär-täŋ-moŋ, ssoŋ foht»,]
„Oh! Morgen, sicherlich, ganz gewiß",

répond son ami.
[reh-pohŋ sso na-mi.]
antwortet sein Freund.

Ma voiture ne peut pas démarrer.
[ma woa-tür ne pö pa deh-ma-reh.]
Mein Auto kann nicht starten.

Pourquoi ne peut-elle pas démarrer?
[pur-kwa ne pö-täl pa deh-ma-reh?]
Warum kann es nicht starten?

Parce qu'il n'y a pas d'essence dans le réservoir.
[par-sse kil ni a pa deh-ssooŋss doŋ le reh-sär-woahr.]
Weil kein Benzin im Tank ist.

Quand il n'y a pas d'essence dans le réservoir
[koŋ til ni a pa deh-ssooŋss doŋ le reh-sär-woahr]
Wenn kein Benzin im Tank ist

le moteur ne peut pas marcher.
[le mo-töhr ne pö pa mar-scheh.]
kann der Motor nicht laufen.

Il faut mettre de l'essence.
[il fo mätre d leh-ssooŋss.]
Man muß Benzin einfüllen.

***Il faut* – „müssen" oder „brauchen"**
Der unpersönliche Ausdruck *il faut* wird benutzt, um „ich (er, du, Sie, wir, ihr oder sie) muß" oder „es ist nötig zu" auszudrücken und verbindet sich mit dem Infinitiv, wenn der Infinitiv folgt.

Il faut partir – „Wir müssen gehen."

Il faut mit dem indirekten Objekt-Pronomen bedeutet „man braucht" oder „hat etwas nötig".

Il me faut de l'argent – Ich brauche Geld

Où peut-on acheter de l'essence?
[u pö-tohŋ asch-teh d leh-ssooŋss?]
Wo kann man Benzin kaufen?

On peut en acheter dans un poste d'essence.
[ohŋ pö toŋ nasch-teh doŋ söŋ post deh-ssooŋss.]
Man kann es an einer Tankstelle kaufen.

Dans un poste d'essence
In bezug auf Tankstellen merken Sie sich die folgenden Ausdrücke:
Tanken Sie ihn voll! – *Faites le plein!*
Prüfen Sie das Öl. – *Vérifiez l'huile.*
Überprüfen Sie die Reifen. – *Vérifiez les pneus.*
Überprüfen Sie die Batterie. – *Vérifiez la batterie.*
Das läuft nicht richtig. – *Ceci ne marche pas bien.*
Können Sie es reparieren? – *Pouvez-vous le réparer?*
Dieser Reifen muß gewechselt werden. – *Il faut changer ce pneu.*
Wie lange müssen wir warten? – *Combien de temps faut-il attendre?*

Deux jeunes filles sont en difficulté.
[döh shön fihj ssohŋ toŋ di-fi-kül-teh.]
Zwei junge Mädchen sind in Schwierigkeiten.

Un pneu de leur voiture est à plat.
[öŋ pnö d lör woa-tür ä a pla.]
Ein Reifen ihres Wagens ist platt.

Elles ne peuvent pas changer la roue
[äl ne pöw pa schoŋ-sheh la ru]
Sie können das Rad nicht wechseln,

parce qu'elles n'ont pas de cric.
[parss-käl nohŋ pa d krik.]
weil sie keinen Wagenheber haben.

Mais voilà un jeune homme
[mä woa-la öŋ shön om]
Aber hier ist ein junger Mann,

qui arrive dans une voiture de sport.
[ki a-riw doŋ sün woa-tür d sspohr.]
der in einem Sportwagen ankommt.

Il leur demande:
[il lör de-moŋd:]
Er fragt sie:

«Puis-je vous aider?»
[«püi-she wu sä-deh?»]
„Kann ich Ihnen helfen?

«Certainement! Pouvez-vous nous prêter un cric?»
[«ssär-täŋ-moŋ! pu-weh wu nu prä-teh öŋ krik?»]
„Gewiß! Können Sie uns einen Wagenheber leihen?"

«Mais je peux faire encore mieux,» dit-il.
[«mä she pö fähr oŋ-kor mjö,» di-til.]
„Aber ich kann noch mehr machen", sagt er.

«Je peux moi-même vous changer la roue.»
[«she pö moa-mähm schoŋ-sheh la ru.»]
„Ich selbst kann Ihnen den Reifen wechseln."

Que faut-il faire si nous voulons aller au cinéma?
[ke fo-til fähr ssi nu wu-lohŋ sa-leh o ssi-neh-ma?]
Was müssen wir machen, wenn wir ins Kino gehen wollen?

Il faut acheter des billets.
[il fo tasch-teh des bi-jeh.]
Wir müssen Eintrittskarten kaufen.

Si la télévision ne marche pas, que faut-il faire?
[ssi la teh-leh-wis-johŋ ne marsch pa, ke fo-til fähr?]
Wenn der Fernseher nicht geht, was müssen wir tun?

Il faut la faire réparer.
[il fo la fähr reh-pa-reh.]
Man muß ihn reparieren lassen.

Etwas tun lassen

Etwas tun lassen wird durch *faire* und ein daraufolgendes Verb im Inifintiv ausgedrückt. Auf Reisen ist dieser Ausdruck besonders in Hotels nützlich.

Voulez-vous faire repasser ceci?
Wollen Sie dies bügeln lassen?
Voulez-vous faire monter un petit déjeuner?
Wollen Sie sich das Frühstück hinaufbringen lassen?

In beiden Beispielen benutzen Sie *faire*, weil Sie nicht erwarten, daß die Person, mit der sie sprechen, diese Dinge selber erledigt, sondern, daß sie veranlaßt, daß sie erledigt werden.

BEISPIELUNTERHALTUNG: EINE FERNSEHSENDUNG

ROGER:
[ro-sheh:]
ROGER:

Vous savez, on va donner
[wu ssa-weh, ohŋ wa do-neh]
Sie wissen, sie geben (man wird geben)

un programme très intéressant
[öŋ pro-gram trä säŋ-teh-rä-ssoŋ]
ein sehr interessantes Programm

ce soir à la télévision.
[sse ssoahr a la teh-leh-wis-johŋ.]
diesen Abend im Fernsehen.

Malheureusement, je ne peux pas le voir.
[mal-ö-rös-moŋ, she ne pö pa le woahr.]
Leider kann ich es nicht sehen.

Parce que mon poste ne marche pas.
[par-sse ke mohŋ post ne marsch pa.]
Weil mein Sender nicht geht.

ALBERT:
[al-bär:]
ALBERT:

Voyons ... téléphonez donc au service de réparations.
[woa-johŋ ... teh-leh-fo-neh doohŋk o ssär-wiss d reh-pa-rass-johŋ.]
Nun ... rufen Sie doch den Reperatur-Service an.

ROGER:

A quoi bon? Vous savez bien
[a kwa bohŋ? wu ssa-weh bjäŋ]
Wozu? Sie wissen gut,

qu'ils ne peuvent jamais venir tout de suite.
[kil ne pöw sha-mä we-nihr tud-sswit.]
daß sie nie sofort kommen können.

ALBERT:

Alors, si vous tenez vraiment
[a-lohr, ssi wu te-neh wrä-moŋ]
Nun, wenn Sie wahrhaftig großen Wert darauf legen

à voir ce programme, venez chez moi.
[a woahr sse pro-gram, we-neh scheh moa.]
dieses Programm zu sehen, kommen Sie zu mir.

ROGER:

C'est gentil, mais je ne veux pas vous déranger.
[ssä shoŋ-ti, mä she ne wö pa wu deh-roŋ-sheh.]
Das ist nett, aber ich will Sie nicht stören.

ALBERT:

Mais je vous en prie, vous ne me dérangez pas du tout.
[mä she wu soŋ pri, wu ne me deh-roŋ-sheh pa dü tu.]
Aber ich bitte Sie, Sie stören mich gar nicht.

D'ailleurs, si c'est si intéressant,
[da-jöhr, ssi ssä ssi äŋ-teh-rä-ssoŋ,]
Übrigens, wenn es so interessant ist,

moi aussi, je voudrais le voir.
[moa o-ssi, she wu-drä le woahr.]
würde ich es auch gerne sehen.

„Ich will" oder „ich würde gerne"
„ich will" heißt *je veux*; „ich würde gerne" oder auch frei übersetzt „ich möchte" heißt *je voudrais*. Obwohl die letztere Form im Konditional (Bedingungsform) ist, das in einem späteren Schritt erklärt werden wird, wird *je voudrais* als eine spezielle und höflichere Form hier schon angeführt, weil es in Unterhaltungen sehr gebräuchlich ist.

Nous pouvons le regarder ensemble.
[nu pu-wohŋ le re-gar-deh oŋ-ssooŋble.]
Wir können es zusammen sehen.

Au fait, qu'est-ce que c'est que ce programme?
[o fät, kess ke ssä ke sse pro-gram?]
Bei der Gelegenheit, was ist es für ein Programm?

ROGER:

C'est le Festival de Cannes
[ssä le fäss-ti-wal d kan]
Es ist das Festival von Cannes

transmis directement avec toutes les vedettes.
[troŋss-mi di-räkt-moŋ awäk tut leh we-dät.]
direkt übertragen mit all den Stars.

ALBERT:

A quelle heure est-ce que ça commence?
[a käl öhr ess ke ssa ko-mooŋss?]
Um wieviel Uhr beginnt es?

ROGER:

A neuf heures précises.
[a nöf öhr preh-ssis.]
Um neun Uhr genau.

ALBERT:

Alors, nous pouvons dîner d'abord.
[a-lohr, nu pu-wohŋ di-neh da-bohr.]
Dann können wir zuerst zu Abend essen.

Voulez-vous dîner avec moi?
[wu-leh-wu di-neh awäk moa?]
Wollen Sie mit mir zu Abend essen?

ROGER:

Volontiers, mais je voudrais vous inviter.
[wo-lohŋ-tjeh, mä she wu-drä wu säŋ-wi-teh.]
Gern, aber ich würde Sie gerne einladen.

ALBERT:

Mais non, je vous en prie.
[mä nohŋ, she wu soŋ pri.]
Aber nein, ich bitte sie.

ROGER:

Si, j'insiste.
[ssi, shäŋ-ssist.]
Doch (ja), ich bestehe darauf.

***Si* – ein nachdrückliches „ja"**
Si ist eine eindringliche Form von *oui,* wenn jemand darauf besteht, etwas zu bestätigen, zu verneinen oder zu widersprechen. Aufgrund der Tradition der Höflichkeit sind schablonenmäßige höfliche Ablehnungen von Einladungen, die vorher ausgesprochen wurden, usw., üblich. Hier ist auch wieder der Ausdruck *je vous en prie*, von jeder der Parteien gebraucht, sehr nützlich.

ALBERT:

Alors, si vous insistez, je ne peux pas refuser.
[a-lohr, ssi wu säŋ-ssiss-teh, she ne pö pa re-fü-seh.]
Nun, wenn Sie darauf bestehen, kann ich mich nicht weigern.

ROGER:

Très bien. Nous pouvons dîner
[trä bjäŋ. nu pu-wohŋ di-neh]
Sehr gut. Wir können zu Abend essen

dans un petit restaurant du quartier tout près d'ici.
[doŋ söŋ pe-ti räss-to-roŋ dü kar-tjeh prä di-ssi.]
in einem kleinen Restaurant des Viertels ganz in der Nähe von hier.

On n'y mange pas mal.
[ohŋ ni moŋsh pa mal.]
Man ißt dort nicht schlecht.

Allons-y tout de suite.
[a-lohŋ-si tud sswit.]
Lassen Sie uns sofort dorthin gehen.

ALBERT:

Oui. Il faut dîner vite
[wie. il fo di-neh wit]
Ja. Wir müssen schnell essen,

si nous ne voulons pas manquer le début du programme.
[ssi nu wu-lohŋ pa moŋ-keh le deh-bü dü pro-gram.]
wenn wir nicht den Anfang des Programms verpassen wollen.

TESTEN SIE IHR FRANZÖSISCH

Übersetzen Sie diese Sätze ins Deutsche. Rechnen Sie sich 10 Punkte für jede richtige Übersetzung an. Die Auflösung finden Sie unten.

1. Il me faut de l'argent. ______________________
2. Il faut partir. ______________________
3. Allons-y tout de suite. ______________________
4. Voulez-vous dîner avec moi? ______________________
5. Pouvez-vous me prêter ______________________
   dix francs? ______________
6. Je ne veux pas vous déranger. ______________________
7. Je voudrais le voir. ______________________
8. Venez chez moi. ______________________
9. Pourquoi n'achète-t-il pas ______________________
   un billet? ______________
10. Parce qu'il n'a pas assez ______________________
    d'argent. ______________

Auflösung: 1. Ich brauche Geld. 2. Es ist nötig, zu gehen. 3. Laßt uns sofort dorthin gehen. 4. Wollen Sie mit mir zu Abend essen? 5. Können Sie mir zehn Francs leihen? 6. Ich will Sie nicht stören. 7. Ich würde es gerne sehen. 8. Kommen Sie zu mir (nach Hause). 9. Warum kauft er keine Eintrittskarte (nicht eine Eintrittskarte)? 10. Weil er nicht genug Geld hat.

Ergebnis: _____ %

step 12 DIE REFLEXIVEN VERBEN

Monsieur Leblanc se lève de bonne heure.
[miss-jö le-bloŋ sse läw d bon öhr.]
Herr Leblanc steht früh auf.

Il se lave les dents,
[il sse law leh doŋ,]
Er putzt sich die Zähne,

il se lave la figure,
[il sse law la fi-gür,]
er wäscht sich das Gesicht

et il se rase.
[eh il sse ras.]
und er rasiert sich.

Reflexive Verben & Pronomen
Se laver („sich waschen") ist ein reflexives (rückbezügliches) Verb wie auch *s'appeler* aus Step 7. Reflexive Verben heißen so, weil das Subjekt des Verbs für sich selbst fungiert, wie im Falle von „sich waschen", „sich anziehen" usw. Hier sind die Reflexivpronomen, wie sie mit *se laver* im Präsens (Gegenwart) benutzt werden:

> *je me lave, tu te laves, il se lave, nous nous lavons, vous vous lavez, ils se lavent.*

Ensuite, il s'habille.
[oŋ-sswit, il ssa-biy.]
Dann zieht er sich an.

Das stumme *h*

Das *se* verliert das *e* bei *s'habiller*, weil das Wort aussprachemäßig mit *a* beginnt – das *h* ist immer stumm.

Un peu plus tard ses enfants se lèvent.
[öŋ pö plü tahr sseh soŋ-foŋ sse läw.]
Ein wenig später stehen seine Kinder auf.

Ils se lavent,
[il sse law,]
Sie waschen sich,

se peignent et se brossent les cheveux
[sse pänj eh sse bross leh sche-wö]
kämmen und bürsten sich die Haare

et s'habillent en vitesse.
[eh ssa-biy toŋ wi-täss.]
und ziehen sich schnell an.

Et puis ils se mettent à table
[eh püi il sse mät a table.]
Und dann setzen sie sich an den Tisch,

pour prendre leur petit déjeuner.
[pur prooŋdre lör pe-ti deh-shö-neh.]
um ihr Frühstück zu sich zu nehmen.

Frühstück und Mittagessen

Denken Sie daran, daß *petit déjeuner* „Frühstück" heißt und *déjeuner* „Mittagessen".

Pour leur petit déjeuner,
[pur lör pe-ti deh-shö-neh,]
Für ihr Frühstück,

ils prennent du jus d'orange,
[il prenn dü shü do-rooŋsh,]
nehmen sie Orangensaft zu sich,

des petits pains avec du beurre et du café au lait.
[deh pe-ti päŋ awäk du böhr eh dü ka-feh o lä.]
Brötchen mit Butter und Milchkaffee.

Das beschreibende *à*
A plus bestimmter Artikel kann „mit" bedeuten, besonders wenn – wie im Fall von *café au lait* – die Sache, auf die es sich bezieht, dazu gehört. Sie werden es häufig in dieser Weise in Restaurant-Wendungen finden.

Après le petit déjeuner
[a-prä le pe-ti deh-shö-neh]
Nach dem Frühstück

Monsieur Leblanc met son manteau et son chapeau
[miss-jö leh-bloŋ mä ssohŋ moŋ-to eh ssohŋ scha-po]
zieht Herr Leblanc seinen Mantel an und setzt seinen Hut auf

et va à son bureau.
[eh wa a ssohŋ bü-ro.]
und geht in sein Büro.

Les enfants mettent leurs manteaux et leurs bérets.
[leh soŋ-foŋ mät lör moŋ-to eh lör beh-rä.]
Die Kinder ziehen ihre Mäntel an und setzen ihre Baskenmützen auf.

Der Plural mit *x*
Wörter, die auf *-eau* oder *-eu* enden, bilden den Plural durch Hinzufügen eines *x*. Bei Wörtern, die auf *-al* enden, ist es genauso. Zwei gebräuchliche Wörter dieser Art werden häufig von Lernenden verwechselt:

un cheveu – ein Haar; *des cheveux* (Haar, Pl.)
un cheval – ein Pferd; *des chevaux* (Pferde)

Ils prennent leurs serviettes
[il prenn lör ssärw-jät]
Sie nehmen ihre Mappen

et vont à l'école.
[eh wohŋ ta leh-kol.]
und gehen zur Schule.

Alors, Madame Leblanc se sent fatiguée,
[a-lohr, ma-dam le-bloŋ sse ssoŋ fa-ti-geh,]
Dann fühlt sich Frau Leblanc müde,

et elle se recouche pour se reposer.
[eh äl sse re-kusch pur sse re-po-seh.]
und sie geht wieder zu Bett, um sich auszuruhen.

Bientôt elle s'endort.
[bjäŋ-to äl ssoŋ-dor.]
Bald schläft sie ein.

Dormir* und *s'endormir
dormir – schlafen *s'endormir* - einschlafen
Dormir wird wie *sentir* in Step 8 konjugiert:

je dors, tu dors, il dort, nous dormons, vous dormez, ils dorment.

En France, comme en Allemagne,
[oŋ frooŋss, kom oŋ alleh-manje,]
In Frankreich wie in Amerika

on déjeune entre midi et deux heures,
[ohŋ deh-shön oŋtre mi-di eh döh söhr,]
ißt man zwischen zwölf und zwei Uhr zu Mittag,

mais pour beaucoup de Français
[mä pur bo-ku d froŋ-ssä]
aber für viele Franzosen

le déjeuner est le repas le plus important.
[le deh-shö-neh ä le re-pa le plü säŋ-por-toŋ.]
ist das Mittagessen die wichtigste Mahlzeit.

Souvent ils rentrent chez eux
[ssu-woŋ il roŋtre scheh sö]
Oft kommen sie wieder nach Hause

Chez

chez – bei = bei jemandem zu Hause
– zu = nach jemandes Haus

chez moi – bei mir zu Hause

chez nous – bei uns zu Hause

chez eux – bei ihnen zu Hause (mask.)

chez elles – bei ihnen zu Hause (fem.)

chez soi – bei sich zu Hause

allons chez Henri – gehen wir zu Henri

et retournent à leur bureau l'après-midi.
[eh re-turn a lör bü-ro la-prä-mi-di.]
und kehren nachmittags in ihr Büro zurück.

Dans beaucoup de villes françaises,
[doŋ bo-ku d wil froŋ-ssäss,]
In vielen französischen Städten

les magasins ferment de midi à deux heures.
[leh ma-ga-säŋ färm d mi-di a döh söhr.]
schließen die Geschäfte von zwölf bis zwei Uhr.

En France, on quitte son bureau
[oŋ frooŋss, ohŋ kit ssohŋ bü-ro]
In Frankreich verläßt man sein Büro

à six heures ou même plus tard
[a ssi söhr u mähm plü tahr.]
um sechs Uhr oder sogar noch später

et on rentre dîner chez soi,
[eh ohŋ roŋtre di-neh scheh sswa,
und man kehrt zum Abendessen nach Hause zurück,

rarement avant huit heures.
rahr-moŋ a-woŋ wiet öhr.]
selten vor acht Uhr.

Adverbien (Umstandswörter) enden auf *-ment*

Die meisten französischen Adverbien enden auf *-ment*. Versuchen Sie, die Bedeutung angeführter Adverbien ohne Übersetzung herauszufinden:

> *généralement, sûrement, énormément, possiblement, probablement, certainement, terriblement, rapidement.*

Konnten Sie die Bedeutung erraten? Es waren: „im allgemeinen“, „sicherlich“, „unermeßlich“, „möglicherweise“, „wahrscheinlich“, sicherlich“, „schrecklich“ und „schnell“.

BEISPIELUNTERHALTUNG: AUF DEM WEG ZU EINER KONFERENZ

—Dépêchez-vous.
[deh-pä-scheh-wu.
Beeilen Sie sich.

Il faut s'en aller.
il fo ssoŋ na-leh.]
Wir müssen losgehen.

Nous allons arriver en retard à la réunion.
[nu sa-lohŋ a-ri-weh oŋ re-tahr a la reh-ün-johŋ.]
Wir werden zu spät zu der Konferenz kommen.

—Ne vous inquiétez pas.
[ne wu säŋ-kjeh-teh pa.]
Beunruhigen Sie sich nicht.

Reflexive Verben, die Emotionen beschreiben
Viele der reflexiven Verben bezeichnen einen emotionalen Zustand der eigenen Person.

s'inquiéter – sich beunruhigen
se fâcher – sich ärgern
s'ennuyer – verärgert sein, gelangweilt sein
s'énerver – entnervt sein, nervös werden
se calmer – sich beruhigen

Nous avons encore presque une demi-heure.
[nu sa-wohŋ soŋ-kohr prässk ün de-mi-öhr.]
Wir haben fast noch eine halbe Stunde.

Nous ne voulons pas arriver trop tôt.
[nu ne wu-lohŋ pa sa-ri-weh tro to.]
Wir wollen nicht zu früh ankommen.

Tôt ou tard

Es gibt zwei Ausdrücke für „früh" – *de bonne heure* und *tôt*. „Im voraus" heißt *en avance*; „spät" heißt *tard* und „zu spät zu einer Verabredung" heißt *en retard*. „Rechtzeitig" ist *à l'heure*. In bezug auf Pünktlichkeit gibt es ein altes französisches Sprichwort:

L'exactitude est la politesse des rois – Pünktlichkeit ist die Höflichkeit der Könige.

—Mais la réunion
[mä la reh-ün-johŋ]
Aber die Konferenz

se tient de l'autre côté de la ville.
[sse tjäŋ d lohtre ko-teh d la wil.]
findet am anderen Ende der Stadt statt.

Il faut vraiment se dépêcher.
[il fo wrä-moŋ sse deh-pä-scheh.]
Wir müssen uns wirklich beeilen.

—Voyons, vous vous chargez
[woa-johŋ, wu wu schar-sheh]
Mal sehen, Sie kümmern sich darum,

d'apporter les documents.
[da-por-teh leh do-kü-moŋ.]
die Dokumente mitzubringen.

—Oui. Voilà la correspondance concernant le contrat.
[wie. woa-la la ko-räss-pohŋ-dooŋss kohŋ-ssär-noŋ le kohŋ-tra.]
Ja. Hier ist die Korrespondenz über den Vertrag.

Die Verb-Endung *-ant*

Das Partizip Präsens des Verbs endet auf *-ant*. In adverbialen Ausdrücken wird es wie ein Adjektiv benutzt.

En marchant – beim Gehen
En passant – beim Überholen, während des Überholens

Que c'est étonnant! – Wie erstaunlich!
C'est fatigant! – Das ist ermüdend!

—Mais le contrat lui-même –
[mä le kohŋ-tra lüi-mähm –]
Aber der Vertrag selbst –

Mon Dieu! Où se trouve-t-il?
[mohŋ djö! u sse truw-til?]
Mein Gott! Wo ist er?

***Se trouver* – „sich befinden"**
Oú se trouve-t-il? bedeutet wörtlich „Wo findet es (er) sich?" – „Wo ist es (er)?" oder „Wo befindet es (er) sich?"

—C'est vous qui l'avez – dans votre serviette.
[ssä wu ki la-weh – doŋ wotre ssärw-jät.]
Sie sind es, der ihn hat – in ihrer Aktentasche.

—Ah oui, je me souviens maintenant.
[ah wie, she me ssuw-jäŋ mäŋt-noŋ.]
Oh ja, ich erinnere mich jetzt.

Attendez-moi ici.
[a-toŋ-deh-moa i-ssi.]
Warten Sie hier auf mich.

Je vais chercher un taxi.
[she wä schär-scheh öŋ tak-ssi.]
Ich gehe ein Taxi holen.

—Ne vous dérangez pas.
[ne wu deh-roŋ-sheh pa.]
Bemühen Sie sich nicht.

Il y a un taxi qui attend en bas devant la porte.
[il ja öŋ tak-ssi ki a-toŋ oŋ ba de-woŋ la port.]
Es gibt ein Taxi, das unten vor der Tür wartet.

—Bon. Partons – et vite.
[bohŋ. par-toŋ – eh wit.]
Gut. Gehen wir – und schnell.

—Mais calmez-vous, mon vieux.
[mä kal-meh-wu, mohŋ wjö.]
Aber beruhigen Sie sich, mein Alter.

Et surtout –
[eh ssür-tu –]
Und vor allem –

ne vous énervez pas pendant la réunion.
ne wu seh-när-weh pa poŋ-doŋ la reh-ün-johŋ.]
werden Sie nicht nervös während der Konferenz.

TESTEN SIE IHR FRANZÖSISCH

Übersetzen Sie die Sätze ins Französische, indem Sie reflexive Verben benutzen. Rechnen Sie sich 10 Punkte für jede korrekte Übersetzung an. Die Auflösung finden Sie unten.

1. Sie (mask. Pl.) stehen früh auf. ____________________
2. Er rasiert sich. ____________________
3. Er wäscht sein Gesicht. ____________________
4. Sie fühlt sich müde. ____________________
5. Sie schläft ein. ____________________
6. Beunruhigen Sie sich nicht. ____________________
7. Beeilen Sie sich. ____________________
8. Werden Sie nicht nervös. ____________________
9. Bemühen Sie sich nicht. ____________________
10. Beruhigen Sie sich. ____________________

Auflösung: 1. Ils se lèvent de bonne heure. 2. Il se rase. 3. Il se lave la figure. 4. Elle se sent fatiguée. 5. Elle s'endort. 6. Ne vous inquiétez pas. 7. Dépêchez-vous. 8. Ne vous énervez pas. 9. Ne vous dérangez pas. 10. Calmez-vous.

Ergebnis: _____ %

step 13 VORLIEBEN UND MEINUNGEN

Nous sommes au bord de la mer.
[nu ssom so bor d la mähr.]
Wir sind an der Meeresküste.

C'est l'été.
[ssä leh-teh.]
Es ist Sommer.

La mer est bleue.
[la mähr ä blö.]
Das Meer ist blau.

Le ciel est bleu clair.
[le ssjäl ä blö klähr.]
Der Himmel ist hellblau.

Les nuages sont blancs.
[leh nü-ahsh ssohŋ bloŋ.]
Die Wolken sind weiß.

Trois jeunes filles se reposent sur la plage.
[troa shön fihj sse re-pos ssür la plahsh,]
Drei Mädchen ruhen sich am Strand aus.

Elles ne veulent pas nager.
[äl ne wöl pa na-sheh.]
Sie wollen nicht schwimmen.

L'eau est trop froide.
[lo ä tro froad.]
Das Wasser ist zu kalt.

Mais le soleil est très chaud.
[mä le sso-läy ä trä scho.]
Aber die Sonne ist sehr warm.

Elles préfèrent prendre un bain de soleil sur le sable.
[äl preh-fär prooŋdre öŋ bäŋ d sso-läy ssür le ssahble.]
Sie nehmen lieber ein Sonnenbad im Sand.

L'une d'elles a un costume de bain rouge.
[lün däl a öŋ koss-tüm d bäŋ ruhsh.]
Die eine von ihnen hat einen roten Badeanzug.

Die Übereinstimmung der Farben
Farben als Adjektive stimmen in Geschlecht und Numerus (Zahl) mit dem Hauptwort oder Pronomen überein. Wenn sie jedoch schon von vornherein mit *-e* enden, ändern sie sich nicht im Femininum Singular.

Das Rote Meer – *la Mer Rouge*

La deuxième a un bikini vert.
[la dös-jäm a öŋ bi-ki-ni währ.]
Die zweite hat einen grünen Bikini.

La troisième porte un costume noir.
[la troas-jäm port öŋ koss-tüm noahr.]
Die dritte trägt einen schwarzen Badeanzug.

Devant les jeunes filles
[de-woŋ leh shön fihj]
Vor den Mädchen

quelques garçons sont en train
[käl-ke gar-ssohŋ ssohŋ toŋ träŋ]
sind einige Jungen dabei

de jouer de la guitare et de chanter.
[d shu-eh d la gi-tar eh d schoŋ-teh.]
Gitarre zu spielen und zu singen.

Les jeunes filles aiment entendre la musique.
[leh shön fihj äm oŋ-tooŋdre la mü-sik.]
Die Mädchen hören der Musik gerne zu.

Ça leur plaît beaucoup.
[ssa lör plä bo-ku.]
Das gefällt ihnen sehr.

Ich mag – es gefällt mir

Plaire – „gefallen" – wird mit dem indirekten Objekt gebraucht. Statt zu sagen „ich mag", sagt man im Französischen „es gefällt mir".

Ich mag das. – *Cela me plaît.*
Er (oder sie) mag es. – *Cela lui plaît.*

Wenn die Dinge, auf die sich *plaire* bezieht, im Plural stehen, steht *plaire* in der 3. Person Plural.

Ich mag sie (diese Dinge) – *Ceux-là me plaisent.*

Der Ausdruck für „bitte" – *s'il vous plaît* – bedeutet wörtlich übersetzt „wenn es Ihnen gefällt".

La blonde dit à la brune:
[la bloohŋd di ta la brün:]
Die Blonde sagt zu der Brünetten:

«Comme ils chantent bien, n'est-ce pas?»
[«kom il schoŋt bjäŋ, ness-pa?»]
„Wie gut sie singen, nicht wahr?"

«C'est vrai,» lui répond son amie.
[«ssä wrä», lüi reh-pohŋ ssohŋ na-mi.]
„Das ist wahr", antwortet ihr ihre Freundin.

«Ils chantent tous bien
[«il schoŋt tu bjäŋ]
„Sie singen alle gut,

mais c'est celui de droite
[mä ssä sse-lüi d droat]
aber es ist derjenige auf der rechten Seite,

qui chante le mieux.»
[ki schoŋt le mjö.»]
der am besten singt.

Steigerung der Adverbien

Adverbien (Umstandswörter) werden wie folgt gesteigert:

langsam	langsamer	am lamgsamsten
lentement	*plus lentement*	*le plus lentement*

Ausnahmen:

gut	besser	am besten
bien	*mieux*	*le mieux*
und		
schlecht	schlechter	am schlechtesten
mal	*pis*	*le pis.*

«Vous vous trompez,» dit la blonde,
[«wu wu trohŋ-peh», di la bloohŋd,]
„Ihr irrt euch", sagt die Blonde,

«Celui qui est à gauche chante mieux que lui.»
[«sse-lüi ki ä a gohsch schoŋt mjö ke lüi.»]
derjenige, der links ist, singt besser als er."

Quand les garçons s'arrêtent de chanter,
[koŋ leh gar-ssohŋ ssa-rät d schoŋ-teh,]
Als die Jungen aufhören zu singen,

l'un d'eux dit aux autres:
[löŋ dö di to sohtre:]
sagt einer von ihnen zu den anderen:

Zur Erinnerung: *de* + Infinitiv

De steht nach verschiedenen Verben vor dem Infinitiv:

Hören Sie auf, das zu machen! – *Cessez de faire ça!*

«Elles sont jolies, hein, ces petites?
[«äl ssohŋ sho-li, äŋ, sseh pe-tit?]
„Sie sind hübsch, diese Kleinen, nicht wahr?

Was sagen Sie?
Hein? ist ein Wort, das nach Zustimmung fragt wie *n'est-ce pas?*, aber beträchtlich umgangssprachlicher.

Moi, je trouve que la brune est la plus jolie.»
[moa, she truw ke la brün ä la plü sho-li.»]
Ich finde, daß die Brünette die hübscheste ist."

«Pas moi» dit un autre,
[«pa moa», di töŋ nohtre,]
„Ich nicht", sagt ein anderer,

«à mon avis,
[«a mohŋ na-wi,]
„meiner Meinung nach

la blonde est plus jolie qu'elle.»
[la bloohŋd ä plü sho-li käl.»]
ist die Blonde hübscher als sie."

«Je ne suis pas d'accord,» dit le troisième.
[«she ne sswi pa da-kohr», di le troas-jäm.]
„Ich bin nicht einverstanden", sagt der Dritte.

«C'est la rousse
[«ssä la russ]
„Es ist die Rothaarige,

D'accord!
D'accord, wörtlich übersetzt „in Einklang", ist eine weitere Möglichkeit, um „gut, einverstanden" zu sagen.

Etes-vous d'accord? – Sind Sie einverstanden?
Oui, d'accord. – Ja, einverstanden.

qui est la plus belle de toutes.»
[ki ä la plü bäl d tut.»]
die die schönste von allen ist."

Die Steigerung der Adjektive

Adjektive werden gesteigert, indem man beim Komparativ (1. Steigerungsstufe) *plus* voranstellt und beim Superlativ (2. Steigerungsstufe) *le plus* oder *la plus* (Singular) bzw. *les plus* (Plural) vor das Adjektiv stellt:

groß	größer	größte
grand	*plus grand*	*le plus grand*
klein	kleiner	kleinste
petit	*plus petit*	*le plus petit*

und die unregelmäßigen:

gut	besser	beste
bon	*meilleur*	*le meilleur*
schlecht	schlechter	schlechteste
mauvais	*pire*	*le pire*

BEISPIELUNTERHALTUNG: BEIM EINKAUF

UNE DAME:
[ün dam:]
EINE DAME:

Il faut acheter des cadeaux
[il fo tasch-teh deh ka-do
Wir müssen Geschenke kaufen

pour la famille et pour les amis.
pur la fa-mij eh pur leh sa-mi.]
für die Familie und für die Freunde.

Voilà un petit magasin, entrons.
[woa-la öŋ pe-ti ma-ga-säŋ, oŋ-trohŋ.]
Hier ist ein kleines Geschäft, gehen wir hinein.

LA VENDEUSE:
[la woŋ-döhs:]
DIE VERKÄUFERIN:

Vous désirez, madame?
[wu deh-si-reh, ma-dam?]
Sie wünschen, gnädige Frau?

LA DAME:

S'il vous plaît, montrez-nous quelques foulards.
[ssil wu plä, mohŋ-treh-nu käl-ke fu-lahr.]
Bitte, zeigen Sie uns einige Seidenschals.

LA VENDEUSE:

En voilà deux, madame,
[oŋ woa-la döh, ma-dam.]
Hier sind zwei (davon), gnädige Frau,

en noir et blanc et en vert et bleu.
[oŋ noahr eh bloŋ eh oŋ währ eh blö.]
in schwarz und weiß und in grün und blau.

Est-ce qu'ils vous plaisent?
[ess kil wu plehs?]
Gefallen Sie Ihnen?

LA DAME:

Celui-ci me plaît.
[sse-lüi-ssi me plä.]
Dieser gefällt mir.

Les couleurs me plaisent
[leh ku-löhr me plehs]
Die Farben gefallen mir

et le dessin est plus joli.
[eh le deh-ssäŋ ä plü sho-li.]
und das Muster ist hübscher.

C'est combien?
[ssä kohŋb-jäŋ?]
Wieviel kostet es?

LA VENDEUSE:

Cent cinquante-cinq francs.
[ssoŋ ssäŋ-kooŋt-ssähŋk froŋ.]
Einhundertfünfundfünfzig Francs.

LA DAME:

Tiens. C'est un peu cher.
[tjäŋ. ssä töŋ pö schähr.]
Sieh da. Das ist ein bißchen teuer.

Avez-vous quelque chose de meilleur marché?
[a-weh-wu käl-ke schohs d mä-jöhr mar-scheh?]
Haben Sie etwas billigeres?

Etwas billigeres, bitte
Meilleur marché, ein gebräuchlicher Ausdruck für „billiger", „preiswert", bedeutet wörtlich übersetzt „ein besseres Geschäft".
„Billig" heißt *bon marché*.

LA VENDEUSE:

Oui. Mais pas en soie naturelle.
[wie. mä pa soŋ ssoa na-tü-räl.]
Ja. Aber nicht in Natur-Seide.

Nous en avons
[nu soŋ na-wohŋ]
Wir haben welche

en jaune, en rose, en orange,
[oŋ shohn, oŋ rohs, oŋ no-rooŋsh,]
in gelb, in rosa, in orange,

en marron, en violet...
[oŋ ma-rohŋ, oŋ wjo-lä...]
in braun, in violett...

C'est un peu moins cher – trente francs.
[ssä töŋ pö moäŋ schähr – trooŋt froŋ.]
Das ist ein wenig günstiger – dreißig Francs.

LA DAME:

Ils ne sont pas aussi jolis que les autres.
[il ne ssohŋ pa so-ssi sho-li ke leh sohtre.]
Sie sind nicht so hübsch wie die anderen.

„so wie" und „nicht so wie"

Der Komparativ mit „so wie" und „nicht so wie" ist wie folgt:

so groß wie er – *aussi grand que lui*
nicht so intelligent wie sie – *pas aussi intelligent qu'elle*

Quand même, achetons celui-ci, le violet
[koŋ mähm, asch-tohŋ sse-lüi-ssi, le wjo-lä]
Trotzdem, kaufen wir diesen, den violetten

pour tante Isabelle.
[pur tooŋt i-sa-bäl.]
für Tante Isabelle.

LE MARI:
[le ma-ri:]
DER EHEMANN:

D'accord. Et maintenant,
[da-kohr. eh mäŋt-noŋ,]
Einverstanden. Und jetzt,

qu'est-ce que nous allons acheter pour maman?
[kess ke nu sa-lohŋ sasch-teh pur ma-moŋ?]
was kaufen wir für Mutter?

LA VENDEUSE:

Regardez ce beau collier, monsieur.
[re-gar-deh sse bo kol-jeh, miss-jö.]
Betrachten Sie dieses schöne Halsband, mein Herr.

Il ne coûte que cent trente francs.
[il ne kut ke ssoŋ trooŋt froŋ.]
Es kostet nur hundertdreißig Francs.

Nur – *ne ... que*
„Nur" heißt *ne ... que*; das Verb steht dabei zwischen *ne* und *que*.
Das bin nur ich – *Ce n'est que moi.*

Il est charmant, n'est-ce pas?
[il ä schar-moŋ, ness-pa?]
Es ist entzückend, nicht wahr?

LA DAME:

Oui, vraiment ravissant.
[wie, wrä-moŋ ra-wi-ssoŋ.]
Ja, es ist wirklich entzückend.

Pour quoi ne pas l'acheter, mon chéri?
[pur-kwa ne pa lasch-teh, mohŋ scheh-ri?]
Warum kaufen wir es nicht, mein Lieber?

LE MARI:

C'est vrai. Pourquoi pas? Je le prends.
[ssä wrä. pur-kwa pa? she le proŋ.]
Das ist wahr. Warum nicht? Ich nehme es.

Et maintenant je voudrais
[eh mäŋt-noŋ she wu-drä]
Und jetzt würde ich gerne

acheter du parfum pour ma secrétaire.
[sasch-teh dü par-föŋ pur ma sse-kreh-tähr.]
Parfüm für meine Sekretärin kaufen.

LA VENDEUSE:

Cette grande bouteille-là – «Beau-Rêve»
[ssät groŋd bu-täy-la – «bo rähw»]
Diese große Flasche dort – „Beau Rêve“ (Schöner Traum)

LE MARI:

Oui, c'est cela.
[wie, ssä sse-la.]
Ja, das ist es.

Voulez-vous me la montrer?
[wu-leh-wu me la mohŋ-treh?]
Wollen Sie sie (die Flasche) mir zeigen?

LA VENDEUSE:

Avec plaisir, monsieur.
[awäk pleh-sihr, miss-jö.]
Mit Vergnügen, mein Herr.

LA DAME:

Vraiment, Alfred!
[wrä-moŋ, al-frehd!]
Wirklich, Alfred!

Nous ne pouvons pas
[nu ne pu-wohŋ pa]
Wir können nicht

dépenser tant d'argent en cadeaux.
[deh-poŋ-sseh toŋ dar-shoŋ oŋ ka-do.]
so viel Geld für Geschenke ausgeben.

Pourquoi ne pas acheter ce petit flacon?
[pur-kwa ne pa sasch-teh sse pe-ti fla-kohŋ?]
Warum kaufen wir nicht dieses kleine Fläschchen?

On peut le mettre dans son sac à main.
[ohŋ pö le mätre doŋ ssohŋ ssak a mäŋ.]
Man kann es in seine Handtasche tun.

C'est très pratique.
[ssä trä pra-tik.]
Das ist sehr praktisch.

LE MARI:

Bon. Alors – je prends le petit flacon.
[bohŋ. a-lohr – she proŋ le pe-ti fla-kohŋ.]
Gut. Dann – ich nehme das kleine Fläschchen.

LA VENDEUSE:

Voulez-vous essayer «Beau Rêve», Madame?
[wu-leh-wu seh-ssä-jeh «bo rähw», ma-dam?»]
Wollen Sie „Beau Rêve" versuchen, gnädige Frau?

Ça sent bon, n'est-ce pas?
[ssa ssoŋ bohŋ, ness pa?]
Es riecht gut, nicht wahr?

LA DAME:

Oh oui, c'est exquis!
[oh wie, ssä täk-ski!]
Oh ja, es ist auserlesen!

Est-ce que c'est cher?
[ess-ke ssä schähr?]
Ist es teuer?

LA VENDEUSE:

C'est notre meilleur parfum.
[ssä notre mä-jöhr par-föŋ.]
Es ist unser bestes Parfum.

Il coûte cent quatre-vingt quinze francs.
[il kut ssoŋ katre-wäŋ kähŋs froŋ.]
Es kostet einhundertfünfundneunzig Francs.

LE MARI:

Ça ne fait rien. Je le prends pour ma femme.
[ssa ne fä rjäŋ. she le proŋ pur ma fam.]
Das macht nichts. Ich nehme es für meine Frau.

LA DAME:

Ça, c'est chic! Merci, mon chou.
[ssa, ssä schik! mär-ssi, mohŋ schu.]
Wie nett! Danke, mein Lieber (wörtlich „Kohl").

Zärtlichkeiten und Beschimpfungen
Worte der Zärtlichkeit (oder der Beschimpfung) können sich erstaunlich von Sprache zu Sprache unterscheiden. *Mon chou* – „mein Kohl" – oder *mon petit chou* ist ein allgemeiner Ausdruck der Zärtlichkeit, genauso wie *mon chéri* und *ma chère* – „mein(e) Liebe(r)", *mon amour* – „meine Liebe", *mon trésor* – „mein Schatz", und *mon âme* – „meine Seele". Andererseits gibt es einige ähnliche Schimpfwörter wie im Deutschen: *vache* – „Kuh", *chameau* – „Kamel" und *cochon* – „Schwein".

TESTEN SIE IHR FRANZÖSISCH

Ergänzen Sie die Verbformen. Rechnen Sie sich 10 Punkte für jede richtige Ergänzung an. Die Auflösung finden Sie unten.

1. Das gefällt mir. (Ich mag das).

   Cela me ________________ .

2. Ihr gefallen sie. (Sie mag sie)

   Ceux-là lui ________________ .

3. Laßt uns hineingehen.

   ________________ .

4. Laßt uns diesen kaufen.

   ________________ celui-ci.

5. Es kostet achtzig Francs.

   Il ________________ quatre-vingts francs.

6. Sie singen sehr gut.

   Ils ________________ très bien.

7. Zeigen Sie uns einige Seidenschals.

   ________________ quelques foulards.

8. Sie tragen Sonnenbrillen.

   Elles ________________ des lunettes de soleil.

9. Sie hat einen grünen Bikini.

   Elle ________________ un bikini vert.

10. Sie irren sich.

    Vous vous ________________ .

Auflösung: 1. plaît 2. plaisent 3. Entrons 4. Achetons 5. coûte 6. chantent 7. Montrez-nous 8. portent 9. a 10. trompez

Ergebnis: _____ %

step 14 DIE NAMEN DER GESCHÄFTE UND LEBENSMITTEL

Madame Delatour va au marché.
[ma-dam de-la-tur wa o mar-scheh.]
Frau Delatour geht auf den Markt.

Elle va acheter de la viande,
[äl wa asch-teh d la wjooŋd,]
Sie will Fleisch kaufen,

de la charcuterie, des légumes et des fruits,
[d la schar-kü-tri, deh leh-güm seh deh früi,]
Wurstwaren, Gemüse und Früchte,

du poisson et du pain.
[dü poa-ssohŋ eh dü päŋ.]
Fisch und Brot.

Der Teilungsartikel in Listen
Denken Sie daran, daß Sie beim Aufzählen einer Einkaufsliste für Essen oder andere Dinge immer den Teilungsartikel anwenden müssen, das heißt *de* mit Artikel, gleichgültig ob man im Deutschen „etwas" sagen würde oder nicht.

Elle va d'abord chez le boucher.
[äl wa da-bohr scheh le bu-scheh.]
Sie geht zuerst zum Metzger.

Elle demande au boucher:
[äl de-mooŋd o bu-scheh:]
Sie fragt den Metzger:

«Avez-vous du filet de boeuf bien tendre?»
[«a-weh-wu dü fi-lä d böf bjäŋ tooŋdre?»]
„Haben Sie sehr zartes Rinder-Filet?

Le boucher lui répond:
[le bu-scheh lüi reh-pohŋ:]
Der Metzger antwortet:

«Oui madame.
[«wie ma-dam.]
„Ja, gnädige Frau.

Je vous prépare un rôti de deux kilos environ.»
[she wu preh-par öŋ ro-ti d döh ki-lo oŋ-wi-rohŋ.»]
Ich bereite Ihnen einen Braten von ungefähr zwei Kilo vor."

Elle achète aussi des escalopes de veau et des biftecks.
[äl a-schät o-ssi deh säss-ka-lop d wo eh deh bif-täk.]
Sie kauft auch Kalbfleisch-Koteletts und Beefsteak.

Chez le charcutier,
[scheh le schar-küt-jeh,]
Beim Fleisch- und Wurstwarenhändler

elle achète du jambon,
[äl a-schät du shoŋ-bohŋ,]
kauft sie Schinken,

des côtelettes de porc, et de la tête de veau.
[deh kot-lät d pohr, eh d la täht d wo.]
Schweine-Koteletts und etwas Kalbskopf.

***La cuisine française* – Die französische Küche**
Einige französische Spezialitäten, obwohl vielleicht manchmal ein wenig seltsam für den deutschen Geschmack, sind nichtsdestoweniger köstlich. *Tête de veau* zum Beispiel ist eine Auswahl des Hirnes, der Zunge und der Wangen des Kalbes. Andere speziell französische Spezialitäten sind:

des cuisses de grenouilles – Froschschenkel
des escargots – Schnecken
des tripes – Eingeweide (Kutteln) und
des ris de veau – Kalbsbröschen

Puis elle va chez le marchand de légumes
[püi säl wa scheh le mar-schoŋ d leh-güm]
Dann geht sie zum Gemüsehändler

pour acheter des pommes de terre, des haricots verts,
[pur asch-teh deh pom d tähr, deh a-ri-ko währ,]
um Kartoffeln, grüne Bohnen,

une laitue et un kilo de tomates.
[ün lä-tü eh öŋ ki-lo d to-mat.]
einen Salat und ein Kilo Tomaten zu kaufen.

«C'est combien le kilo de prunes aujourd'hui?»
[«ssä kohŋ-bjäŋ le ki-lo d prün o-shurd-wi?»]
„Wieviel kostet das Kilo Pflaumen heute?"

demande-t-elle au marchand.
[de-mooŋd-täl o mar-schoŋ.]
fragt sie den Händler.

Elle achète aussi des poires, des bananes et des pêches.
[äl a-schät o-ssi deh poahr, deh ba-nahn eh deh päsch.]
Sie kauft auch Birnen, Bananen und Pfirsiche.

Chez l'épicier, elle achète du riz,
[scheh leh-piss-jeh, äl a-schät dü ri,]
Beim Lebensmittelhändler kauft sie Reis,

des nouilles, du café et du sucre.
[deh nuhj, dü ka-feh eh dü ssükre.]
Nudeln, Kaffee und Zucker.

Chez la crémière, elle achète du lait,
[scheh la krehm-jähr, äl a-schät dü lä,]
Bei der Milchhändlerin kauft sie Milch,

du beurre, de la crème et une douzaine d'oeufs.
[dü böhr, d la kräm eh ün du-sän dö.]
Butter, Sahne und ein Dutzend Eier.

Puis elle passe chez le marchand de poisson
[püi säl pahss scheh le mar-schoŋ d poa-ssohŋ]
Dann geht sie zum Fischhändler,

pour acheter des truites,
[pur asch-teh deh trüit,]
um Forellen zu kaufen,

des huîtres et un homard.
[deh süihtre eh öŋ o-mahr.]
Austern und einen Hummer.

«C'est bien frais tout cela?»
[«ssä bjäŋ frä tu sse-la?»]
„Ist das alles ganz (gut) frisch?"

demande-t-elle au marchand.
[de-mooŋd-täl o mar-schoŋ.]
fragt sie den Händler.

Enfin, chez le boulanger, elle demande:
[oŋ-fäŋ, scheh le bu-loŋ-sheh, äl de-mooŋd:]
Endlich, beim Bäcker, verlangt sie:

***Les marchands du quartier* –**
Die Händler des Viertels
Chez im Sinne von *chez le boucher* – „beim (zum) Metzger", *chez le boulanger* – „beim (zum) Bäcker" und so weiter, wird im allgemeinen in der Unterhaltung benutzt, aber die Bezeichnungen auf den Schildern vor den Geschäften enden im allgemeinen mit *-ie* und sind feminin.

boucherie	Fleischerei
pâtisserie	Konditorei
boulangerie	Bäckerei
pharmacie	Apotheke
charcuterie	Fleisch- und Wurstwaren
laiterie	Milchgeschäft
teinturerie	Reinigung
bijouterie	Juweliergeschäft
papeterie	Schreibwarenhandlung

«Une baguette bien fraîche, s'il vous plaît, Monsieur Dupin.»
[«ün ba-gät bjäŋ fräsch, ssil wu plä, miss-jö dü-päŋ.»]
„Ein sehr frisches Baguette, bitte, Herr Dupin."

Le boulanger répond:
[le bu-loŋ-sheh reh-pohŋ:]
Der Bäcker antwortet:

«Nos baguettes sortent du four,
[«no ba-gät ssort dü fuhr,]
„Unsere Brote kommen aus dem Ofen,

elles sont encore toutes chaudes.»
[äl ssohŋ toŋ-kohr tut schod.»]
sie sind noch ganz warm."

La dame rentre chez elle
[la dam roŋtre scheh säl]
Die Dame kehrt nach Hause zurück

avec la voiture chargée de provisions.
[awäk la woa-tühr schar-sheh d pro-wis-johŋ.]
mit ihrem Wagen, beladen mit Vorräten.

Elle en a assez pour toute la semaine.
[äl oŋ a a-sseh pur tut la sse-män.]
Sie hat genug (davon) für die ganze Woche.

BEISPIELUNTERHALTUNG: IN EINEM RESTAURANT

UN CLIENT:
[öŋ kli-oŋ:]
EIN GAST:

Est-ce que cette table est libre?
[ess-ke ssät table ä libre?]
Ist dieser Tisch frei?

UNE SERVEUSE:
[ün ssär-wöhs:]
EINE KELLNERIN:

Mais oui, monsieur.
[mä wie, miss-jö.]
Aber ja, mein Herr.

Asseyez-vous, s'il vous plaît.
[a-sseh-jeh-wu, ssil wu plä.]
Setzen Sie sich bitte.

Voici la carte.
[woa-ssi la kart.]
Hier ist die Speisekarte.

LE CLIENT:

Merci. Pour commencer je voudrais
[mär-ssi. pur ko-moŋ-sseh she wu-drä]
Danke. Zum Anfang hätte ich gerne

des hors-d'oeuvre variés.
[deh ohr-döhwre war-jeh.]
eine gemischte Vorspeise.

LA SERVEUSE:

Pas de potage?
[pa d po-tahsh?]
Keine Suppe?

Nous avons une excellente soupe à l'oignon.
[nu sa-wohŋ ün äk-sseh-loŋt ssup a on-johŋ.]
Wir haben eine ausgezeichnete Zwiebelsuppe.

LE CLIENT:

Merci, pas de potage.
[mär-ssi, pa d potahsh.]
Danke, keine Suppe.

Quel est votre plat du jour?
[käl ä wotre pla dü shuhr?]
Was ist Ihr Tagesgericht?

LA SERVEUSE:

Aujourd'hui nous recommandons
[o-shurd-wi nu re-ko-moŋ-dohŋ
Heute empfehlen wir

la sole meunière,
la ssol mön-jähr,]
die Seezunge Müllerin Art,

le coq au vin,
[le kok o wäŋ,]
den Hahn in Wein,

le gigot d'agneau aux flageolets,
[le shi-go dan-jo o fla-sho-leh,]
die Lammkeule mit weißen Bohnen,

ou le boeuf à la mode.
[u le böf a la mod.]
oder Schmorbraten.

LE CLIENT:

Qu'est-ce que c'est que le boeuf à la mode?
[kess ke ssä ke le böf a la mod?]
Was ist Schmorbraten?

A la mode

Sie werden häufig in der Speisekarte lesen: *à la mode de*. Das bedeutet: „nach Art von“; wie zum Beispiel *à la mode de Caen* – „nach Art von Caen“. Häufig wird das Wort *mode* auch weggelassen, und es heißt nur:

à la provençale – nach Art der Provence
à l'alsacienne – auf elsässische Art
à l'américaine – auf amerikanische Art
à l'anglaise – auf englische Art
à la russe – auf russische Art

oder es werden Namen berühmter Persönlichkeiten genannt.

Da Frankreich eine so außerordentliche Tradition der „haute cuisine“ hat, ist es auch für Franzosen nicht unüblich, den „maître d'hôtel“ nach einer Erklärung zu fragen, wie zum Beispiel:

Was ist es (das)? –
qu'est-ce que c'est que ça?

oder

Wie ist es zubereitet? –
Comment est-ce préparé?

LA SERVEUSE:

C'est du boeuf braisé
[ssä dü böf brä-seh]
Das ist geschmortes Rindfleisch

avec des champignons
[awäk deh schoŋ-pin-johŋ]
mit Pilzen

et des légumes frais.
[eh deh leh-güm frä.]
und frischem Gemüse.

LE CLIENT:

Je crois que je préfère
[she kroa ke she preh-fär]
Ich denke, ich möchte lieber

une entrecôte bordelaise
[ün oŋ-tre-koht bor-deh-läs]
ein Rippenstück bordelaise

avec des pommes de terre frites.
[awäk deh pom d tähr frit.]
mit Bratkartoffeln.

Kartoffeln oder Äpfel
Beide Wörter werden durch *pommes* ausgedrückt, obwohl Kartoffeln tatsächlich *pommes de terre* heißen – wörtlich übersetzt „Äpfel der Erde". Aus den vielen Ausdrücken für gekochte Kartoffeln seien erwähnt:

purée de pommes – Kartoffelpüree
pommes en robe de chambre – gebackene Kartoffeln

LA SERVEUSE:
Très bien, monsieur.
[trä bjäŋ, miss-jö.]
Sehr gern, mein Herr.

Comment désirez-vous l'entrecôte,
[ko-moŋ deh-si-reh-wu loŋ-tre-koht,]
Wie wünschen Sie das Rippenstück,

bien cuite, à point ou saignante?
[bjäŋ küit, a poäŋ u ssän-joŋt?]
gut durchgebraten, mittel oder nicht durchgebraten?

LE CLIENT:
Plutôt saignante, s'il vous plaît.
[plü-to ssän-joŋt, ssil wu plä.]
Eher nicht durchgebraten, bitte.

LA SERVEUSE:
Désirez-vous des légumes ou une salade?
[deh-si-reh-wu deh leh-güm u ün ssa-lad?]
Wünschen Sie Gemüse oder einen Salat?

LE CLIENT:

Quels légumes avez-vous?
[käl leh-güm a-weh-wu?]
Was für Gemüse haben Sie?

LA SERVEUSE:

Des carottes, des petits pois, du chou-fleur,
[deh ka-rot, deh pe-ti poa, dü schu-flöhr,]
Mohrrüben, Erbsen, Blumenkohl,

des asperges, des haricots verts.
[deh sass-pärsh, deh sa-ri-ko währ.]
Spargel, grüne Bohnen.

LE CLIENT:

Apportez-moi une salade verte.
[a-por-teh-moa ün ssa-lad währt.]
Bringen Sie mir einen grünen Salat

avec de l'huile, du vinaigre et de la moutarde,
[awäk d lüil, dü wi-nähgre eh d la mu-tard,]
mit Öl, Essig und Senf,

mais sans sel.
[mä ssoŋ ssäl.]
aber ohne Salz.

LA ERVEUSE:

Et comme vin?
[eh kom wäŋ?]
Und als Wein?

LE CLIENT:

Du vin rouge – du Beaujolais.
[dü wäŋ ruhsh – dü bo-sho-lä.]
Rotwein – einen Beaujolais.

LA SERVEUSE:

Parfaitement, monsieur. Tout de suite.
[par-fät-moŋ, miss-jö. tud sswit.]
Vortrefflich, mein Herr. Sofort.

...

LA SERVEUSE:

Voulez-vous un dessert
[wu-leh-wu öŋ deh-ssähr]
Möchten Sie einen Nachtisch

ou du fromage?
[u dü fro-mash?]
oder etwas Käse?

LE CLIENT:

Qu'est-ce que vous avez comme dessert?
[kess ke wu sa-weh kom deh-ssähr?]
Was haben Sie als Nachtisch?

LA SERVEUSE:

Crème au caramel,
[kräm o ka-ra-mäl,]
Karamelspeise,

des glaces à la vanille,
[deh glass a la wa-niy,]
Vanilleeis,

au chocolat ou à la framboise,
[o scho-ko-la u a la froŋ-boahs,]
Schokoladeneis oder Himbeereis,

des fruits frais, de la pâtisserie;
[deh früi frä, de la pa-tiss-ri¬]
frische Früchte, feines Gebäck;

nous avons aussi une salade de fruits.
[nu sa-wohŋ so-ssi ün ssa-lad d früi.]
wir haben auch einen Früchte-Salat.

LE CLIENT:

C ést ça, j'ai envie d'une salade de fruits.
[ssä ssa, sheh oŋ-wi dün ssa-lad d früi.]
Das ist es, ich habe Lust auf einen Früchte-Salat.

Mais avant, je voudrais du fromage…
[mä sa-woŋ, she wu-drä dü fro-mahsh…]
Aber vorher hätte ich gerne etwas Käse…

du camembert ou du roquefort.
[dü ka-moŋ-bähr u dü rok-fohr.]
Camembert oder Roquefort.

LA SERVEUSE:

Je vous apporte le plateau de fromages.
[she wu sa-port le pla-to d fro-mahsh.]
Ich bringe Ihnen das Käse-Tablett.

LE CLIENT:

Mademoiselle, un café filtre
[mad-moa-säl, öŋ ka-feh filtre]
Fräulein, einen Filterkaffee

et l'addition, s'il vous plaît.
[eh ladiss-johŋ, ssil wu plä.]
und die Rechnung, bitte.

Est-ce que le service est compris?
[ess-ke le ssär-wiss ä kohŋ-pri?]
Ist das Trinkgeld mit einbegriffen?

LA SERVEUSE:

Oui monsieur.
[wie miss-jö.]
Ja, mein Herr.

Etes-vous satisfait de votre déjeuner?
[ät-wu ssa-tiss-fä d wotre deh-shö-neh?]
Sind Sie zufrieden mit Ihrem Mittagessen?

LE CLIENT:

Ah oui, un très bon déjeuner.
[ah wie, öŋ trä bohŋ deh-shö-neh.]
Oh ja, ein sehr gutes Mittagessen.

Tenez.
[te-neh.]
Hier, nehmen Sie.

LA SERVEUSE:

Je vous rapporte la monnaie dans un instant.
[she wu ra-port la mo-nä doŋ söŋ näŋss-toŋ.]
Ich bringe Ihnen das Wechselgeld gleich (in einem Augenblick).

LE CLIENT:

Ce n'est pas la peine.
[sse nä pa la pän.]
Das lohnt sich nicht.

C'est pour vous.
[ssä pur wu.]
Es ist für Sie.

LA SERVEUSE:

Merci, monsieur. Au plaisir de vous revoir.
[mär-ssi, miss-jö. o pleh-sihr d wu re-woahr.]
Danke, mein Herr. Beehren Sie uns bald wieder.

TESTEN SIE IHR FRANZÖSISCH

Finden Sie die sich entsprechenden Bezeichnungen der Gerichte. Rechnen Sie sich 10 Punkte für jede richtige Zuordnung an. Die Auflösung finden Sie unten.

1. des hors d'oeuvre variés	A Lammkeule mit weißen Bohnen
2. soupe à l'oignon	B Froschschenkel
3. le coq au vin	C Kalbsbröschen
4. le gigot d'agneau aux flageolets	D feines Gebäck
5. des cuisses de grenouilles	E Karamelspeise
6. des escargots	F Hahn in Wein
7. des ris de veau	G Käse
8. crème au caramel	H Zwiebelsuppe
9. du fromage	I gemischte Vorspeise
10. de la pâtisserie	J Schnecken

Auflösung: 1–I; 2–H; 3–F; 4–A; 5–B; 6–J; 7–C; 8–E; 9–G; 10–D

Ergebnis: _____ %

step 15 DIE VERTRAULICHE ANREDE

Voici quelques exemples de l'emploi de *tu:*
[woa-ssi käl-ke äg-sooŋple d loŋ-ploa d tü:]
Hier sind einige Beispiele über den Gebrauch von *tu* („du"):

Das vertrauliche „du"
Tu ist das Wort für „du" und ist im allgemeinen der vertraulichen Form vorbehalten, wobei im Französischen das „Sie" (die Höflichkeitsform) noch üblicher als im Deutschen ist. Die Präsensform des Verbes in der 2. Person Singular (bei *tu*) ist in der Regel dieselbe wie in der 1. Person Singular (bei *je*), abgesehen von der 1. Konjugation, wo in der 2. Person Singular ein *-s* hinzugefügt wird.
Auch die Hilfsverben *avoir* und *être* („haben" und „sein") bilden mit *tu* andere Formen als mit *je:*

j'ai (ich habe), *tu as* (du hast)
je suis (ich bin), *tu es* (du bist).

Zur Erinnerung: Die Objektform von *tu* ist *te*, und die Possessivform (besitzanzeigende) ist *ton* für eine maskulines Objekt (i. d. Regel „dein", maskulinum Sg.), *ta* für ein feminines Objekt (i. d. Regel „deine", femininum Sg.) und *tes* für den Plural („deine", Plural). Wenn es allein steht, wird *tu* zu *toi.*

Tu s'emploie en famille:
[tü ssoŋ-ploa oŋ fa-my:]
Tu wird innerhalb der Familie gebraucht:

UNE MERE:
[ün mähr:]
EINE MUTTER:
Écoute-moi! Finis ton pain!
[eh-kut- moa! fi-ni tohŋ päŋ!]
Hör mir zu! Iß dein Brot auf!
(wörtlich: Beende dein Brot!)

SA FILLE:
[ssa fihj:]
IHRE TOCHTER:
Mais je n'ai pas faim, maman.
[mä she neh pa fäŋ, ma-moŋ.]
Aber ich habe keinen Hunger, Mama.

LA MERE:
Alors, bois ton lait. Dépêche-toi!
[a-lohr, boa tohŋ lä. deh-päsch-toa!]
Dann trink deine Milch. Beeil dich!

Der Imperativ (Befehlsform) mit *tu*
Die Imperativform von *tu* ist dieselbe wie die reguläre Präsensform, abgesehen von der 1. Konjugation, wo das *-s* am Ende wegfällt. Beim reflexiven Imperativ wird *te* zu *toi,* wie zum Beispiel bei *dépêche-toi* – „beeil dich", aber im Falle des verneinten Imperativs wie in *ne te dépêche pas* – „beeil dich nicht" – heißt es wieder *te.*

LA FILLE:
Je n'ai pas soif, non plus.
[she neh pa ssoaf, nohŋ plü.]
Ich habe auch keinen Durst.

LA MERE:
Fais ce que je te dis! Et tout de suite!
[fä sse ke she te di! eh tud sswit!]
Tu, was ich dir sage! Und sofort!

LA FILLE:

Mais maman, pourquoi faut-il manger tellement?
[mä ma-moŋ, pur-kwa fo-til moŋ-sheh täl-moŋ?]
Aber Mama, warum muß ich soviel essen?

Je ne veux pas grossir.
[she ne wö pa gro-ssir.]
Ich will nicht dick werden.

Les jeunes gens se tutoient:
[leh shön shoŋ sse tu-toa:]
Die jungen Leute duzen sich.

—Salut, Gérard, ça va?
[ssa-lü, sheh-rahr, ssa wa?]
Hallo Gérard, wie geht's?

—Ça va pas mal, François, et toi?
[ssa wa pa mal, froŋ-ssoa, eh toa?]
Nicht schlecht, François, und dir?

—Oh, sans histoires.
[oh, ssoŋ siss-toahr.]
Oh, ohne Schwierigkeiten.

—Dis donc!
[di dohŋk!]
Sag doch!

Tu sais qu'il y a une surprise-partie
[tü ssä kil ja ün ssür-priss-par-ti]
Du weißt, daß es eine Überraschungs-Party gibt

chez Robert ce soir?
[scheh RO-bär sse ssoahr?]
bei Robert diesen Abend?

Tu y vas?
[tü i wa?]
Gehst du dorthin?

—Non, je ne suis pas invité.
[nohŋ, she ne sswi pa säŋ-wi-teh.]
Nein, ich bin nicht eingeladen.

—Ça n'a pas d'importance,
[ssa na pa däŋ-por-tooŋss,]
Das ist nicht wichtig, (Das hat nicht von Wichtigkeit)

je t'invite.
[she täŋ-wit.]
ich lade dich ein.

Viens-y avec moi.
[wjäŋ-si awäk moa.]
Komm mit mir dorthin.

Mais … apporte une bouteille!
[mä … a-port ün bu-täj!]
Aber … bring eine Flasche mit!

Les amoureux se tutoient:
[leh sa-mu-rö sse tütoa:]
Verliebte duzen sich:

ELLE:
[äl:]
SIE:

Est-ce que tu m'aimes vraiment?
[ess-ke tü mäm wrä-moŋ?]
Liebst du mich wirklich?

LUI:
[lüi:]
ER:

Bien sûr. Je t'aime vraiment.
[bjäŋ ssür. she täm wrä-moŋ.]
Natürlich. Ich liebe dich wirklich.

ELLE:

Est-ce que tu vas m'aimer toujours?
[ess-ke tü wa mä-meh tu-shuhr?]
Wirst du mich immer lieben?

LUI:

Peut-être – qui sait?
[pö-tähtre – ki ssä?]
Vielleicht – wer weiß?

ELLE:

Pourquoi dis-tu «peut-être»?
[pur-kwa di-tü «pö-tähtre»?]
Warum sagst du „vielleicht"?

Tu es une brute.
[tü ä sün brüt.]
Du bist ein Rohling.

Je te déteste!
[she te deh-täst!]
Ich verabscheue dich!

Tu s'emploie quand on parle aux enfants:
[tü ssoŋ-ploa koŋ tohŋ parl o soŋ-foŋ:]
Tu wird gebraucht, wenn man mit Kindern spricht:

UNE DAME:
[ün dam:]
EINE DAME:

Bonjour, ma petite.
[bohŋ-shuhr, ma pe-tit.]
Guten Tag, meine Kleine:

Comment t'appelles-tu?
[ko-moŋ ta-päl-tü?]
Wie heißt du?

UNE PETITE FILLE:
[ün pe-tit fihj:]
EIN KLEINES MÄDCHEN:

Moi, je m'appelle Josette.
[moa, she ma-päl sho-sät.]
Ich heiße Josette.

Fille – jeune fille

Das Wort *fille* bedeutet „Mädchen" oder „Tochter". *Petite fille* bedeutet neben „kleines Mädchen" auch noch „Enkelin". *Jeune fille* ist das reguläre Wort für „Mädchen", genauso wie *jeune personne*, wörtlich übersetzt „junge Person". Benutzen Sie *fille* nicht allein, es sei denn Sie meinen „Tochter", da es eine etwas gewagte Nebenbedeutung hat, die zu einem „faux-pas" führen könnte.

LA DAME:

Et ce petit garçon … c'est ton frère?
[eh sse pe-ti gar-ssohŋ … ssä tohŋ frähr?]
Und dieser kleine Junge ... ist das dein Bruder?

LA PETITE FILLE:

Oui, c'est encore un bébé.
[wie, ssä toŋ-kohr öŋ beh-beh.]
Ja, er ist noch ein Baby.

Il peut marcher, mais il ne parle pas encore.
[il pö mar-scheh, mä sil ne parl pa soŋ-kohr.]
Er kann gehen, aber er spricht noch nicht.

LA DAME:

Mais toi, tu parles très bien.
[mä toa, tü parl trä bjäŋ.]
Aber du, du sprichst sehr gut.

LA PETITE FILLE:

Oui, papa dit que je parle trop.
[wie, pa-pa di ke she parl tro.]
Ja, Papa sagt, daß ich zu viel spreche.

LA DAME:

Tiens. Voilà un bonbon pour toi
[tjäŋ. woa-la öŋ bohŋ-bohŋ pur toa]
Hier. Hier ist eine Süßigkeit für dich

et un autre pour ton petit frère.
[eh öŋ nohtre pur tohŋ pe-ti frähr.]
und eine andere für deinen kleinen Bruder.

Tu s'emploie quand on parle aux animaux:
[*tü* ssoŋ-ploa koŋ tohŋ parl a sa-ni-mo:]
Tu wird benutzt, wenn man zu Tieren spricht:

Fifi, tais-toi!
[fi-fi, tä-toa!]
Fifi, sei ruhig!

Descends de ce divan!
[deh-ssoŋ d sse di-woŋ!]
Geh herunter von dieser Couch!

Laisse le chat tranquille!
[läss le scha troŋ-kil!]
Laß die Katze in Ruhe!

Va-t'en! Tu es un vilain chien!
[wa-toŋ! tü ä söŋ wi-läŋ schjäŋ!]
Geh weg! Du bist ein böser Hund!

BEISPIELUNTERHALTUNG: IN EINEM STRASSENCAFÉ

ELLE:

J'ai soif.
[sheh ssoaf.]
Ich bin durstig.

LUI:

Est-ce que tu veux boire quelque chose dans ce café?
[ess-ke tü wö boahr käl-ke schohs doŋ sse ka-feh?]
Willst du etwas in diesem Café trinken?

ELLE:

C'est une bonne idée. Entrons.
[ssä tün bon i-deh. oŋ-trohŋ.]
Das ist eine gute Idee. Gehen wir hinein.

LUI:

Asseyons-nous là, à la terrasse.
[a-sseh-johŋ-nu la, a la tä-rass.]
Setzen wir uns dorthin, auf die Terasse.

La terrasse
La terrasse gehört zu dem Teil eines französischen Restaurants, der sich im Freien befindet – neben dem Bürgersteig.

ELLE:

C'est ça!
[ssä ssa!]
Das ist es!

Tu veux voir passer les jolies filles.
[tü wö woahr pa-sseh leh sho-li fihj.]
Du willst die hübschen Mädchen vorbeigehen sehen.

LUI:

Tu sais bien
[tü ssä bjäŋ]
Du weißt sehr gut,

que je ne regarde que toi. Garçon!
[ke she ne re-gard ke toa. gar-ssohŋ!]
daß ich nur dich ansehe. Kellner!

LE GARÇON:
[le gar-ssohŋ:]
DER KELLNER:

Vous désirez,
[wu deh-si-reh,]
Sie wünschen,

messieurs-dames?
[mehss-jö-dam?]
meine Damen und Herren?

Messieurs-dames
Der Gebrauch des Plurals durch den Kellner – *messieurs-dames* – bedeutet nicht, daß der Kellner nicht zählen kann, sondern ist schlicht eine bequeme Formel, die von Kellnern und anderen gebraucht wird, um mehr als eine Person unterschiedlichen Geschlechts anzureden.

LUI:

Qu'est-ce que tu prends, ma chérie?
[kess ke tü proŋ, ma scheh-ri?]
Was nimmst du, meine Liebe?

ELLE:

Je ne sais pas.
[she ne ssä pa.]
Ich weiß nicht.

Peut-être une limonade.
[pö-tähtre ün li-mo-nad.]
Vielleicht eine Limonade.

LUI:

Et pour moi,
[eh pur moa,]
Und für mich

un cognac à l'eau.
[öŋ kon-jak a lo.]
einen Kognak mit Wasser.

LE GARÇON:

Avec de l'eau minérale?
[awäk d lo mi-neh-ral?]
Mit Mineralwasser?

LUI:

Oui, et avec de la glace, s'il vous plaît.
[wie, eh awäk d la glass, ssil wu plä.]
Ja, und mit Eis, bitte.

ELLE:

Attends, mon chéri.
[a-toŋ, mohŋ scheh-ri.]
Warte, mein Liebling.

Commande-moi donc
[ko-moŋd-moa dohŋk]
Bestell mir doch

un Dubonnet au lieu de la limonade.
[öŋ dü-bo-neh o ljö d la li-mo-nad.]
einen Dubonnet anstatt der Limonade.

LUI:

Mais certainment.
[mä ssär-täŋ-moŋ.]
Aber sicher.

Les femmes changent souvent d'avis,
[leh fam schoŋsh ssu-woŋ da-wi,]
(Die) Frauen ändern oft ihre Meinung,

n'est-ce pas, ma chérie?
[ness-pa, ma scheh-ri?]
nicht wahr, mein Liebling?

Garçon! Pas de limonade pour Madame.
[gar-ssohŋ! pa d li-mo-nad pur ma-dam.]
Kellner! Keine Limonade für die gnädige Frau.

Elle désire un Dubonnet.
[äl deh-sir öŋ dü-bo-neh.]
Sie wünscht einen Dubonnet.

ELLE:

Tu n'es pas fâché?
[tü nä pa fa-scheh?]
Du bist nicht böse?

LUI:

Moi – fâché – pourquoi?
[moa – fa-scheh – pur-kwa?]
Ich – böse – warum?

Tu sais bien que je fais toujours
[tü ssä bjäŋ ke she fä tu-shuhr]
Du weißt sehr gut, daß ich immer alles mache

tout ce que tu veux.
[tuss-ke tü wö.]
was du willst.

ELLE:

Vraiment, toujours?
[wrä-moŋ, tu-shuhr?]
Wirklich, immer?

C'est vrai, tu es bien gentil.
[ssä wrä, tü ä bjäŋ shoŋ-ti.]
Es ist wahr, du bist sehr nett.

LE GARÇON:

Voilà vos consommations.
[woa-la wo kohŋ-sso-mass-johŋ.]
Hier sind Ihre Getränke.

LUI:

A ta santé!
[a ta ssoŋ-teh!]
Auf deine Gesundheit!

ELLE:

A la tienne, mon amour.
[a la tjän, mohŋ na-muhr.]
Auf die deinige, mein Lieber.

TESTEN SIE IHR FRANZÖSISCH

Übersetzen Sie diese Sätze ins Französische. Rechnen Sie sich 10 Punkte für jede richtige Übersetzung an. Die Auflösung finden Sie unten.

1. Wie heißt du? ______________________
2. Aber du, du sprichst sehr gut. ______________________
3. Gehst du dorthin? ______________________
4. Beeil dich! ______________________
5. Tu, was ich dir sage. ______________________
6. Liebst du mich wirklich? ______________________
7. Ich liebe dich wirklich. ______________________
8. Du bist nicht böse? ______________________
9. Du bist sehr nett. ______________________
10. Ich verabscheue dich! ______________________

Auflösung: 1. Comment t'appelles-tu? 2. Mais toi, tu parles très bien. 3. Tu y vas? 4. Dépêche-toi! 5. Fais ce que je te dis! 6. Est-ce que tu m'aimes vraiment? 7. Je t'aime vraiment. 8. Tu n'es pas fâché? 9. Tu es bien gentil. 10. Je te déteste!

Ergebnis: _____ %

step 16 TAGE, MONATE, JAHRESZEITEN DAS WETTER

Les sept jours de la semaine sont:
[leh sset shuhr d la sse-män ssohŋ:]
Die sieben Tage der Woche sind:

lundi, mardi, mercredi,
[löŋ-di, mar-di, mär-kre-di,]
Montag, Dienstag, Mittwoch,

jeudi, vendredi, samedi et dimanche.
[shö-di, woŋ-dre-di, ssam-di eh di-mooŋsch.]
Donnerstag, Freitag, Samstag und Sonntag.

Les douze mois d l'année s'appellent:
[leh duhs moa d la-neh ssa-päl:]
Die zwölf Monate des Jahres heißen:

janvier, février, mars, avril,
[shoŋ-wjeh, feh-wri-eh, marss, a-wril,]
Januar, Februar, März, April,

mai, juin, juillet, août,
[mä. shüäŋ, shüi-jä, ut,]
Mai, Juni, Juli, August,

septembre, octobre, novembre et décembre.
[ssäp-tooŋbre, ok-tobre, no-wooŋbre eh deh-ssooŋbre.]
September, Oktober, November und Dezember.

Janvier est le premier mois de l'année.
[shoŋ-wjeh ä le prem-jeh moa d la-neh.]
Januar ist der erste Monat des Jahres.

Le premier janvier est le Premier de l'An.
[le prem-jeh shoŋ-wjeh ä le prem-jeh d loŋ.]
Das erste Januar ist der Erste des Jahres (Neujahr).

Geschriebene Datumsangaben
Der erste des Monats ist das einzige Datum, das mit einer Ordinalzahl (Ordnungszahl) bezeichnet wird; die anderen Daten werden mit Kardinalzahlen (Grundzahlen) bezeichnet.

der erste Februar – *le premier février*
der zweite Februar – *le 2 février*

On dit à ses amis:
[ohŋ di ta sseh sa-mi:]
Man sagt zu seinen Freunden:

«Bonne Année!»
[«bon a-neh!»]
„Ein Gutes (Neues) Jahr!“

***On* ist die dritte Person Singular**
Das unpersönliche Wort *on* hat dasselbe Possessivpronomen (besitzanzeigende Fürwort) wie *il* und *elle*.

Février est le deuxième mois,
[feh-wri-eh ä le dös-jäm moa,]
Februar ist der zweite Monat,

Mars, le troisième, avril, le quatrième…
[marss, le troas-jäm, a-wril, le ka-tri-jäm…]
März der dritte, April der vierte…

et décembre, le douzième
[eh deh-ssooŋbre, le dus-jäm]
und Dezember der zwölfte

et dernier mois de l'année.
[eh därn-jeh moa d la-neh.]
und letzte Monat des Jahres.

Le 25 décembre est le Jour de Noël.
[le wäŋ-ssähŋk deh-ssooŋbre ä le shuhr d no-äl.]
Der 25. Dezember ist Weihnachten.

On dit: «Joyeux Noël!»
[ohŋ di: «shoa-jö no-äl!»]
Man sagt: „Fröhliche Weihnachten!"

et on fait des cadeaux aux enfants.
[eh ohŋ fä deh ka-do o soŋ-foŋ.]
und man macht den Kindern Geschenke.

La fête nationale française
[la fäht nass-jo-nal froŋ-ssäs]
Der französische Nationalfeiertag

est le quatorze juillet.
[ä le kators shüi-jä.]
ist der 14. Juli.

C'est l'anniversaire
[ssä la-ni-wär-ssähr]
Das ist der Jahrestag

de la prise de la Bastille,
[d la prihs d la bass-tij,]
der Eroberung der Bastille

pendant la Révolution Française.
[poŋ-doŋ la reh-wo-lüss-johŋ froŋ-ssäs.]
während der Französischen Revolution.

Die gleichen Wörter – die gleiche Bedeutung
Wie *révolution* gibt es viele andere Ausdrücke, die mit *-tion* enden und dieselbe Bedeutung im Deutschen und Französische haben – wobei allerdings im Deutschen statt des französischen *c* meist ein „k" geschrieben wird. Aber denken Sie daran, daß die Aussprache nicht die gleiche ist. Hier sind einige Beispiele:

> *émotion, action, section, opération, attraction, construction. réaction, nation*

Il y a des défilés de l'armée sur les boulevards:
[il ja deh deh-fi-leh d lar-meh ssür leh bul-wahr⌐]
Es gibt Parademärsche der Armee auf den Boulevards;

le Président fait un discours et dit:
[le preh-si-doŋ fä töŋ diss-kuhr eh di:]
Der Präsident hält eine Rede und sagt:

«Vive la France!»
[«wiw la frooŋss!»]
„Es lebe Frankreich!"

Le soir, il y a des feux d'artifice,
[le ssoahr, il ja deh fö dar-ti-fiss,]
Abends gibt es Feuerwerk (Feuer der Kunstfertigkeit),

et on danse dans les rues.
[eh ohŋ doŋss doŋ leh rü.]
und man tanzt in den Straßen.

L'année se divise en quatre saisons:
[la-neh sse di-wis oŋ katre ssä-sohŋ:]
Das Jahr ist in vier Jahreszeiten geteilt:

Das Reflexix als Passiv
se divise, wörtlich übersetzt „teilt sich", ist eine Passiv-Konstruktion, die „ist geteilt" bedeutet.

le printemps, l'été, l'automne et l'hiver.
[le präŋ-toŋ, leh-teh, lo-ton eh li-währ.]
Frühling, Sommer, Herbst und Winter.

En hiver, il fait froid, et en été, il fait chaud.
[oŋ ni-währ, il fä froa, eh ohŋ neh-teh, il fä scho.]
Im Winter ist es kalt, und im Sommer ist es warm.

Au printemps, il fait beau temps
[o präŋ-toŋ, il fä bo toŋ]
Im Frühling ist schönes Wetter,

mais il pleut assez souvent.
[mä sil plö a-sseh ssu-woŋ.]
aber es regnet ziemlich oft.

En automne, il fait du vent
[oŋ no-ton, il fä dü woŋ]
Im Herbst ist es windig

et les feuilles tombent des arbres.
[eh leh föy tohŋb deh sarbre.]
und die Blätter fallen von den Bäumen.

—Quel temps fait-il généralement en France?`
[käl toŋ fä-til sheh-neh-ral-moŋ oŋ frooŋss?]
Wie ist das Wetter im allgemeinen in Frankreich?

Quel temps fait-il?
Die dritte Person Singular von *faire* wird gebraucht, um spezielle Aspekte des Wetters und der Temperatur zu beschreiben:

il fait froid – es ist kalt
il fait chaud – es ist warm
il fait mauvais temps – es ist schlechtes Wetter
il fait beau – es ist schönes Wetter

Aber denken Sie daran: wenn eine Person schwitzt, friert, durstig ist usw. wird *avoir* und nicht *faire* benutzt.

—Le temps est plus ou moins semblable
[le toŋ ä plü su moäŋ ssoŋ-blable]
Das Wetter ist mehr oder weniger ähnlich

à celui en Allemagne.
[a sse-lüi oŋ alleh-manje.]
wie dasjenige in Deutschland.

Mais il n'y fait ni si froid, ni si chaud.
[mä sil ni fä ni ssi froa, ni ssi scho.]
Aber es ist dort weder so kalt noch so warm.

_Ni ... ni_ – „weder ... noch"
Der Ausdruck *ni ... ni* bedeutet „weder ... noch", *ou ... ou* bedeutet „entweder ... oder".

—Est-ce qu'il neige beaucoup à Paris?
[ess kil nähsh bo-ku a pa-ri?]
Schneit es viel in Paris?

—Non, pas beaucoup. Il y neige quelquefois,
[nohŋ, pa bo-ku. il i nähsh käl-ke-foa,]
Nein, nicht viel. Es schneit dort manchmal,

—mais à Cannes, il ne neige presque jamais.
[mä sa kan, il ne nähsh prässk sha-mä.]
aber in Cannes schneit es fast nie.

Die doppelte Verneinung
Beachten Sie die doppelte Verneinung. *Jamais* bedeutet „niemals", wenn es allein oder im Satz steht, und ihm *ne* vorangestellt ist.

Dans les autres pays de langue française,
[doŋ leh sohtre peh-i d looŋg froŋ-ssäs,]
In den anderen französischsprachigen Ländern

le climat est moins modéré:
[le kli-ma ä moäŋ mo-deh-reh:]
ist das Klima weniger mäßig:

au Canada, il fait très froid en hiver
[o ka-na-da, il fä trä froa oŋ ni-währ]
in Kanada ist es sehr kalt im Winter

_En_ in der Bedeutung von „in" oder „nach"
Die meisten Ländernamen sind im Französischen weiblich, und es steht dann das Wort *en*, um „in" oder „nach" auszudrücken:

en France – in Frankreich
en Italie – in Italien
en Chine – in China
en Amérique – in Amerika
en Allemagne – in Deutschland

Wenn das Land im Französischen männlich ist, steht à mit dem bestimmten Artikel:

au Mexique – in Mexiko
au Japon – in Japan,

und im Falle von maskulinum Plural:

aux États-Unis – in den Vereinigten Staaten.

Sie finden die Namen der wichtigsten Länder im Wörterbuch-Teil dieses Buches.

et il y neige souvent.
[eh il i nähsh ssu-woŋ.]
und es schneit dort oft.

En Afrique Centrale il fait toujours chaud
[oŋ na-frik ssoŋ-tral il fä tu-shuhr scho]
In Zentralafrika ist es immer warm

et il y pleut beaucoup.
[eh il y plö bo-ku.]
und es regnet dort viel.

Dans les déserts, comme le Sahara,
[doŋ leh deh-sähr, kom le ssa-a-ra,]
In den Wüsten, wie der Sahara,

il fait très chaud dans la journée,
[il fä trä scho doŋ la shur-neh,]
ist es sehr warm während des Tages,

et souvent froid la nuit.
[eh ssu-woŋ froa la nüi.]
und nachts oft kalt.

A Tahiti, le climat est merveilleux,
[a ta-i-ti, le kli-ma ä mär-wä-jö,]
In Tahiti ist das Klima wunderbar,

il y fait toujours un temps très agréable.
[il i fä tu-shuhr öŋ toŋ trä sa-greh-able.]
es ist dort immer ein sehr angenehmes Wetter.

BEISPIELUNTERHALTUNG: REDEN ÜBER DAS WETTER

Tout le monde parle du temps.
[tul moohŋd parl dü toŋ.]
Jedermann spricht vom Wetter.

Au printemps, quand le soleil brille,
[o präŋ-toŋ, koŋ le sso-läy bri,]
Im Frühling, wenn die Sonne scheint,

et quand souffle une brise agréable,
[eh koŋ ssufle ün brihs a-greh-able,]
und wenn eine angenehme Brise weht,

on dit:
[ohŋ di:]
sagt man:

> «Comme il fait beau!
> [«kom il fä bo!]
> „Wie schönes Wetter es ist!
>
> Quelle belle journée!»
> [käl bäl shur-neh!»]
> Was für ein schöner Tag!"

Et quand la nuit est claire,
[eh koŋ la nüi ä klähr,]
Und wenn die Nacht klar ist,

quand on voit la lune et les étoiles,
[koŋ tohŋ woa la lün eh leh seh-toal,]
wenn man den Mond und die Sterne sieht,

> on dit: «Quelle nuit merveilleuse!»
> [ohŋ di: «käl nüi mär-wä-jöhs!»]
> sagt man: „Was für eine wunderbare Nacht!"

En été, l'après-midi,
[oŋ neh-teh, la-prä-mi-di,]
Im Sommer, nachmittags,

en plein soleil:
[oŋ pläŋ sso-läy:]
im vollen Sonnenschein:

«Il fait terriblement chaud, n'est-ce pas?»
[«il fä tä-rible-moŋ scho, ness pa?»]
„Es ist schrecklich heiß, nicht wahr?"

Quand on entend dehors le vent et la pluie,
[koŋ tohŋ noŋ-toŋ de-ohr le woŋ eh la plüi,]
Wenn man draußen den Wind und den Regen hört,

on dit:
[ohŋ di:]
sagt man:

«Quel mauvais temps!
[«käl mo-wä toŋ!]
„Was für schlechtes Wetter!

Il pleut à verse.»
[il plö ta wärss.»]
Es regnet in Strömen."

On demande souvent:
[ohŋ de-mooŋd ssu-woŋ:]
Man fragt häufig:

«Est-ce qu'il pleut toujours?»
[«ess kil plö tu-shuhr?»]
„Regnet es immer noch?"

En automne,
[oŋ no-ton,]
Im Herbst,

quand il commence à faire froid,
[koŋ til ko-moŋss a fähr froa,]
wenn es beginnt kalt zu werden,

on dit:
[ohŋ di:]
sagt man:

«Il fait assez froid aujourd'hui.»
[«il fä ta-sseh froa o-shurd-wi.»]
„Es ist ziemlich kalt heute."

L 'hiver, la radio annonce souvent:
[li-währ, la rad-jo a-noohŋss ssu-woŋ:]
Im Winter kündigt das Radio oft an:

«Froid très vif et chute de neige.
[«froa trä wif eh schüt d nähsh.]
„Sehr kalt und Schneefall.

La glace et la neige
[la glass eh la nähsh]
Eis und Schnee

rendent la circulation difficile.
[rooŋd la ssir-kü-lass-johŋ di-fi-ssil.]
behindern den Verkehr.

Il y a de la glace sur les lacs.»
[il ja d la glass ssür leh lak.]
Es ist (gibt) Eis auf den Seen."

Parfois, l'été,
[par-foa, leh-teh,]
Manchmal, im Sommer,

les titres des journaux indiquent:
[leh titre deh shur-no äŋ-di-keh:]
zeigen die Überschriften der Zeitungen an:

«Violents orages sur toute la France.
[«wjo-loŋ so-rahsh ssür tut la frooŋss.]
„Heftige Stürme über ganz Frankreich.

Vents très forts.
[woŋ trä fohr.]
Sehr starke Winde.

Pluies abondantes
[plüi sa-bon-doŋt]
Reichliche Regenfälle

avec du tonnerre et des éclairs.»
[awäk dü to-nähr eh deh seh-klähr.»]
mit Donner und Blitzen."

Nachrichtenstil
Ein Beispiel für den abgehackten Wetter- oder Nachrichtenstil von Radio- und Fernsehansagen ist hier zu ihrer Berücksichtigung angeführt worden. Nebenbei sollten Sie versuchen, häufig französische Radiosender zu hören, genauso sollten Sie in französische Filme gehen, ohne die Untertitel zu lesen.

Après la pluie,
[a-prä la plüi,]
Nach dem Regen

il fait souvent du brouillard.
[il fä ssu-woŋ dü bru-jahr.]
gibt es oft Nebel.

On dit:
[ohŋ di:
Man sagt:

«Quel brouillard!
[«käl bru-jahr!]
„Was für ein Nebel!

On n'y voit rien.
[ohŋ ni woa rjäŋ.]
Man sieht nichts.

Impossible de conduire.
[äŋ-po-ssible d kohŋ-düihr.]
Unmöglich zu fahren.

C'est trop dangereux.
[ssä tro doŋsh-rö.]
Es ist zu gefährlich.

Restons ici et regardons la télévision.»
[räss-tohŋ si-ssi eh re-gar-dohŋ la teh-leh-wis-johŋ.»]
Laßt uns hierbleiben und Fernsehen schauen."

Laßt uns hierbleiben
Die erste Person Plural von jedem Verb kann für sich ohne das *nous* stehen, um „laßt uns" auszudrücken:

laßt uns sprechen – *parlons!*

Wenn das Verb reflexiv (rückbezüglich) ist, steht *nous* hinter dem Verb:

laßt uns uns setzen – *asseyons-nous!*

TESTEN SIE IHR FRANZÖSISCH

Übersetzen Sie diese Aussagen über das Wetter ins Deutsche. Rechnen Sie sich 10 Punkte für jede richtige Übersetzung an. Die Auflösung finden Sie unten.

1. Comme il fait beau! ______________________
2. Quelle belle journée! ______________________
3. Quelle nuit merveilleuse! ______________________
4. Il fait terriblement chaud, n'est-ce pas? ______________________
5. Quel mauvais temps! ______________________
6. Il pleut à verse. ______________________
7. Est-ce qu'il pleut toujours? ______________________
8. Il fait assez froid aujourd'hui. ______________________
9. Il fait souvent froid la nuit. ______________________
10. Quel brouillard! On n'y voit rien! ______________________

Auflösung: 1. Wie schönes Wetter es ist! 2. Was für ein schöner Tag! 3. Was für eine wunderbare Nacht! 4. Es ist schrecklich heiß, nicht wahr? 5. Was für ein schlechtes Wetter! 6. Es regnet in Strömen. 7. Regnet es immer noch? 8. Es ist ziemlich kalt heute. 9. Es ist nachts häufig kalt. 10. Was für ein Nebel! Man sieht nichts!

Ergebnis: _____ %

step 17 DIE BILDUNG DES FUTURS

Le temps futur est très facile.
[le toŋ fü-tühr ä trä fa-ssil:]
Das Futur (Zeitform der Zukunft) ist sehr einfach.

Pour former la première personne du futur avec *je*,
[pur for-meh la prem-jähr pär-sson dü fü-tühr awäk «she»]
Um die erste Person des Futur mit „ich" zu bilden,

prenez l'infinitif et ajoutez *-ai*.
[pre-neh läŋ-fi-ni-tif eh a-shu-teh -eh.]
nehmen Sie den Infinitiv und fügen *-ai* hinzu.

Sie stützen sich auf den Infinitiv
Die meisten Verben bilden das Futur, indem die Futur-Endung entsprechend der jeweiligen Person an den Infinitiv angefügt wird. Sie haben bereits diejenige für *je* gelernt, die an den Infinitiv der ersten und zweiten Konjugation angefügt wird. Im Falle der dritten Konjugation wird bei Verben wie zum Beispiel *vendre* das -e fallengelassen und die entsprechende Futur-Endung angefügt – *je vendrai* („ich werde verkaufen"), während bei Verben, die auf *-oir* enden, wie zum Beispiel *recevoir*, das *-oi* fallengelassen wird und die entsprechenden Endungen angefügt werden – *je recevrai* („ich werde erhalten"). Einige der gebräuchlichsten Verben haben spezielle Futur-Formen, die Sie auswendig lernen sollten. Hier sind einige der wichtigsten; die Infinitivform ist zuerst angegeben, gefolgt von der 1. Person Singular Futur in Klammern.

être (je serai), avoir (j'aurai), aller (j'irai), faire (je ferai), pouvoir (je pourrai), vouloir (je voudrai), voir (je verrai), savoir (je saurai), venir (je viendrai)

Demain je me lèverai de bonne heure.
[de-mäŋ she me lä-we-reh d bon öhr.]
Morgen werde ich früh aufstehen.

J'irai chez le médecin.
[shi-reh scheh le mehd-ssäŋ.]
Ich werde zum Arzt gehen.

Je lui demanderai quelque chose pour ma toux.
[she lüi de-moŋ-de-reh käl-ke schohs pur ma tu.]
Ich werde ihn nach etwas für meinen Husten fragen.

Eh j'aurai l'occasion
[eh sho-reh lo-kas-johŋ]
Und ich werde die Gelegenheit haben,

de lui parler de mon foie.
[d lüi par-leh d mohŋ foa.]
mit ihm über meine Leber zu sprechen.

Les organes

Anläßlich eines Gesprächs mit dem Arzt: zu den wichtigsten inneren Organen gehören „das Herz" – *le coeur*, „die Lungen" – *les poumons*, „der Magen" – *l'estomac*, „die Nieren" – *les reins*, „die Leber" – *le foie*. Letzere ist ein beliebter Gesprächsgegenstand als eine *crise de foie* – „Leberkrise", von der zuweilen angenommen wird, daß sie durch das reichhaltige und köstliche französische Essen verursacht wird, bei dem man nicht umhin kann, es im Übermaß zu essen.

Je vous téléphonerai de chez lui,
[she wu teh-leh-fo-ne-reh d scheh lüi,]
Ich werde Sie von ihm aus anrufen,

et je vous dirai
[eh she wu di-reh[
und ich werde Ihnen sagen,

à quelle heure je reviendrai.
[a käl öhr she rew-jäŋ-dreh.]
um wieviel Uhr ich zurückkommen werde.

Pour la deuxième personne «vous»,
[pur la dös-jäm pär-sson «wu»]
Für die zweite Person „Sie (Höflichk.)/ihr"

ajoutez *-ez*.
[a-shu-teh -eh.]
fügen Sie *-ez* hinzu.

Oui, vous ferez bien d'y aller.
[wie, wu fe-reh bjäŋ di ja-leh.]
Ja, Sie werden gut daran tun, dorthin zu gehen.

Et pendant que vous y serez,
[eh poŋ-doŋ ke wu si sse-reh,]
Und während Sie dort sind,

pourrez-vous prendre rendez-vous pour moi?
[pu-reh-wu prooŋdre roŋ-deh-wu pur moa?]
können Sie für mich eine Verabredung treffen?

Chez le médecin

Wenn Sie beim Arzt sind oder vom Arzt aufgesucht werden, beachten Sie die folgenden Ausdrücke, um darauf hinzuweisen, wo Sie Beschwerden haben:
Ich habe Kopfschmerzen – *J'ai mal à la tête*
Ich habe Halsschmerzen – *J'ai mal à la gorge*
Ich habe Magenschmerzen – *J'ai mal à l'estomac*
Mir ist schwindlig – *J'ai des vertiges*
Es schmerzt dort – *Ça me fait mal ici*

Ein „Rezept" ist *une ordonnance,* und zu den Dingen, die der Arzt zu Ihnen evetuell sagt, gehören:

Sie haben Fieber – *Vous avez de la fièvre*

Sie müssen im Bett bleiben – *Il faut rester au lit*
Nehmen Sie dies dreimal am Tag – *Prenez ceci trois fois par jour*
Sie werden sich besser fühlen – *Vous vous sentirez mieux*
Kommen Sie in zwei Tagen wieder – *Revenez dans deux jours*

Je crois que je pourrai y aller la semaine prochaine.
[she kroa ke she pu-reh i ja-leh la sse-män pro-schän.]
Ich glaube, ich werde nächste Woche dorthin gehen können.

Je serai libre lundi ou mardi.
[she sse-reh libre löŋ-di u mar-di.]
Ich werde Montag oder Dienstag frei haben.

Et pour *il*, *elle* et *on*
[eh pur il, äl eh ohŋ]
Und bei (für) „er", „sie" und „man"

ajoutez *-a*.
[a-shu-teh -a.]
fügen Sie *-a* hinzu.

—Armand, quand reviendra-t-il?
[ar-moŋ, koŋ rew-jäŋ-dra-til?]
Armand, wann wird er zurückkommen?

Zusammensetzungen folgen dem Vorbild
Wenn ein grundlegendes Verb unregelmäßig ist, wie es bei *venir* in der Futurform der Fall ist, folgen auch seine zusammengesetzten Formen, wie beispielsweise *revenir*, genau dem gleichen Schema.

—Il sera de retour demain matin.
[il sse-ra d re-tuhr de-mäŋ ma-täŋ.]
Er wird morgen Vormittag zurück sein.

—Aura-t-on l'occasion de le voir?
[o-ra-tohŋ lo-kas-johŋ d le woahr?]
Wird man die Gelegenheit haben, ihn zu sehen?

La liaison

Beachten Sie den Gebrauch des *-t-* zwischen *reviendra* und *il* und zwischen *aura* und *on*. Das *-t-* ist ein Beispiel für Bindung und trennt die beiden Vokale. Man könnte stattdessen auch *est-ce que* ohne Umkehrung benutzen. Dies würde dann heißen: *est-ce qu'on aura l'occasion de le voir?*

—Non, il repartira le soir même pour Milan.
[nohŋ, il re-par-ti-ra le ssoahr mähm pur mi-loŋ.]
Nein, er wird am selben Abend wieder nach Mailand abreisen.

Il y signera les contrats
[il i sin-je-ra leh kohŋ-tra]
Dort wird er die Verträge unterschreiben

et visitera les usines.
[eh wi-si-te-ra leh sü-sin.]
und die Fabriken besichtigen.

—Croyez-vous
[kroa-jeh-wu]
Glauben Sie,

qu'il y fera de bonnes affaires?
[kil i fe-ra d bon sa-fähr?]
daß er dort gute Geschäfte machen wird?

***De* vor Adjektiven**

In einer die Teilung bezeichnenden Konstruktion, in der bereits ein Adjektiv vor dem Hauptwort steht, wird *de* ohne Artikel gebraucht, wie bei *de bonnes affaires*.

Pour la forme familière *tu*
[pur la form fa-mil-jär «tü»]
Für die vertrauliche Form *tu*

ajoutez *-as*.
[a-shu-teh -a.]
fügen sie *-as* hinzu.

—Est-ce que tu me téléphoneras demain?
[ess ke tü me teh-leh-fon-ra de-mäŋ?]
Wirst du mich morgen anrufen?

—Oui, mais à quelle heure
[wie, mä sa käl öhr]
Ja, aber um wieviel Uhr

est-ce que tu seras chez toi?
[ess-ke tü sse-ra scheh toa?]
wirst du zu Hause sein?

Pour *nous* ajoutez la terminaison *-ons:*
[pur «nu» a-shu-teh la tär-mi-nä-sohŋ «-ohŋ»:]
Für *nous* fügen Sie die Endung *-ons* hinzu:

Samedi prochain nous irons tous à la campagne.
[ssam-di pro-schäŋ nu si-rohŋ tus a la koŋ-panj.]
Nächsten Samstag werden wir alle aufs Land fahren.

Nous prendrons le train
[nu proŋ-drohŋ le träŋ]
Wir werden den Zug nehmen

et nous descendrons à Nancy.
[eh nu deh-ssoŋ-drohŋ a noŋ-ssi.]
und wir werden in Nancy aussteigen.

Puis nous irons en voiture jusqu'au château de mon oncle.
[püi nu si-rohŋ oŋ woa-tür schüss-ko scha-to d mohŋ noohŋkle.]
Dann werden wir mit dem Auto zu dem Gut meines Onkels fahren.

Un château en France
Château bedeutete ursprünglich „Schloß", aber jetzt wird es auch für jedes große Landgut benutzt – besonders wenn es ein großes Haupthaus hat. Das Wort für das mittelalterliche Schloß ist *château-fort.*

Nous monterons à cheval
[nu mohŋ-te-rohŋ sa sche-wal]
Wir werden reiten

et nous visiterons les environs.
[eh nu wi-si-te-rohŋ la soŋ-wi-rohŋ.]
und wir werden die Umgebung besichtigen.

Nous pourrons aller nager dans le lac.
[nu pu-rohŋ sa-leh na-sheh doŋ le lak.]
Wir werden im See schwimmen gehen können.

Le soir, si le temps le permet,
[le ssoahr, ssi le toŋ le pär-mä,]
Abends, wenn es das Wetter erlaubt,

nous dînerons
[nu di-ne-rohŋ]
werden wir zu Abend essen

et nous danserons sur la terrasse.
[eh nu doŋ-sse-rohŋ ssür la tä-rass.]
und wir werden auf der Terrasse tanzen.

Je crois que nous nous amuserons bien.
[she kroa ke nu nu sa-müs-rohŋ bjäŋ.]
Ich glaube, daß wir viel Spaß haben werden.

Bon amusement!
Das reflexive Verb *s'amuser*, wörtlich übersetzt „sich belustigen, sich unterhalten“ ist der übliche Ausdruck für „viel Spaß haben“. Wenn man jemandem eine angenehme Abendzerstreuung wünscht, sagt man *amusez-vous bien* – „haben Sie viel Spaß“, „amüsieren sie sich gut“ oder einfach *bon amusement*.

Pour *ils-elles* ajoutez la terminaison *-ont*
[pur *ils-elles* a-shu-teh la tär-mi-nä-sohŋ -ohŋ]
Für *ils-elles* (sie) fügen Sie die Endung *-ont* hinzu.

UN JEUNE HOMME:
[öŋ shön om:]
EIN JUNGER MANN:

Pensez-vous qu'un jour]
[poŋ-sseh-wu köŋ shur]
Glauben Sie, daß eines Tages

les hommes vivront sur la lune?
[leh som wiw-rohŋ ssür la lün?]
Menschen auf dem Mond leben werden?

UN VIEIL HOMME:
[öŋ wjäy om:]
EIN ALTER MANN:

Bien sûr. Bientôt il y aura des bases et, sans doute,
[bjäŋ ssühr. bjäŋ-to il i o-ra deh bahs eh, ssoŋ dut,]
Natürlich. Bald wird es dort Basen geben und, zweifellos,

un service de vols quotidiens.
[öŋ ssär-wiss d wol ko-tid-jäŋ.]
einen täglichen Flugdienst.

LE JEUNE HOMME:

Et les habitants de notre terre,
[eh leh sa-bi-toŋ d notre tähr,]
Und die Bewohner unserer Erde,

iront-ils aussi jusqu'aux planètes?
[i-rohŋ-til o-ssi schüss-ko pla-nät?]
werden sie auch zu den Planeten gehen?

LE VIEIL HOMME:

Certainement. Une fois sur la lune
[ssär-täŋ-moŋ. ün foa ssür la lün]
Bestimmt. Einmal auf dem Mond

les voyages futurs seront plus facile,
[leh woa-jahsh fü-tühr sse-rohŋ plü fa-ssil,]
werden zukünftige Fahrten einfacher sein,

et on continuera jusqu'aux planètes.
[eh ohŋ kohŋ-tin-üe-ra shüss-ko pla-nät.]
und man wird bis zu den Planeten fortfahren.

Pourtant, moi je crois que les astronautes
[pur-toŋ, moa she kroa ke leh sass-tro-not]
Dennoch, ich glaube, daß die Astronauten

n'arriveront pas aux étoiles très bientôt.
[na-riw-rohŋ pa so seh-twal trä bjäŋ-to.]
nicht sehr bald an den Sternen ankommen werden.

Moi, je ne verrai pas cet événemnt-là.
[moa, she ne wä-reh pa ssät teh-wän-moŋ-la.]
Ich, ich werde dieses Ereignis nicht sehen.

Peu-être vous autres, les jeunes, le verrez.
[pö-tätre wu sohtre, leh shön, le wä-reh.]
Vielleicht werdet ihr jungen Leute es sehen.

Spracheigentümlicher Gebrauch
autre – andere(r)
un autre – ein anderer
vous autres Français – ihr Franzosen

BEISPIELUNTERHALTUNG: EINE REISE NACH FRANKREICH

—Vous partirez pour la France le mois prochain, n'est-ce pas?
[wu par-ti-reh pur la frooŋss le moa pro-schäŋ, ness pa?]
Sie werden nächsten Monat nach Frankreich abreisen, nicht wahr?

—Oui, mon mari et moi
[wie, mohŋ ma-ri eh moa]
Ja, mein Mann und ich

nous irons à Paris.
[nu si-rohŋ sa pa-ri.]
werden nach Paris fahren.

Nous y passerons l'été.
[nu si pa-sseh-rohŋ leh-teh.]
Wir werden dort den Sommer verbringen.

—Les enfants iront-ils avec vous?
[leh soŋ-foŋ i-rohŋ-til awäk wu?]
Werden die Kinder mit Ihnen fahren?

—Non, ils ne pourront pas.
[nohŋ, il ne pu-rohŋ pa.]
Nein, sie können nicht.

Ils devront aller en classe.
[il dew-rohŋ a-leh oŋ klahss.]
Sie werden zur Schule gehen müssen.

Ma soeur se chargera d'eux.
[ma ssöhr sse schar-shär-ra dö.]
Meine Schwester wird sich um sie kümmern.

—Qu'est-ce que vous ferez
[kess ke wu fe-reh]
Was werden Sie machen

pendant votre séjour en France?
[peŋ-doŋ wotre sse-shuhr oŋ frooŋss?]
während Ihres Aufenthaltes in Frankreich?

—D'abord nous visiterons Paris,
[da-bohr nu wi-sit-rohŋ pa-ri,]
Zuerst werden wir Paris besichtigen,

les musées, les monuments,
[leh mü-seh, leh mo-nü-moŋ,]
die Museen, die Denkmäler,

les magasins, les églises.
[leh ma-ga-säŋ, leh seh-glihs.]
die Geschäfte, die Kirchen.

—Il faudra aussi visiter les environs:
[il fo-dra o-ssi wi-si-teh leh soŋ-wi-rohŋ:]
Sie sollten auch die Umgegend besichtigen:

le Palais de Versailles, Fontainebleau, la Malmaison...
[le pa-lä d wär-ssäy, fohŋ-tän-blo, la mal-mä-sohŋ...]
das Schloß von Versailles, Fontainebleau, das Malmaison...

—Oui, certainement. Mais je ne sais pas
[wie, ssär-täŋ-moŋ. mä she ne ssä pa]
Ja, bestimmt. Aber ich weiß nicht,

si nous aurons le temps
[ssi nu so-rohŋ le toŋ]
ob wir die Zeit haben werden,

d'aller jusqu'à Chartres
[da-leh shüss-ka schartre]
um nach Chartres zu gehen

voir la cathédrale.
[woahr la ka-teh-dral.]
und die Kathedrale zu sehen.

De toute façon, nous ferons
[d tut fa-ssohŋ, nu fe-rohŋ]
Auf jeden Fall machen wir

le tour des Châteaux de la Loire.
[le tuhr deh scha-to d la loahr.]
die Reise zu den Schlössern der Loire.

—J'espère que vous ne
[schäss-pär ke wu ne]
Ich hoffe, daß Sie nicht

manquerez pas les spectacles Son et Lumière.
[moŋ-ke-reh pa leh späk-takle ssohŋ eh lüm-jähr.]
die Vorführungen „Klang und Licht" versäumen werden.

Je suis sûr que vous en serez enchantés.
[she sswi ssühr ke wu soŋ sse-reh soŋ-schoŋ-teh.]
Ich bin sicher, daß Sie von ihnen entzückt sein werden.

—Nous passerons une nuit à Chenonceaux.
[nu pass-rohŋ ün nüi a sche-nohŋ-sso.]
Wir werden eine Nacht in Chenonceaux verbringen.

—Et où irez-vous ensuite?
[eh u i-reh-wu soŋ-sswit?]
Und wohin werden Sie dann gehen?

—Nos amis les Arnault
[no sa-mi leh sar-no wjän-drohŋ]
Unsere Freunde, die Arnaults,

viendront nous chercher en voiture.
[nu schär-scheh oŋ woa-tühr.]
werden uns mit dem Auto abholen.

On se retrouvera à Chenonceaux
[ohŋ sse re-truw-ra a sche-nohŋ-sso]
Wir werden uns in Chenonceaux treffen,

et nous irons tous les quatre à Cannes,
[eh nu si-rohŋ tu leh katre a kan,]
und wir werden alle vier nach Cannes fahren,

où nous prendrons de vraies vacances.
[u nu proŋ-drohŋ d wrä wa-kooŋss.]
wo wir wirklich Ferien haben werden.

Nous nagerons dans la mer,
[nu nash-rohŋ doŋ la mähr,]
Wir werden im Meer schwimmen,

nous ferons de la voile,
[nu fe-rohŋ d la woal,]
wir werden segeln,

et nous nous reposerons sur la plage.
[eh nu nu re-pos-rohŋ ssür la plash.]
und wir werden uns am Strand ausruhen.

—Oui, car vous ne vous reposerez pas beaucoup la nuit.
[wie, kahr wu ne wu re-pos-reh pa bo-ku la nüi.]
Ja, denn nachts werden Sie sich nicht viel ausruhen.

Vous y serez pour le Festival,
[wu si sse-reh pur le fäss-ti-wal,]
Sie werden dort während des Festivals sein,

Cannes sera très animée à ce moment-là.
[kan sse-ra trä sa-ni-meh a sse mo-moŋ-la.]
Cannes wird sehr belebt sein zu der Zeit.

Vous serez sans doute invités dans beaucoup d'endroits.
[wu sse-reh ssoŋ dut äŋ-wi-teh doŋ bo-ku doŋ-droa.]
Sie werden zweifellos an viele Orte eingeladen werden.

Et il faudra voir le Casino de Monte-Carlo…
[eh il fo-dra woahr le ka-ssi-no d mohŋte kar-lo…]
Und Sie müssen das Casino in Monte Carlo sehen…

J'espère que vous gagnerez aux jeux.
[shäss-pär ke wu gan-je-reh o shö.]
Ich hoffe, daß Sie bei den Spielen gewinnen werden.

—Oh, moi, je serai contente
[o, moa, she sse-reh kohŋ-toŋt]
Oh, ich werde zufrieden sein,

si Richard n'y perd pas sa chemise.
[ssi ri-schar ne pär pa ssa sche-mihs.]
wenn Richard dort nicht sein Hemd verliert.

N'oubliez pas!

Um Ihnen das Lernen der Futur-Formen zu erleichtern, finden Sie hier eine Tabelle der Futur-Endungen der Haupt-Verbgruppen:

	parler	*finir*	*rendre*	*recevoir*
je	*parlerai*	*finirai*	*rendrai*	*recevrai*
tu	*-as*	*-as*	*-as*	*-as*
il	*-a*	*-a*	*-a*	*-a*
nous	*-ons*	*-ons*	*-ons*	*-ons*
vous	*-ez*	*-ez*	*-ez*	*-ez*
ils	*-ont*	*-ont*	*-ont*	*-ont*

TESTEN SIE IHR FRANZÖSISCH

Übersetzen Sie ins Französische, indem Sie die Futur-Form benutzen. Rechnen Sie sich 10 Punkte für jede richtige Übersetzung an. Die Auflösung finden Sie unten.

1. Morgen werde ich früh aufstehen. ____________________
2. Ich werde nach Paris fahren. ____________________
3. Ich werde Sie anrufen. ____________________
4. Ich werde Montag und Dienstag ____________________
   frei haben. __________
5. Wann wird er zurück kommem? ____________________
6. Wir werden mit dem Auto fahren. ____________________
7. Wir werden um acht Uhr zu ____________________
   Abend essen. __________
8. Was werden Sie machen? ____________________
9. Er wird einige Tage in Cannes ____________________
   bleiben. __________
10. Cannes wird sehr lebendig sein. ____________________

Auflösung: 1. Demain je me lèverai de bonne heure. 2. J'irai à Paris. 3. Je vous téléphonerai. 4. Je serai libre lundi et mardi. 5. Quand reviendra-t-il? 6. Nous irons en voiture. 7. Nous dînerons à huit heures. 8. Qu'est-ce que vous ferez? 9. Il s'arrêtera quelques jours à Cannes. 10. Cannes sera très animée.

Ergebnis: _____ %

step 18 DAS PARTIZIP DER VERGANGENHEIT

Quand on se promène dans une ville française,
[koŋ tohŋ sse pro-män doŋ sün wil froŋ-ssäs,]
Wenn man in einer französichen Stadt spazierengeht,

on voit souvent écrit:
[ohŋ woa ssu-woŋ teh-kri:]
sieht man oft geschrieben:

FERMÉ LE DIMANCHE.
[fär-meh le di-mooŋsch.]
SONNTAGS GESCHLOSSEN

FERMÉ POUR RÉPARATIONS.
[fär-meh pur reh-pa-rass-johŋ.]
WEGEN REPARATUREN GESCHLOSSEN

OUVERT JUSQU'A 22 HEURES.
[u-wär shüss-ka wäŋ-döh-söhr.]
GEÖFFNET BIS 22.00 UHR.

SENS INTERDIT
[ssooŋss äŋ-tär-di]
EINFAHRT VERBOTEN!

INTERDIT AUX PIÉTONS
[äŋ-tär-di to pjeh-tohŋ]
FÜR FUSSGÄNGER VERBOTEN

STATIONNEMENT AUTORISÉ
[stass-jon-moŋ o-to-ri-seh]
PARKEN ERLAUBT

RUE BARRÉE – DÉTOUR
[rü ba-reh – deh-tuhr]
STRASSE GESPERRT – UMLEITUNG

et dans les jardins publics:
[eh doŋ leh shar-däŋ pü-blik:]
und in den Parks (öffentlichen Gärten):

IL EST DÉFENDU DE MARCHER SUR LE GAZON.
[il ä deh-foŋ-dü d mar-scheh ssür le ga-sohŋ.]
ES IST VERBOTEN AUF DEN RASEN ZU GEHEN.

Les mots *fermé, ouvert, interdit,*
[leh mo fär-meh, u-wär, äŋ-tär-di,]
Die Wörter „geschlossen“, „geöffnet“, „verboten“,

autorisé, barré et *défendu*
[o-to-ri-seh, ba-reh eh deh-foŋ-dü]
„erlaubt“, „versperrt“ und „untersagt“

sont les participes passés des verbes
[ssohŋ leh par-ti-ssip pa-sseh deh wärb]
sind das Partizip Perfekt der Verben

fermer, ouvrir, interdire, autoriser, barrer et *défendre.*
[fär-meh, uw-rihr, äŋ-tär-dihr, o-to-ri-seh, ba-reh eh deh-foŋdre.]
„schließen“, „öffnen“, „verbieten“, „erlauben“, „versperren“ und „untersagen“.

Et puis, quand on entre dans un magasin,
[eh püi, koŋ tohŋ noŋtre doŋ söŋ ma-ga-säŋ]
Und dann, wenn man ein Geschäft betritt,

on voit ou on entend des expressions comme
[ohŋ woa u ohŋ noŋ-toŋ deh säkss-präss-johŋ kom]
sieht man oder hört man Ausdrücke wie

PRIX RÉDUITS
[pri reh-düi]
PREISE HERABGESETZT

TOUS NOS PRIX SONT MARQUÉS
[tu no pri ssohŋ mar-keh]
ALLE UNSERE PREISE SIND AUSGEZEICHNET (im Sinne von markiert)

«C'est payé. Voilà votre reçu.»
[«ssä pä-jeh. woa-la wotre re-ssü.»]
„Es ist bezahlt. Hier ist Ihre Quittung.“

Et quelquefois:
[eh käl-ke-foa:]
Und manchmal:

> «Je regrette. C'est vendu.»
> [«she re-grät. ssä woŋ-dü.»]
> „Ich bedaure. Das ist verkauft."

Ce sont les participes passés de
[sse ssohŋ leh par-ti-ssip pa-sseh d]
Dies sind die Partizipien Perfekt von

réduire, marquer, payer,
[reh-düihr, mar-keh, pä-jeh,]
„reduzieren/herabsetzen", „auszeichnen/markieren", „bezahlen",

recevoir et *vendre*
[re-sse-woahr eh wooŋdre.]
„empfangen/erhalten" und „verkaufen".

Das Partizip Perfekt
Das Partizip Perfekt entspricht im Gebrauch dem des deutschen Partizip Perfekt, wie „genommen", „enthalten", „verboten", „verkauft", „beendet", „geschlossen", „bedient" usw. Das Partizip Perfekt der französischen Verben wird auf folgende Weise gebildet:
Verben der ersten Konjugation bilden das Partizip Perfekt mit *-é:*

> *fermer* („schließen") – *fermé* („geschlossen")

Verben der zweiten Konjugation haben ein *-i* am Ende:

> *finir* („beenden") – *fini* („beendet")

Verben der dritten Konjugation, die auf *-re* oder *-oir* enden, bilden das Partizip Perfekt mit *-u:*

> *vendre* („verkaufen") – *vendu* („verkauft")
> *recevoir* („erhalten") – *reçu* („erhalten")

Zu den Partizipien Perfekt, die anders als oben angeführt enden, gehören:

faire („machen“) – *fait* („gemacht“)
être („sein“) – *été* („gewesen“)
asseoir („hinsetzen“) – *assis* („hingesetzt“)
courir („laufen“) – *couru* („gelaufen“)
dire („sagen“) – *dit* („gesagt“)
écrire („schreiben“) – *écrit* („geschrieben“)
mettre („stellen“) – *mis* („gestellt“)
mourir („sterben“) – *mort* („gestorben“, “tot“)
ouvrir („öffnen“) – *ouvert* („geöffnet“)
prendre („nehmen“) – *pris* („genommen“)
rire („lachen“) – *ri* („gelacht“)
tenir („halten“) – *tenu* („gehalten“)
vivre („leben“) – *vécu* („gelebt“)
venir („kommen“) – *venu* („gekommen“)

Les participes passés sont employés partout.
[leh par-ti-ssip pa-sseh ssohŋ toŋ-ploa-jeh par-tu.]
Das Partizip Perfekt wird überall verwendet.

Au cinéma:
[o ssi-neh-ma:]
Im Kino:

RECOMMANDÉ AUX ADULTES
[re-ko-moŋ-deh o sa-dült]
EMPFOHLEN FÜR ERWACHSENE

INTERDIT AUX MOINS DE SEIZE ANS
[äŋ-tär-di to moäŋ d ssähs oŋ]
VERBOTEN UNTER SECHZEHN JAHREN

«C’est commencé?»
[«ssä ko-moŋ-sseh?»]
„Hat es angefangen?“

«Non, c’est fini dans cinq minutes.»
[«nohŋ, ssä fi-ni doŋ ssähŋk mi-nüt.»]
„Nein, es ist in fünf Minuten beendet.“

Au Bureau de Poste:
[o bü-ro d post:]
Auf dem Postamt:

LETTRES ET PAQUETS RECOMMANDÉS
[lätre eh pa-keh re-ko-moŋ-deh]
EINGESCHRIEBENE BRIEFE UND PAKETE

Dans les gares et dans les trains:
[doŋ leh gahr eh doŋ leh träŋ:]
In den Bahnhöfen und in den Zügen:

BAGAGES ENREGISTRÉS
[ba-gahsh oŋ-re-shiss-treh]
GEPÄCK-AUFNAHME

OBJETS PERDUS
[ob-shä pär-dü]
VERLORENE GEGENSTÄNDE

PLACE RÉSERVÉE
[plass reh-sär-weh]
RESERVIERTER PLATZ

—Pardon, est-ce que cette place est occupée?
[par-dohŋ, ess-ke ssät plass ä to-kü-peh?]
Verzeihung, ist dieser Platz besetzt?

—Oui, elle est prise.
[wie, äl ä pris.]
Ja, er ist besetzt (ist genommen).

Das Partizip Perfekt als Adjektiv
Das Partizip Perfekt *pris* wird hier als Adjektiv gebraucht; deshalb muß es die weibliche Form haben, um mit *la place* übereinzustimmen.

—Est-il permis de fumer?
[ä-til pär-mi d fü-meh?]
Ist es erlaubt zu rauchen?

—Non, c'est defendu.
[nohŋ, ssä deh-foŋ-dü.
Nein, es ist untersagt.

Regardez. C'est écrit là.
re-gar-deh. ssä teh-kri la.]
Sehen Sie. Es steht (ist) dort geschrieben.

Et au wagon-restaurant:
[eh o wa-gohŋ-räss-to-roŋ:]
Und im Speisewagen:

Premier service – Le dîner est servi.
[prem-jeh ssär-wiss – le di-neh ä ssär-wi.]
Erster Service – Das Abendessen ist serviert.

Das Passiv
Das Partizip Perfekt kann mit *être* („sein") gebraucht werden, um das Passiv auszudrücken.

Diese Plätze sind reserviert – *Ces places sont réservées.*

—Est-ce que le service est compris?
[ess-ke le ssär-wiss ä kohŋ-pri?]
Ist die Bedienung mit inbegriffen?

A la campagne on voit souvent:
[a la koŋ-panj ohŋ woa ssu-woŋ:]
Auf dem Land sieht man oft:

CHASSE GARDÉE – PECHE RÉSERVÉE
[schass gar-deh – päsch reh-sär-weh]
JAGD GESCHÜTZT – FISCHFANG VORBEHALTEN

ACCES INTERDIT
[ak-ssä äŋ-tär-di]
ZUTRITT VERBOTEN

le participe passé employé au passif:
[le par-ti-ssip pa-sseh oŋ-ploa-jeh o pa-ssif:]
Das Partizip Perfekt gebraucht im Passiv:

Le français est parlé en France, en Suisse et en Belgique.
[le froŋ-ssä ä par-leh oŋ frooŋss, oŋ ssüiss eh oŋ bäl-shik.]
Französisch wird in Frankreich, der Schweiz und in Belgien gesprochen.

Das Passiv oder *on*
Im täglichen Französisch ist die Tendenz vorhanden, das Passiv zu vermeiden, indem man das unpersönliche *on* benutzt. „Französisch wird auf

Haiti gesprochen" kann ebenso wiedergegeben werden durch *on parle français en Haiti* wie durch *le français est parlé en Haiti*.

Il est parlé aussi au Canada
[il ä par-leh o-ssi o ka-na-da]
Es wird auch in Kanada gesprochen

et dans divers pays d'Afrique et d'Asie.
[eh doŋ di-währ peh-i daf-rik eh da-si.]
und in verschiedenen Ländern von Afrika und Asien.

Il est employé aux Nations Unies.
[il ä toŋ-ploa-jeh o nass-johŋ süni.]
Es wird gebraucht in den Vereinten Nationen.

Il est édudié dans le monde entier,
[il ä teh-tüd-jeh doŋ le mohŋd oŋ-tjeh,]
Es wird in der ganzen Welt studiert,

parce que la littérature, l'histoire et la culture françaises
[par-sse ke la li-teh-ra-tür, liss-toahr eh la kül-tür froŋ-ssäs]
weil die französiche Literatur, die Geschichte und die Kultur

sont tellement appréciées.
[ssohŋ täl-moŋ a-prehss-jeh.]
so sehr geschätzt wird.

Eine Erinnerung
Beachten Sie, daß *appréciées* femininum Plural ist, weil es sich auf drei weibliche Wörter bezieht. Aber wenn eines der Wörter männlich wäre, hätte das Adjektiv ebenfalls die männliche Form.

***Les écriteaux* (Schilder)**
Step 18 hat sich mit Partizipien befaßt, die Sie unter Umständen auf Schildern finden – genauso wie andere Anwendungsmöglichkeiten von dieser Form des Verbs. Dennoch, da nicht unbedingt auf allen Schildern das Partizip Perfekt benutzt wird, sind im folgenden einige Ausdrücke genannt, deren Bedeutung Sie kennen sollten:

défense d'afficher – Plakatanschlagen verboten
défense d'entrer – Zutritt verboten
renseitgnements – Auskunft
attention – Achtung!
sens unique – Einbahnstraße
passage à niveau – Bahnübergang
ralentissez – Fahren Sie langsamer
carrefour dangereux – gefährliche Kreuzung
passage pour piétons – Fußgängerüberweg
voie sans issue – Sackgasse
dames – Damen
hommes – Herren
lavabos – Toiletten/Waschräume

TESTEN SIE IHR FRANZÖSISCH

Finden Sie die sich entsprechenden Schilder-Texte. Rechnen Sie sich 10 Punkte für jede korrekte Zuordnung an. Die Auflösung finden Sie unten.

1. Fermé le Dimanche	A Herabgesetzte Preise
2. Ouvert jusqu'a 22 heures	B Wegen Reparaturen geschlossen
3. Sens unique	C Empfohlen für Erwachsene
4. Fermé pour réparations	D Reservierter Platz
5. Rue barrée	E Verlorene Gegenstände
6. Stationnement autorisé	F Sonntags geschlossen
7. Prix réduits	G Straße gesperrt
8. Place reservée	H Geöffnet bis 22 Uhr
9. Objets perdus	I Parken erlaubt
10. Recommandé aux adults	J Einbahnstraße

Auflösung: 1–F; 2–H; 3–J; 4–B; 5–G; 6–I; 7–A; 8–D; 9–E; 10–C

Ergebnis: _____ %

step 19 DAS PERFEKT MIT *AVOIR*

Le participe passé est employé
[le par-ti-ssip pa-sseh ä toŋ-ploa-jeh]
Das Partizip Perfekt wird verwendet,

pour former le passé des verbes.
[pur for-meh le pa-sseh deh wärb.]
um die Vergangenheit der Verben zu bilden.

Voici comment on fait le passé avec *avoir:*
[woa-ssi ko-moŋ tohŋ fä le pa-sseh awäk a-woahr:]
Hier ist, wie man die Vergangenheit mit *avoir* („haben“) bildet:

On prend le présent d'*avoir*
[ohŋ proŋ le preh-soŋ da-woahr]
Man nimmt das Präsens von *avoir*

et on le met devant le participe passé.
[eh ohŋ le mä de-woŋ le par-ti-ssip pa-sseh.]
und man stellt es vor das Partizip Perfekt.

Et voilà!
[eh woa-la!]
Und da ist es!

Vous avez le passé.
[wu sa-weh le pa-sseh.]
Sie haben die Vergangenheit.

Benutzen Sie das Partizip Perfekt
Eine der Hauptverwendungsarten des Partizip Perfekt, das Sie gerade in Step 18 kennengelernt haben, ist es, die Vergangenheit anderer Verben zu bilden. Dies wird gemacht, indem man das Partizip Perfekt bei einigen Verben mit dem Prä-

sens von *avoir* und bei anderen mit dem Präsens von *être* verbindet. In Step 19 werden wir die Verben behandeln, die die Vergangenheit mit *avoir* bilden und in Step 20 diejenigen, die sie mit *être* bilden. Hier ist das Perfekt von *trouver*, ein regelmäßiges Verb der 1. Konjugation:

j'ai trouvé – ich habe gefunden
tu as trouvé – du hast gefunden
il (elle) a trouvé – er (sie) hat gefunden
nous avons trouvé – wir haben gefunden
vous avez trouvé – ihr/ Sie (Höflichk.) haben gefunden
ils (elles) ont trouvé – sie haben gefunden

Im Französischen heißt das Perfekt *le passé composé*.

Voilà des exemples du passé avec *j'ai:*
[woa-la deh säg-sooŋple dü pa-sseh awäk sheh:]
Hier sind Beispiele für die Vergangenheit mit *j'ai:*

Hier, j'ai visité le Musée des Beaux-Arts.
[jähr sheh wi-si-teh le mü-seh deh bo-sahr.]
Gestern habe ich das Museum der Schönen Künste besucht.

J'ai regardé les statues et les tableaux.
[sheh re-gar-deh leh sta-tü eh leh tab-lo.]
Ich habe die Statuen und die Gemälde betrachtet.

J'ai parlé longtemps avec le guide.
[sheh par-leh lohŋ-toŋ awäk le gid.]
Ich habe lange mit dem Führer gesprochen.

J'ai écouté ses explications avec intérêt.
[sheh eh-ku-teh sseh säkss-pli-kass-johŋ awäk äŋ-teh-rä.]
Ich habe seinen Erklärungen mit Interesse zugehört.

Je l'ai remercié
[sheh leh re-märss-jeh]
Ich habe ihm gedankt

et je lui ai donné un bon pourboire.
[eh sheh lüi do-neh öŋ bohŋ pur-boahr.]
und ich habe ihm ein gutes Trinkgeld gegeben.

Le passé avec *il a, elle a, on a:*
[le pa-sseh awäk il a, el a, ohŋ a:]
Die Vergangenheit mit *il a, elle a, on a:*

—Est-ce que quelqu'un a téléphoné?
[ess-ke käl-köŋ a teh-leh-fo-neh?]
Hat jemand angerufen?

—Oui, Mme Albert a appelé.
[wie, ma-dam al-bär a a-pe-leh.]
Ja, Frau Albert hat angerufen.

—A-t-elle laissé un message?
[a-täl lä-sseh öŋ mä-ssahsh?]
Hat sie eine Nachricht hinterlassen ?

—Non, elle n'a pas laissé de message.
[nohŋ, äl na pa lä-sseh d mä-ssahsh.]
Nein, sie hat keine Nachricht hinterlassen.

***L'apostrophe* – der Apostroph**
Wenn die Vergangenheit verneint ist, wird *avoir* von *ne ... pas* umschlossen, und das *-e* von *ne* fällt vor dem *a-* von *avoir* weg, da zwei Vokale aufeinandertreffen. Hier ist die verneinte Vergangenheit des Verbes *parler*, ein Verb der ersten Konjugation:

je n'ai pas parlé
tu n'as pas parlé
il (elle) n'a pas parlé
nous n'avons pas parlé
vous n'avez pas parlé
ils (elles) n'ont pas parlé

—Est-ce qu'on a commencé?
[ess kohŋ a ko-moŋ-sseh?]
Haben sie (hat man) angefangen?

—Oui, on a déjà fermé les portes.
[wie, ohŋ na deh-sha fär-meh leh port.]
Ja, sie haben (man hat) schon die Türen geschlossen.

Le passé avec *nous avons:*
[le pa-sseh awäk nous avons:]
Die Vergangenheit mit *nous avons:*

Nous avons cherché un appartement partout.
[nu sa-wohŋ schär-scheh öŋ na-part-moŋ par-tu.]
Wir haben überall eine Wohnung gesucht.

Nous en avons parlé à beaucoup de gens.
[nu soŋ na-wohŋ par-leh a bo-ku d shoŋ.]
Wir haben darüber mit vielen Leuten gesprochen.

Mais nous n'avons rien trouvé.
[mä nu na-wohŋ rejäŋ tru-weh.]
Aber wir haben nichts gefunden.

Hier nous avons placé une annonce dans le journal.
[jähr nu sa-wohŋ pla-sseh ün a-nohŋss doŋ le shur-nal.]
Gestern haben wir eine Anzeige in die Zeitung gesetzt.

Le passé avec *vous avez:*
[le pa-sseh awäk wu sa-weh:]
Die Vergangenheit mit *vous avez:*

Avez-vous passé un bon été?
[a-weh-wu pa-sseh öŋ bohŋ eh-teh?]
Haben Sie einen guten Sommer verbracht?

On m'a dit que vous avez beaucoup voyagé.
[ohŋ ma di ke wu sa-weh bo-ku woa-ja sheh.]
Man hat mir gesagt, daß Sie viel gereist sind.

Quel pays avez-vous aimé le mieux?
[käl peh-i a-weh-wu sa-meh le mjö?]
Welches Land haben Sie am liebsten gemocht?

Le passé avec *ils ont* ou *elles ont:*
[le pa-sseh aväk il sohŋ u el sohŋ:]
Die Vergangenheit mit *ils ont* oder *elles ont:*

Les Bernard ont été invités chez nous pour samedi.
[leh bär-nar ohŋ teh-teh äŋ-wi-teh scheh nu pur ssam-di.]
Die Bernards sind für Samstag zu uns eingeladen worden.

Mais ils n'ont pas accepté.
[mä sil nohŋ pa sak-ssäp-teh.]
Aber sie haben nicht angenommen.

J'espère qu'ils n'ont pas oublié.
[shäss-pär kil nohŋ pa sub-li-eh.]
Ich hoffe, daß sie (es) nicht vergessen haben.

Voilà quelques examples avec des
[woa-la käl-ke säg-sooŋple awäk deh]
Hier sind einige Beispiele mit

participes passés finissant en *-i, -s* et *-t:*
[par-ti-ssip pa-sseh fi-ni-ssoŋ oŋ -i, -s, eh -t:]
Partizipien Perfekt, die auf *-i, -s* und *-t* enden:

Das Partizip Perfekt
mit der Endung *-i, -s* oder *-t*

Die Beispiele für das Partizip Perfekt, die wir bis jetzt gegeben haben, waren Verben, die das Partizip Perfekt mit *-é* bilden, was bei der Mehrzahl der französischen Verben der Fall ist. Sie gehören zur ersten Konjugation (mit der Infinitivendung auf *-er*). Unter den anderen Konjugationen ist das Partizip Perfekt der gebräuchlichsten Verben häufig unregelmäßig, so daß es besser ist, sie einzeln, durch die Anwendung, zu lernen. Im allgemeinen enden die Partizipien Perfekt der zweiten Konjugation (*-ir*) auf *-i*, und die der dritten Konjugation (*-re* oder *-oir*) auf *-u*.

—Avez-vous fini de lire la lettre d'Hélène?
[a-weh-wu fi-ni d lihr la lätre deh-län?]
Haben Sie den Brief von Hélène zu Ende gelesen?

Qu'est-ce qu'elle vous a dit?
[kess käl wu sa di?]
Was hat sie Ihnen gesagt?

—Elle a dit
[äl a di]
Sie hat gesagt,

qu'elle a pris une décision importante.
[käl a pri ün deh-ssis-johŋ äŋ-por-toŋt.]
daß sie eine wichtige Entscheidung getroffen hat.

Elle et son amie Marthe
[äl eh ssohŋ na-mi mart]
Sie und ihre Freundin Marthe

ont ouvert une boutique.
[ohŋ tu-wär ün bu-tik.]
haben einen Laden eröffnet.

—Quand ont-elles fait cela?
[koŋ ohŋ-täl fä sse-la?]
Wann haben sie das gemacht?

—Il y a deux semaines.
[ilja döh sse-män.]
Vor zwei Wochen.

Vor
Il y a bedeutet auch „vor" (im zeitlichen Sinne):

il y a dix minutes – vor zehn Minuten
il y a dix ans – vor zehn Jahren
il y a longtemps – vor langer Zeit

Elle a dit
[äl a di]
Sie hat gesagt,

qu'elle a écrit des invitations
[käl a eh-kri deh säŋ-wi-tass-johŋ]
daß sie Einladungen geschrieben hat

à tout le monde – et à vous aussi.
[a tul mohŋd – eh a wu so-ssi.]
an jedermann – und auch an Sie.

Sans doute avez vous mis l'invitation de côté sans la lire.
[ssoŋ dut sa-weh wu mi läŋ-wi-tass-johŋ d ko-teh ssoŋ la lihr.]
Zweifellos haben Sie die Einladung beiseite gelegt, ohne sie zu lesen.

Des participes passés finissant en *–u*:
[deh par-ti-ssip pa-sseh fi-ni-ssoŋ toŋ-nü:]
Partizipien Perfekt, die auf *-u* enden:

Excusez-nous!
[äkss-kü-seh-nu!]
Entschuldigen Sie uns!

Nous n'avons pas pu venir plus tôt.
[nu na-wohŋ pa pü we-nihr plü to.]
Wir haben nicht früher kommen können.

J'ai dû attendre ma femme.
[sheh dü a-tooŋdre ma fam.]
Ich habe auf meine Frau warten müssen.
(*dû* ist das Partizip Perfekt von *devoir*)

Il lui a fallu une heure
[il lüi a fa-lü ün öhr]
Sie hat eine Stunde gebraucht,

pour s'habiller.
[pur ssa-bi-jeh.]
um sich anzukleiden.

„nötig sein" = „brauchen"
Fallu ist das Partizip Perfekt von *falloir* – „nötig sein". Wenn es mit einem indirekten Objektpronomen benutzt wird, bedeutet es „brauchen".

Il me faut de l'argent – Ich brauche Geld.

Avez-vous lu l'article sur Henri Lamoureux?
[a-weh-wu lü lar-tikle ssür oŋ-ri la-mu-rö?]
Haben Sie den Artikel über Henri Lamoureux gelesen?

Je l'ai vu dans le journal de ce matin.
[sheh leh wü doŋ le shur-nal d sse ma-täŋ.]
Ich habe ihn in der heutigen Morgenzeitung gesehen.

Mais je ne l'ai pas encore lu.
[mä she ne leh pa soŋ-kohr lü.]
Aber ich habe ihn noch nicht gelesen.

J'ai entendu parler de lui.
[sheh oŋ-toŋ-dü par-leh d lüi.]
Ich habe von ihm sprechen hören.

J'en ai entendu parler

entendre dire – hören (daß, etwas gesagt wird)
entendre parler – hören (daß über etwas gesprochen wird)
J'ai entendu parler d'elle – ich habe von ihr gehört
J'ai entendu dire que… – ich habe gehört, daß gesagt wird, daß…
J'en ai entendu parler – ich habe davon gehört

Pensez donc!
[poŋ-sseh dohŋk!]
Denken Sie nur!

On dit qu'il a eu cinq femmes.
[ohŋ di kil a ü ssäŋk fam.]
Man sagt, daß er fünf Ehefrauen gehabt hat.
(*eu* ist das Partizip Perfekt von *avoir*)

Stellen Sie sich vor!

„Sich etwas vorstellen" wird übersetzt mit *se figurer* oder mit *s'imaginer.*

Formidable! On peut dire
[for-mi-dable! ohŋ pö dihr]
Phantastisch! Man kann sagen,

qu'il a beaucoup vécu, n'est-ce pas?
[kil a bo-ku weh-kü, ness pa?]
daß er viel gelebt hat, nicht wahr?

Le verbe *avoir* lui-même
[le wärb a-woahr lüi-mähm]
Das Verb *avoir* selbst

forme le passé avec *avoir*.
[form le pa-sseh awäk a-woahr.]
bildet die Vergangenheit mit *avoir.*

***Soi-même* – „sich selbst"**
Même bedeutet „gleich" und außerdem „selbst", wenn es mit den gesonderten Pronomen wie folgt verbunden wird:

moi-même – ich selbst
toi-même – du selbst
lui-même – er selbst
elle-même -sie selbst
soi-même -sich selbst, selbst
nous-mêmes – wir selbst
vous-même – Sie (Höflichk.) selbst
vous-mêmes – ihr selbst
eux-mêmes – sie selbst (mask.)
elles-mêmes – sie selbst (fem.)

Hier j'ai eu un entretien avec le directeur.
[jähr, sheh ü öŋ noŋ-tre-tjäŋ awäk le di-räk-töhr.]
Gestern habe ich eine Unterhaltung mit dem Direktor gehabt.

Vraiment?
[wrä-moŋ?]
Wirklich?

Vous avez eu de la chance.
[wu sa-weh sü d la schooŋss.]
Sie haben Glück gehabt.

Même le verbe *être*
[mähm le wärb ätre]
Sogar das Verb *être* („sein")

forme le passé avec *avoir*.
[form le pa-sseh awäk a-woahr.]
bildet die Vergangenheit mit *avoir.*

Avez-vous été à Marseille?
[a-weh-wu seh-teh a mar-ssäy?]
Sind Sie in Marseille gewesen?

Oui, j'y ai été au mois de mai.
[wie, shi eh eh-teh o moa d mä.]
Ja, ich bin dort im Monat Mai gewesen.

Avez-vous été chez Antoine?
[a-weh-wu seh-teh scheh soŋ-twan?]
Sind Sie bei Antoine gewesen?

Oui. Il a été très étonné
[wie. il a eh-teh trä seh-to-neh]
Ja. Er ist sehr erstaunt gewesen,

de me voir.
[d moa woahr.]
mich zu sehen.

BEISPIELUNTERHALTUNG: WAS IM BÜRO GESCHAH

LA SECRÉTAIRE:
[la sse-kreh-tähr:]
DIE SEKRETÄRIN:

Bonjour, Monsier le Directeur.
[bohŋ-shur, miss-jö le di-räk-töhr.]
Guten Morgen, Herr Direktor.

Avez-vous fait bon voyage?
[a-weh-wu fä bohŋ woa-jahsh?]
Haben Sie eine gute Reise gehabt?

LE PATRON:
[le pa-trohŋ:]
DER ARBEITGEBER:

Assez bon. Merci.
[a-sseh bohŋ. mär-ssi.]
Ziemlich gut. Danke.

Dites-moi,
[dit moa,]
Sagen Sie mir,

est-ce qu'il y a eu quelque chose de nouveau?
[ess kil ja ü käl-ke schohs d nu-wo?]
hat es etwas Neues gegeben?

LA SECRÉTAIRE:

M. Gautier a vendu six voitures
[miss-jö got-jeh a woŋ-dü ssiess woa-tühr]
Herr Gautier hat sechs Autos verkauft

pendant votre voyage.
[poŋ-doŋ wotre woa-jahsh.]
während Ihrer Reise.

LE PATRON:

Très bien.
[trä bjäŋ.]
Sehr gut.

Et les autres vendeurs,
[eh leh sohtre woŋ-döhr,]
Und die anderen Verkäufer,

qu'est-ce qu'ils ont fait?
[kess kil sohŋ fä?]
was haben sie gemacht?

LA SECRÉTAIRE:

Ils ont vendu quatre des nos nouveaux modèles,
[il sohŋ woŋ-dü katre d no nu-wo mo-däl,]
Sie haben vier von unseren neuen Modellen verkauft,

deux camions, sept camionettes
[döh kam-johŋ, sset kam-jo-nät]
zwei Lastwagen, sieben Lieferwagen

et dix motocyclettes.
[eh diss mo-to-ssi-klät.]
und zehn Motorräder.

LE PATRON:

Qui a fait les dépôts en banque?
[ki a fä leh deh-po oŋ booŋk?]
Wer hat die Bank-Hinterlegungen gemacht?

LA SECRÉTAIRE:

Moi-même.
[moa-mähm.]
Ich selbst.

Je les ai portés tous les jours avant midi.
[she leh seh por-teh tu leh shuhr a-woŋ mi-di.]
Ich habe sie jeden Tag vor Mittag hingebracht.

LE PATRON:

Eh bien, je vois qu'on n'a pas perdu de temps
[eh bjäŋ, she woa kohŋ na pa pär-dü d toŋ]
Gut, ich sehe, daß keine Zeit verloren worden ist

pendant mon absence.
[poŋ-doŋ mohŋ nap-ssooŋss.]
während meiner Abwesenheit.

LA SECRÉTAIRE:

Je crois bien.
[she kroa bjäŋ.]
Ich glaube auch.

Tous les soirs, j'ai dû rester
[tu leh ssoahr, sheh dü räss-teh]
Jeden Abend habe ich bleiben müssen,

pour terminer le courrier.
[pur tär-mi-neh le kur-jeh.]
um die Post zu erledigen.

LE PATRON:

Et Michèle, est-ce qu'elle vous a été utile?
[eh mi-schäl, ess käl wu sa eh-teh ü-til?]
Und Michèle, ist sie Ihnen nützlich gewesen?

LA SECRÉTAIRE:

Elle a été absente pendant trois jours
[äl a eh-teh ap-ssoŋt poŋ-doŋ troa shuhr]
Sie ist drei Tage (während drei Tagen) abwesend gewesen,

à cause d'un rhume, rien de grave.
[a kohs dün rüm, rejäŋ d grahw.]
wegen eines Katarrhs, nichts Ernstes.

LE PATRON:

Et la nouvelle réceptionniste
[eh la nu-wäl reh-ssäpss-jo-nist]
Und die neue Empfangsdame,

a-t-elle bien travaillé?
[a-täl bjäŋ tra-wa-jeh?]
hat sie gut gearbeitet?

LA SECRÉTAIRE:

Eh bien, à vrai dire,
[eh bjäŋ, a wrä dihr,]
Nun gut, offen gestanden,

elle n'a pas fait grand-chose.
[äl na pa fä groŋ-schohs.]
sie hat nicht viel gemacht.

Das wegfallende -e
Bei einigen Wörtern fällt das -*e* der weiblichen Adjektiv-Endung weg. Beachten Sie dies im Fall von:

grand-chose – viel (genauso bei „nicht viel")
grand-mère – Großmutter

Elle a passé la plus grande partie de son temps
[äl a pa-sseh la plü groŋd par-ti d ssohŋ toŋ]
Sie hat den größten Teil ihrer Zeit damit verbracht,

à bavarder au téléphone.
[a ba-war-deh o teh-leh-fon.]
am Telefon zu schwatzen.

LE PATRON:

Tiens! A propos de téléphone
[tjäŋ! a pro-po d teh-leh-fon]
Sieh da! À propos des Telefons,

y a-t-il eu des messages pour moi?
[ja-til ü deh mä-ssahsh pur moa?]
hat es Nachrichten für mich gegeben?

Die Endung -*age*
Es gibt einige Wörter im Deutschen, die auf -*age* enden und aus dem Französischen übernommen worden sind. Sie erinnern auch teilweise noch in

der Aussprache an ihre Herkunft aus dem Französischen. Es seien erwähnt:

le passage – Passage (als Schiffspassage oder als Einkaufspassage)
le courage – Courage (Mut)
le massage – Massage
le garage – Garage
le manège (im franz. „Reitbahn“) – Manege (Zirkusmanege)

LA SECRÉTAIRE:

Oui, et nous avons gardé une liste
[wie, eh nu sa-woŋ gar-deh ün list]
Ja, und wir haben eine Liste aufbewahrt

des appels téléphoniques.
[deh sa-päl teh-leh-fo-nik.]
der Telefonanrufe.

Une dame, Mademoiselle Renée Latour,
[ün dam, mad-moa-säl re-neh la-tur,]
Eine Dame, Fräulein Renée Latour,

vous a appelé plusiers fois.
[wu sa ap-leh plüs-jöhr foa.]
hat Sie mehrere Male angerufen.

Elle n'a pas voulu laissé son numéro.
[äl na pa wu-lü lä-sseh ssohŋ nü-meh-ro.]
Sie hat ihre Nummer nicht hinterlassen wollen.

LE PATRON:

Voyons... Ah oui, je crois
[woa-johŋ· ah wie, she kroa]
Mal sehen... Ah ja, ich glaube,

que je sais qui c'est.
[ke she ssä ki ssä.]
daß ich weiß, wer es ist.

Où avez-vous mis mes messages?
[u a-weh-wu mi meh mä-ssahsh?]
Wo haben Sie meine Nachrichten hingelegt?

LA SECRÉTAIRE:

Dans le tiroir de votre bureau.
[doŋ le ti-roahr d wotre bü-ro.]
In die Schublade Ihres Schreibtisches.

Bureau
Bureau kann sowohl „Büro“ als auch „Schreibtisch“ heißen!

Je l'ai fermé à clé.
[she leh fär-meh a kleh.]
Ich habe sie abgeschlossen.

Voilà la clé.
[woa-la la kleh.]
Hier ist der Schlüssel.

Abschließen
Fermer heißt „schließen“. Wenn sie „abschließen“ sagen wollen, heißt es *fermer à clé* – „schließen mit einem Schlüssel“.

LE PATRON:

Mes compliments, mademoiselle,
[meh kohŋ-pli-moŋ, mad-moa-säl,]
Mein Kompliment, Fräulein,

vous avez été discrète.
[wu sa-weh seh-teh diss-krät.]
Sie sind taktvoll gewesen.

A propos,
[a pro-po,]
Übrigens,

j'ai décidé
[sheh deh-ssi-deh]
ich habe beschlossen,

de vous donner cette augmentation
[d wu do-neh ssät og-moŋ-tass-johŋ]
Ihnen diese Zulage zu geben,

dont nous avons déjà parlé.
[dohŋ nu sa-wohŋ deh-sha par-leh.]
von der wir schon gesprochen haben.

Dont

Dont ist ein weiteres der bekannten kurzen Wörter im Französischen, die so viel bedeuten können. *Dont* ist gleichbedeutend mit „von dem", „von der", „an der", „dessen", „deren", „davon", „wovon", je nach dem Zusammenhang.

LA SECRÉTAIRE:

Je vous remercie,
[she wu re-mär-ssi,]
Ich danke Ihnen,

Monsieur le Directeur.
[miss-jö le di-räk-töhr.]
Herr Direktor.

TESTEN SIE IHR FRANZÖSISCH

Übersetzen Sie diese Sätze ins Französische. Benutzen Sie dabei das Perfekt mit *avoir*. Rechnen Sie sich 10 Punkte für jede richtige Übersetzung an. Die Auflösung finden Sie unten.

1. Gestern habe ich das Museum besucht. ______________________
2. Ich habe die Gemälde betrachtet. ______________________
3. Hat jemand angerufen? ______________________
4. Renée hat angerufen. ______________________
5. Hat sie eine Nachricht hinterlassen? ______________________
6. Haben Sie eine gute Reise gehabt? ______________________
7. Welche Stadt haben Sie am liebsten gemocht? ______________________
8. Sie haben nicht vergessen. ______________________
9. Was hat Sie Ihnen gesagt? ______________________
10. Wir haben nicht früher kommen können. ______________________

Auflösung: 1. Hier, j'ai visité le musée. 2. J'ai regardé les tableaux. 3. Est-ce que quelqu'un a téléphoné? 4. Renée a appelé. 5. A-t-elle laissé un message? 6. Avez-vous fait bon voyage? 7.Quelle ville avez-vous aimée le mieux? 8. Ils n'ont pas oublié. 9. Qu'est-ce qu'elle vous a dit? 10. Nous n'avons pas pu venir plus tôt.

Ergebnis: _____ %

step 20 DIE VERGANGENHEIT MIT *ETRE*

Certains verbes forment leur passé avec *être*,
[ssär-täŋ wärb form lör pa-sseh awäk ätre,]
Gewisse Verben bilden ihre Vergangenheit mit *être* (sein),

Des verbes comme *aller, venir, entrer, sortir*,
[deh wärb kom a-leh, we-nihr, oŋ-treh, ssor-tihr,]
Verben wie „gehen“, „kommen“, „eintreten“, „ausgehen“,

arriver, partir, monter, descendre, rester, etc.
[a-ri-weh, par-tihr, mohŋ-teh, deh-ssooŋdre, räss-teh, eh-sseh-teh-ra.]
„ankommen“, „weggehen“, „steigen“, „heruntergehen“, „bleiben“ usw.

Gehen, kommen, bleiben
Zu einer wichtigen Gruppe von Verben, die die Vergangenheit mit *être* bilden, gehören diejenigen der Bewegung, zu denen auch Verben gehören, die „gehen nach“, „ankommen“, „weggehen“ und „bleiben“ ausdrücken.

Nous sommes arrivés en retard
[nu ssom sa-ri-weh oŋ re-tahr]
Wir sind zu spät angekommen

à cause d'un embouteillage.
[a kohs döŋ noŋ-bu-tä-jahsh.]
wegen einer Verkehrsstockung.

Verkehr
Das Wort für „Verkehrsstockung“ ist *embouteillage.* Dieses Wort drückt „das Abfüllen in eine Flasche“ *(bouteille)* mit der Folge aus, daß es am Hals eine Verstopfung gibt – eine gute Versinnbildlichung für Verkehrsstockung. Das reguläre Wort für Verkehr ist *circulation.*

Nous sommes partis de chez nous très en avance.
[nu ssom par-ti d scheh nu trä soŋ na-wooŋss.]
Wir sind sehr frühzeitig von zu Hause weggegangen.

Nous sommes montés dans un taxi, Place de l'Opéra,
[nu ssom mohŋ-teh doŋ söŋ tak-ssi, plass d lo-peh-ra,]
Wir sind in ein Taxi gestiegen, (am) Place de l'Opéra (Opernplatz),

et le taxi est allé jusqu'à la Place Vêndome,
[eh le tak-ssi ä ta-leh shüss-ka la plass woŋ-dom,]
und das Taxi ist bis zum Place Vêndome gefahren,

mais il y est resté une demi-heure sans bouger…
[mä sil i jä räss-teh ün de-mi-öhr soŋ bu-she…]
aber dort ist es eine halbe Stunde geblieben ohne sich zu rühren…

alors nous sommes descendus du taxi,
[a-lohr nu ssom deh-ssoŋ-dü dü tak-ssi,]
dann sind wir aus dem Taxi gestiegen,

et nous sommes venus par le métro!
[eh nu ssom we-nü par le meh-tro!]
und wir sind mit der U-Bahn gekommen!

Übereinstimmung mit dem Subjekt
Verben, die die Vergangenheit mit *être* bilden, stimmen mit dem Subjekt in Zahl und Geschlecht überein. Deshalb hat *nous sommes venus* auch ein *-s* als Partizip-Perfekt-Endung. Wenn die Leute, die gekommen sind, ausschließlich weiblich gewesen wären, hätte es *nous sommes venues* geheißen.

Tous les verbes réfléchis comme
[tu leh wärb reh-fleh-schi kom]
Alle reflexiven Verben wie

se lever, se laver, s'habiller, s'amuser, etc.,
[sse le-weh, sse la-weh, ssa-bi-jeh, ssa-mü-seh, eh-sseh-teh-ra,]
„aufstehen", „sich waschen", „sich anziehen", „ Spaß haben", usw.,

forment aussi leur passé avec *être*.
[form o-ssi lör pa-sseh awäk ätre.]
bilden auch ihre Vergangenheit mit *être* („sein").

Ankommen und Verlassen
Es gibt zwei weitere Verben, die die Vergangenheit mit *être* bilden: *naître* – „geboren werden", und *mourir* – „sterben", die – in gewisser Weise –, ebenfalls das Ankommen und das Verlassen eines Platzes ausdrücken. Hier ist ein Beispiel mit diesen beiden Verben:

> *Napoléon est né en Corse et il est mort à Sainte-Hélène à l'âge de 52 ans.* – Napoleon ist auf Korsika geboren worden und er ist auf St. Helena im Alter von 52 Jahren gestorben.

Ce matin, je me suis levé de bonne heure.
[sse ma-täŋ, she me sswi le-weh d bon öhr.]
Heute morgen bin ich früh aufgestanden.

Je me suis habillé en vitesse.
[she me sswi sa-bi-jeh oŋ wi-täss.]
Ich habe mich schnell angezogen.

Je me suis dit:
[she me sswi di:]
Ich habe mir selbst gesagt:

Pour une fois je ne serai pas en retard.
[pur ün foa, she ne sse-reh pa soŋ re-tahr.]
einmal werde ich nicht zu spät sein.

Et je me suis dépêché
[eh she me sswi deh-pä-scheh]
Und ich habe mich beeilt,

pour partir à l'heure.
[pur par-tihr a löhr.]
um rechtzeitig wegzugehen.

Au moment où je me suis assis
[o mo-moŋ tu she me sswi sa-ssi]
In dem Augenblick, in dem ich mich setzte,

pour prendre mon petit déjeuner,
[pur prooŋdre mohŋ pe-ti deh-shö-neh,]
um mein Frühstück einzunehmen,

Marie s'est coupée en coupant le pain.
[ma-ri ssä ku-peh oŋ ku-poŋ le päŋ.]
hat sich Marie beim Brotschneiden geschnitten.

En la soignant, je me suis mis en retard.
[oŋ la ssoan-joŋ, she me sswi mi soŋ re-tahr.]
Durch das Behandeln habe ich mich verspätet.

En

Beachten Sie, daß *en* – sicherlich eines der wichtigsten Wörter im Französischen – verschiedene Bedeutungen haben kann:

En le soignant – *en* mit Partizip Präsens – durch, indem
En retard – (zu) spät („in Verspätung")
En avance – früh („im Vorsprung")
Il ne s'en est pas aperçu – er hat nichts davon gemerkt (*en* steht für „davon")

En kann auch einigen Verben eine besondere Bedeutung geben:

s'en aller – weggehen
s'en faire – sich beunruhigen
en vouloir à – auf jemanden böse oder ärgerlich sein

Heureusement, quand je suis arrivé au bureau,
[ö-rös-moŋ, koŋ she sswi sa-ri-weh o bü-ro,]
Glücklicherweise, als ich im Büro angommen bin,

le patron ne s'en est pas aperçu.
[le pa-trohŋ ne ssoŋ nä pa sa-pär-ssü.]
hat der Chef es nicht gemerkt.

Reflexive Verben in der Vergangenheit
Alle reflexiven Verben werden mit dem Präsens von *être* konjugiert, wenn sie die Vergangenheit bilden. Zu den reflexiven Verben gehören auch diejenigen, die etwas wechselseitiges ausdrücken, wie zum Beispiel:
se voir – „sich sehen", *s'entendre* – „sich verstehen", und *se parler* – „sich sprechen".

Nous nous sommes vus hier. – Wir haben uns gestern gesehen.

Le participe passé avec *être*
[le par-ti-ssip pa-sseh awäk ätre]
Das Partizip Perfekt mit *être* („sein")

s'accorde avec le sujet:
[sa-kord awäk le ssü-sheh:]
stimmt mit dem Subjekt überein:

Monsieur est sorti.
[miss-jö ä ssor-ti.]
Der Herr ist ausgegangen.

Madame est sortie aussi.
[ma-dam ä ssor-ti o-ssi.]
Die Dame ist auch ausgegangen.

Monsieur – Madame
Die Bezeichnungen *monsieur* und *madame* werden häufig allein gebraucht, ohne den entsprechenden Namen, im Sinne von „der Herr" oder „die Dame" – nicht nur in der direkten Anrede, sondern auch bei der indirekten Auskunft, wenn der Name bereits bekannt ist.

Ils ne sont pas encore revenus.
[il ne ssohŋ pa soŋ-kohr rew-nü.]
Sie sind noch nicht zurückgekommen.

Partizip Perfekt
Wie Sie in Step 18 gesehen haben, stimmt das

Partizip Perfekt, wenn es als Adjektiv gebraucht wird, in Geschlecht und Zahl mit dem Hauptwort, auf das es sich bezieht, überein. Hier, im Falle einer Verb-Konstruktion mit einer Form von *être*, stimmt das Partizip Perfekt mit dem Subjekt überein. Aber wenn Verben ihre Vergangenheit mit *avoir* bilden, hat das Partizip Perfekt nur dann die weibliche Form oder steht im Plural, wenn ein entsprechendes direktes Objekt dem Verb vorausgeht. Beachten Sie dazu die nachstehenden Beispiele.

— Qui a pris la lettre
[ki a pri la lätre]
Wer hat den Brief genommen,

que j ái mise sur la table?
[ke sheh mis ssür la table?]
den ich auf den Tisch gelegt habe?

Erklärung
Hier ist *(la lettre) que* als vorangehendes direktes Objekt Beziehungswort; es muß also *mise* heißen, da *la lettre* weiblich ist (anders als im Deutschen!)

—Personne ne l'a prise.
[pär-sson ne la pris.]
Niemand hat ihn genommen.

—Vous l'avez mise dans votre poche.
[wu la-weh mis doŋ wotre posch.]
Sie haben ihn in Ihre Tasche getan.

—Et les autres lettres,
[eh leh sohtre lätre,]
Und die anderen Briefe,

vous les avez écrites?
[wu leh sa-weh seh-krit?]
haben Sie sie geschrieben?

—Oui, et on les a déjà mises à la poste.
[wie, eh ohŋ leh sa deh-sha mis a la post.]
Ja, und sie sind schon zur Post gebracht worden.

Sie hören es
Im Gespräch werden Sie meistens diese Übereinstimmung des Partizips Perfekt nicht hören, jedoch werden Sie es bei Geschriebenem bemerken. Wenn das Partizip Perfekt aber auf *-s* oder *-t* endet, werden Sie den Unterschied hören.
Die Dinge, die ich gesehen habe – *Les choses que j'ai vues* – (hier hören Sie es nicht von der Aussprache her)
Die Dinge, die ich gesagt habe – *Les choses que j'ai dites* (hier hören Sie es, da das Partizip Perfekt auf *-t* endet).

BEISPIELUNTERHALTUNG: WAS AUF DER PARTY GESCHAH

PIERRE:
[pjähr:]
PIERRE:
Est-ce que tu t'es bien amusé hier soir?
[ess ke tü tä bjäŋ na-mü-seh jähr ssoahr?]
Hast du dich gestern Abend gut unterhalten?

FRANÇOIS:
[froŋ-ssoa:]
FRANÇOIS:
Plus ou moins. Je suis sorti avec Marcelle.
[plü su moäŋ. she sswi sor-ti awäk mar-ssäl.]
Mehr oder weniger. Ich bin mit Marcelle ausgegangen.

PIERRE:
Et qu'est-ce qui est arrivé?
[eh kess ki ä ta-ri-weh?]
Und was ist geschehen?

FRANÇOIS:
Elle s'est fachée avec moi.
[äl ssä fa-scheh awäk moa.]
Sie hat sich über mich geärgert.

PIERRE:
Tiens, pourquoi? Qu'est-ce qui s'est passé?
[tjäŋ, pur-kwa? kess ki ssä pa-sseh?]
Sieh da, warum? Was hat sich ereignet?

FRANÇOIS:
Nous sommes allés chez Léon.
[nu ssom sa-leh scheh leh-ohŋ.]
Wir sind zu Léon gegangen.

On a dansé, chanté et on s'est bien amusé.
[ohŋ na doŋ-sseh, schoŋ-teh eh ohŋ ssä bjäŋ na-mü-seh.]
Wir haben getanzt, gesungen und uns gut unterhalten.

Tout a très bien marché
[tu ta trä bjäŋ mar-scheh]
Alles ist sehr gut gegangen

Ça marche?
Marcher, wörtlich „gehen, schreiten, marschieren, laufen" wird genauso wie *aller* benutzt, um auszudrücken, daß Dinge gut oder nicht gut gehen.

Ça marche – Es geht gut
Ça ne marche pas – Es geht nicht gut

jusqu'à l'arivée de Béatrice.
[shüss-ka la-ri-weh d beh-a-triss.]
bis zu der Ankunft von Béatrice.

Elle m'a fait les yeux doux.
[äl ma fä leh sjö du.]
Sie hat mir schöne Augen gemacht.

Les yeux doux
Umgangssprachliche Redewendungen können immer nur annähernd, aber nicht exakt übersetzt werden. Im Falle von *faire les yeux doux à quelqu'un* – wörtlich „jemandem die süßen Augen machen" deckt sich jedoch der französische Ausdruck fast mit dem entsprechenden deutschen „jemandem schöne Augen machen".

J'ai dansé un peu avec elle.
[sheh doŋ-sseh öŋ pö awäk äl.]
Ich habe ein wenig mit ihr getanzt.

Et nous avons bavardé un moment.
[eh nu sa-wohŋ ba-war-deh öŋ mo-moŋ.]
Und wir haben einen Augenblick geschwatzt.

PIERRE:

Je vois! Et Marcelle s'est mise en colère.
[she woa! eh mar-ssäl ssä mis oŋ ko-lähr.]
Ich sehe! Und Marcelle ist wütend geworden.

FRANÇOIS:

Exactement.
[äg-sak-te-moŋ.]
Genau.

Et elle a voulu rentrer tout de suite.
[eh äl a wu-lü roŋ-treh tud sswit.]
Und sie hat sofort nach Hause zurückkehren wollen.

Je n'ai pas pu la calmer.
[she neh pa pü la kal-meh.]
Ich habe sie nicht zur Ruhe bringen können.

J'ai dû appeler un taxi pour la ramener chez elle.
[sheh dü ap-leh öŋ tak-ssi pur la ram-neh scheh säl.]
Ich mußte ein Taxi rufen, um sie zu sich nach Hause zurückzubringen.

Quand je l'ai quittée,
[koŋ she leh ki-teh,]
Als ich sie verließ,

elle ne m'a dit ni merci ni au revoir.
[äl ne ma di ni mär-ssi ni o-re-woahr.]
hat sie zu mir weder danke noch auf Wiedersehen gesagt.

PIERRE:

Et ce matin, tu lui as parlé?
[eh sse ma-täŋ, tü lüi a par-leh?]
Und heute morgen, hast du mit ihr geredet?

FRANÇOIS:

Bien sûr. Je lui ai téléphoné.
[bjäŋ ssühr. she lüi eh teh-leh-fo-neh.]
Sicher. Ich habe sie angerufen.

J'ai essayé de lui parler.
[sheh eh-ssä-jeh d lüi par-leh.]
Ich habe versucht, mit ihr zu reden.

De mit Infinitiv

Essayer – „versuchen" ist ein weiteres Verb, das mit *de* vor einem folgenden Infinitiv steht.

Essayez de le faire! – Versuchen Sie, es zu tun!

Andere wichtige Verben, die mit *de* vor einem nachfolgenden Infinitiv stehen, sind:

cesser de – aufhören (zu)
se dépêcher de – sich beeilen (zu)
dire de – befehlen (zu)
promettre de – versprechen (zu)
refuser de – sich weigern (zu)
remercier de – danken (für etwas)
finir de – aufhören (etwas zu tun)
permettre de – erlauben (zu)
oublier de – vergessen (zu)
avoir peur de – Angst haben (zu/vor)
venir de faire – soeben etwas getan haben

Mais elle a raccroché
[mä säl a ra-kro-scheh]
Aber sie hat aufgehängt,

dès qu'elle a reconnu ma voix.
[dä käl a re-ko-nü ma woa.]
sowie sie meine Stimme erkannt hat.

Dès que

Dès que bedeutet „sobald" oder „sowie".

PIERRE:

Que veux-tu? Marcelle a toujours été jalouse.
[ke wö-tü? mar-ssäl a tu-shuhr eh-teh sha-lus.]
Was kannst du machen? Marcelle ist immer eifersüchtig gewesen.

Que voulez-vous?

Que veux-tu? oder das formellere *que voulez-vous?* bedeutet wörtlich „Was willst du?", „Was wollen Sie?", aber als spracheigentümlicher Ausdruck bedeutet es „Was kannst du machen?" (höflich „Was können Sie machen?") oder „So ist es nun mal".

Pour avoir la paix,
[pur a-woahr la pä,]
Um Frieden zu haben,

envoie-lui donc des fleurs,
[oŋ-woa-lüi doohŋk deh flöhr,]
schick ihr doch Blumen,

si tu ne l'as pas encore fait.
[ssi tü ne la pa soŋ-kohr fä.]
wenn du es nicht schon gemacht hast.

TESTEN SIE IHR FRANZÖSISCH

Setzen Sie das jeweilige Partizip Perfekt bei den folgenden Konstruktionen mit *être* ein. Rechnen Sie sich 10 Punkte für jede richtige Ergänzung an. Die Auflösung finden Sie unten.

1. Nous sommes __________ en retard. (fem.)
   (angekommen)
2. Nous sommes __________ du taxi. (mask.)
   (ausgestiegen)
3. Nous sommes __________ par le métro. (mask.)
   (gekommen)
4. Je me suis __________ de bonne heure. (mask.)
   (aufgestanden)
5. Je me suis __________ en vitesse. (fem.)
   (angezogen)
6. Je me suis __________ . (mask.)
   (beeilt)
7. Qu'est-ce qui est __________ ?
   (geschehen)
8. Nous sommes __________ chez Léon. (mask.)
   (gegangen)
9. Monsieur Durand est __________ .
   (weggegangen)
10. Madame Albert n'est pas encore __________ .
    (angekommen)

Auflösung: 1. arrivées 2. descendus 3. venus 4. levé 5. habillée
6. dépêché 7. arrivé 8. allés 9. parti 10. arrivée

Ergebnis: _____ %

step 21 DIE ANWENDUNG DER KONDITIONALFORM

On se sert souvent du conditionnel
[ohŋ sse ssär ssu-woŋ dü kohŋ-diss-jo-näl]
Man benutzt das Konditional häufig

dans des invitations et des suggestions.
[doŋ deh säŋ-wi-tass-johŋ eh deh ssüg-shäss-tjohŋ]
bei Einladungen und Vorschlägen.

Voudriez-vous quelque chose à boire?
[wu-dri-jeh-wu käl-ke schohs a boahr?]
„Würden Sie gerne etwas trinken?"

Est-ce que votre femme pourrait se joindre à nous?
[ess-ke wotre fam pu-rä sse shoähŋdre a nu?]
Könnte Ihre Frau sich zu uns gesellen?

Das Konditional (Bedingungsform)
Das Konditional ist keine Zeit, sondern ein Modus (in der Grammatik die Art und Weise, in der Stellung zu dem Mitgeteilten genommen wird). Es entpricht häufig dem deutschen Konjunktiv oder dem deutschen „würde". *Je voudrais* – „Ich würde gerne" oder „ich möchte gerne", das sie als einen speziellen Ausdruck in vorhergehnden Schritten gelernt haben, ist einfach die Bedingungsform von „wollen", die indirekter und damit höflicher ist als das plumpe „ich will". Es ist höflicher, zu sagen „was würden Sie gerne..." als „was wollen Sie...?".
Das Konditional wird auf die gleiche Weise wie das Futur gebildet, jedoch mit anderen Endungen. Betrachten Sie das Konditional Präsens von *parler:*

je parlerais
tu parlerais
il (elle) parlerait
nous parlerions
vous parleriez
ils (elles) parleraient.

Wie Sie sehen, klingen alle Endungen gleich, abgesehen von der 1. und 2. Person Plural, die auf *-ions* und *-iez* enden. Die Verben mit unregelmäßigem Stamm im Futur, die wir in Step 17 untersucht haben, behalten dieselben Stämme im Konditional – natürlich mit den entsprechenden Konditionalendungen.

Voilà un court dialogue
[woa-la öŋ kuhr di-a-log]
Hier ist ein kurzer Dialog

avec le conditionnel:
[awäk le kohŋ-diss-jo-näl:]
im (mit dem) Konditional:

—Est-ce que je pourrais prendre une photo de vous?
[ess ke she pu-rä prooŋdre ün fo-to d wu?]
Könnte ich ein Foto von Ihnen machen?

—En prendriez-vous une de moi?
[oŋ proŋ-dri-jeh-wu sün d moa?]
Würden Sie eines von mir machen?

—Par ce beau temps,
[par sse bo toŋ,]
Bei diesem schönen Wetter,

ne voudriez-vous pas
[ne wu-dri-jeh-wu pa]
würden Sie nicht gerne

faire une promenade en voiture?
[fähr ün prom-nad oŋ woa-tühr?]
einen Ausflug mit dem Wagen machen?

On pourrait aller au Restaurant du Bois pour déjeuner.
[ohŋ pu-rä ta-leh o räss-to-roŋ dü boa pur deh-shö-neh.]
Wir könnten zum Restaurant des Waldes zum Mittagessen gehen.

Est-ce que ça vous plairait?
[ess ke ssa wu plä-rä?]
Würde Ihnen das gefallen?

—J'aimerais bien, mais pas aujourd'hui.
[shäm-rä bjäŋ, mä pa so-shurd-üi.]
Ich hätte es sehr gern, aber nicht heute.

—Alors, est-ce que ce serait possible demain?
[a-lohr, ess ke sse sse-rä po-ssible de-mäŋ?]
Dann, wäre es morgen möglich?

—Oui, je crois que demain je pourrais.
[wie, she kroa ke de-mäŋ she pu-rä.]
Ja, ich glaube, daß ich morgen könnte.

Voilà comment on se sert du conditionnel
[woa-la ko-moŋ tohŋ sse ssär dü kohŋ-diss-jo-näl]
Hier ist, wie man das Konditional benutzt,

pour demander quelque chose poliment.
[pur de-moŋ-deh käl-ke schohs po-li-moŋ.]
um etwas höflich zu erbitten.

—Pourriez-vous me rendre un service?
[pur-jeh-wu me rooŋdre öŋ ssär-wiss?]
Könnten Sie mir eine Gefälligkeit erweisen?

Vous serait-il possible
[wu sse-rä-til po-ssible]
Wäre es Ihnen möglich,

de me prêter cinquante francs?
[d me prä-teh ssäŋ-kooŋt froŋ?]
mir fünfzig Francs zu leihen?

Je pourrais vous les rendre dans une semaine.
[she pu-rä wu leh rooŋdre doŋ sün sse-män.]
Ich könnte sie Ihnen in einer Woche zurückgeben.

—Je voudrais bien,
[she wu-drä bjäŋ,]
Ich würde gerne,

mais je n'ai pas d'argent sur moi.
[mä she neh pa dar-shoŋ ssür moa.]
aber ich habe kein Geld bei mir.

—N'auriez-vous pas au moins vingt francs?
[nor-jeh-wu pa so moäŋ wäŋ froŋ?]
Hätten Sie nicht wenigstens zwanzig Francs?

On se sert aussi du conditionnel pour raconter
[ohŋ sse ssär o-ssi dü kohŋ-diss-jo-näl pur ra-kohŋ-teh]
Man benutzt das Konditional auch, um zu erzählen,

ce qui a été dit au passé
[sse ki a eh-teh di to pa-sseh]
was in der Vergangenheit gesagt worden ist

sur des projets futurs.
[ssür deh pro-shä fü-tühr.]
über zukünftige Pläne.

—Le directeur, vous a-t-il demandé
[le di-räk-töhr wu sa-til de-moŋ-deh]
Hat der Direktor Sie gefragt,

quand vous prendriez vos vacances?
[koŋ wu proŋ-dri-jeh wo wa-kooŋss?]
wann Sie Ihre Ferien nehmen würden?

Bezüglich zukünftiger Pläne
Eine weitere wichtige Anwendung des Konditionals besteht darin, zu berichten, was jemand in der Vergangenheit über seine zukünftigen Pläne gesagt hat. Vergleichen Sie:

> *Il dit qu'il vous verra demain.* – Er sagt, daß er Sie morgen sehen wird.

und

> *Il a dit qu'il vous verrait demain.* – Er hat gesagt, daß er Sie morgen sehen würde.

—Non, mais il m'a dit
[nohŋ, mä sil ma di]
Nein, aber er sagte mir,

qu'il serait absent en juillet
[kil sse-rä tap-ssoŋ oŋ shüi-jä]
daß er im Juli abwesend wäre,

et qu'en août il aurait un congrès en Amérique.
[eh koŋ nu il o-rä töŋ kohŋ-grä oŋ na-meh-rik.]
und daß er im August einen Kongreß in Amerika hätte.

—En ce cas, il vaudrait mieux
[oŋ sse ka, il wo-drä mjö]
In diesem Fall wäre es besser,

prendre les votres plus tard.
[prooŋdre leh wotre plü tahr.]
die Ihrigen später zu nehmen.

Vous devriez lui demander
[wu de-wri-jeh lüi de-moŋ-deh]
Sie sollten ihn fragen,

si vous pourriez les prendre en septembre.
[ssi wu pur-jeh leh prooŋdre oŋ ssäp-tooŋbre.]
ob Sie sie im September nehmen könnten.

Ainsi vous n'auriez pas de difficulté
[äŋ-ssi wu nor-jeh pa d di-fi-kül-teh]
So hätten Sie keine Schwierigkeit,

à trouver une chambre dans les hôtels.
[a tru-weh ün schooŋbre doŋ leh so-täl.]
ein Zimmer in den Hotels zu finden.

BEISPIELUNTERHALTUNG: EIN TELEFONGESPRÄCH

—Allô! Est-ce que je pourrais parler avec Mme. Jolivet?
[a-lo! ess ke she pu-rä par-leh awäk ma-dam sho-li-wä?]
Hallo! Könnte ich mit Frau Jolivet sprechen?

—Elle n'est pas là, monsieur; elle est sortie.
[äl nä pa la, miss-jö¬ äl ä ssor-ti.]
Sie ist nicht da, mein Herr; sie ist ausgegangen.

—Mais elle m'a dit qu'elle serait chez elle à six heures!
[mä säl ma di käl sse-rä scheh säl a ssi-söhr!]
Aber sie hat mir gesagt, daß sie um sechs Uhr zu Hause wäre!

Elle ne vous a pas dit quand elle reviendrait?
[äl ne wu sa pa di koŋ täl rew-jäŋ-drä?]
Sie hat Ihnen nicht gesagt, wann sie zurückkommen würde?

—Elle a dit qu'elle serait peut-être en retard,
[äl a di käl sse-rä pö-tätre oŋ re-tahr,]
Sie hat gesagt, daß sie vielleicht zu spät kommen würde,

qu'elle aurait des courses à faire,
[käl o-rä deh kur sa fähr,]
daß sie Einkäufe zu machen hätte,

et qu'après elle irait prendre le thé avec une amie,
[eh ka-präs äl i-rä prooŋdre le teh awäk ün a-mi,]
und daß sie danach mit einer Freundin Tee trinken würde,

et qu'elle rentrerait chez elle à six heures environ.
[eh käl roŋ-tre-rä scheh säl a ssi söhr oŋ-wi-rohŋ.]
und daß sie ungefähr um sechs Uhr nach Hause zurückkehren würde.

Auriez-vous la bonté de rappeler plus tard?
[or-jeh-wu la bohŋ-teh d rap-leh plü tahr?]
Hätten Sie die Güte, später noch einmal anzurufen?

—Bien entendu. Mais voudriez-vous bien lui dire
[bjäŋ noŋ-toŋ-dü. mä wu-dri-jeh-wu bjäŋ lüi dihr]
Natürlich. Aber würden Sie ihr wohl sagen,

que M. Blanchard a téléphoné?
[ke miss-jö bloŋ-schahr a teh-leh-fo-neh?]
daß Herr Blanchard angerufen hat?

Allô?

Hier sind weitere Ausdrücke, das Telefon betreffend, die für sie hilfreich sein könnten:

Ne quittez pas – Hängen Sie nicht ein

La ligne est occupée – Die Leitung ist besetzt

A quel numéro est-ce que je peux l'atteindre? – Unter welcher Nummer kann ich ihn (sie) erreichen?

Vous vous êtes trompé de numéro – Sie haben sich in der Nummer geirrt

Je m'excuse (oder) *Excusez-moi* – Entschuldigen Sie.

TESTEN SIE IHR FRANZÖSISCH

Übersetzen Sie die folgenden Sätze. Rechnen Sie sich 10 Punkte für jede richtige Übersetzung an. Die Auflösung finden Sie unten.

1. Sie sollten Montmartre besichtigen. ______________________
2. Er hat gesagt, daß er um acht Uhr kommen würde. ______________________
3. Wieviel Zeit würde es in Anspruch nehmen? (Benutzen Sie prendre) ______________________
4. Möchten Sie gerne etwas zu trinken? ______________________
5. Ich würde gerne (auch: möchte gerne) Briefmarken kaufen. ______________________
6. Könnte ich ein Foto machen? ______________________
7. Es wäre besser, sofort wegzugehen. (Benutzen Sie valoir mieux) ______________________
8. Wir würden gerne Versailles sehen. ______________________
9. Könnte ich mit Marcelle sprechen? (Benutzen Sie „Est-ce que ...“) ______________________
10. Könnten Sie es machen? ______________________

Auflösung: 1. Vous devriez visiter Montmartre. 2. Il a dit qu'il viendrait à huit heures. 3. Combien de temps cela prendrait-il? 4. Voudriez-vous quelque chose à boire? 5. Je voudrais acheter des timbres. 6. Pourrais-je prendre une photo? 7. Il vaudrait mieux partir tout de suite. 8. Nous voudrions voir Versailles. 9. Est-ce que je pourrais parler à Marcelle? 10. Pourriez-vous le faire?

Ergebnis: _____ %

step 22 DAS IMPERFEKT – EINE ZEIT ZUM GESCHICHTENERZÄHLEN

Quand on emploie des expressions comme:
[koŋ tohŋ noŋ-ploa deh säkss-präss-johŋ kom:]
Wenn man Ausdrücke gebraucht wie:

«mon père disait toujours…»
[«mohŋ pähr di-sä tu-shuhr…»]
„mein Vater sagte immer…"

ou «quand j'étais jeune…»
[u «koŋ sheh-tä shön…»]
oder „als ich jung war…"

ou «lorsque nous vivions en Provence…»
[u «lorss-ke nu wiw-johŋ soŋ pro-wooŋss…»]
oder „als wir in der Provence lebten…"

ou «quand nous étions au lycée…»
[u «koŋ nu seht-johŋ so li-sseh…»]
oder „als wir auf dem Gymnasium waren…"

ou d'autres phrases décrivant des actions
[u dohtre frahs deh-kri-woŋ deh sakss-johŋ]
oder andere Sätze, die Handlungen beschreiben,

répétées ou continuées dans le passée
[reh-peh-teh su kohŋ-ti-nüeh doŋ le pa-sseh]
die in der Vergangenheit wiederholt wurden oder fortgedauert haben,

nous employons l'imparfait.
[nu soŋ-ploa-johŋ läŋ-par-fä.]
benutzen wir das Imperfekt.

Der Gebrauch des Imperfekts
Das Imperfekt wird bei einem Zustand verwendet, der in der Vergangenheit fortgedauert hat oder bei einer wiederholten Handlung, die eine Art Gewohnheit darstellte. Wenn Sie zum Beispiel sagen wollen, daß Sie irgendwo über einen längeren Zeitraum hinweg gelebt haben, benutzen Sie das Imperfekt. Diese Zeitform wird außerdem verwendet, um etwas zu beschreiben, das oft passiert ist, oder um eine Szene zu beschreiben, wie sie sich darstellte, als etwas anderes geschah.

Zu dieser Zeit (in diesem Zeitabschnitt) lebten wir in Paris.
A cette époque nous habitions à Paris.
Er ging jeden Winter Ski fahren,
Il faisait du ski tous les hivers,
aber vergangenen Winter hat er sich das Bein gebrochen.
mais l'hiver passé il s'est cassé la jambe.

Pour reconnaître l'imparfait
[pur re-ko-nätre läŋ-par-fä]
Um das Imperfekt zu erkennen

dans la conversation, remarquez
[doŋ la kohŋ-wär-ssass-johŋ, re-mar-keh]
in der Unterhaltung, beachten Sie

le son *-ais* à la fin du verbe
[le ssohŋ -ä a la fäŋ dü wärb]
den Laut *-ais* am Ende des Verbs,

pour la plupart des personnes,
[pur la plü-pahr deh pär-sson.]
was die meisten Personen betrifft;

le son final *-ions* pour *nous*
[le ssohŋ fi-nal johŋ pur nu]
den End-Laut *-ions* bei *nous*,

et le son final *-iez* pour *vous*,
[eh le ssohŋ fi-nal jeh pur wu,]
und den End-Laut *-iez* bei *vous*,

comme pour le conditionnel.
[kom pur le kohŋ-diss-jo-näl.]
wie beim Konditional.

Die Imperfekt-Endungen
Die Imperfekt-Endungen sind genau dieselben wie die beim Konditional. Der Schlüssel-Laut ist *-ais* (oder *-ait* oder *-aient*, die gleich ausgesprochen werden), aber im Falle des Imperfekts werden die Endungen nicht an den Infinitv des Verbs angehängt, sondern an den Stamm.

ich würde sprechen – *je parlerais*
ich sprach – *je parlais*

On emploie l'imparfait pour raconter des souvenirs:
[ohŋ noŋ-ploa läŋ-par-fä pur ra-kohŋ-teh deh suw-nihr:]
Man gebraucht das Imperfekt, um Erinnerungen zu erzählen:

La vie était très difficile pendant la guerre.
[la wi eh-tä trä di-fi-ssil poŋ-doŋ la gähr.]
Das Leben war sehr schwierig während des Krieges.

Vous n'étiez pas ici.
[wu neht-jeh pa si-ssi.]
Sie waren nicht hier.

Vous ne savez pas ce que c'était.
[wu ne ssa-weh pa sse ke sseh-tä.]
Sie wissen nicht, was es war.

Il n'y avait pas d'essence.
[il ni a-wä pa deh-ssooŋss.]
Es gab kein Benzin.

On ne pouvait pas se servir de sa voiture.
[ohŋ ne pu-wä pa sse ssär-wihr d ssa woa-tühr.]
Man konnte sein Auto nicht benutzen.

Quand on voulait aller quelque part,
[koŋ tohŋ wu-lä a-leh käl-ke pahr,]
Wenn man irgendwohin gehen wollte,

on devait y aller à bicyclette ou à pied,
[ohŋ de-wä-ti a-leh a bi-ssi-klät u a pjeh,]
mußte man dorthin mit dem Fahrrad fahren oder zu Fuß gehen,

ou par le métro... quand il marchait.
[u par le meh-tro... koŋ til mar-schä.]
oder mit der U-Bahn... wenn sie fuhr.

Il y avait des cartes d'alimentation,
[il i a-wä deh kart da-li-moŋ-tass-johŋ,]
Es gab Lebensmittelkarten,

et il n'y avait pas grand-chose dans les magasins.
[eh il ni a-wä pa groŋ-schohs doŋ leh ma-ga-ssäŋ.]
und es gab nicht viel in den Geschäften.

Heureusement nous avions des parents à la campagne.
[ö-rös-moŋ nu saw-johŋ deh pa-roŋ a la koŋ-panj.]
Glücklicherweise hatten wir Verwandte auf dem Land.

Parents
Parents heißt nicht nur „Eltern",
sondern auch „Verwandte"!

Une fois par semaine, nous allions les voir à bicyclette.
[ün foa par sse-män, nu sal-johŋ leh woahr a bi-ssi-klät.]
Einmal in der Woche besuchten wir sie mit dem Fahrrad.

Ils nous donnaient des oeufs, du beurre et du fromage.
[il nu do-nä deh sö, dü böhr eh dü fro-mahsh.]
Sie gaben uns Eier, Butter und Käse.

Quand on raconte l'histoire ou des histoires,
[koŋ tohŋ ra-kohŋt liss-toahr u deh siss-toahr,]
Wenn man aus der Geschichte erzählt oder Geschichten,

on se sert souvent de l'imparfait:
[ohŋ sse ssär ssu-woŋ d läŋ-par-fä:]
benutzt man häufig das Imperfekt:

Marie-Antoinette, reine de France,
[ma-ri-oŋ-twa-nät, rän d frooŋss,]
Marie-Antoinette, Königin von Frankreich,

avait dans son boudoir
[a-wä doŋ ssohŋ bu-doahr]
hatte in ihrem Ankleideraum

Pourquoi „boudoir?"
Das Wort *boudoir* kommt von dem Verb *bouder* – „schmollen". Mit anderen Worten „ein Ort (für eine Dame), um zu schmollen".

un miroir où elle se regardait
[öŋ mi-roahr u äl sse re-gar-dä]
einen Spiegel, in dem sie sich betrachtete,

pendant qu'on l'habillait.
[poŋ-doŋ kohŋ la-bi-jä.]
während man sie ankleidete.

Ce miroir était attaché au mur, et,
[sse mi-roahr eh-tä ta-ta-scheh o mühr, eh,]
Dieser Spiegel war an der Wand befestigt, und,

à cause d'une imperfection dans le verre,
[a kohs dün äŋ-pär-fäkss-johŋ doŋ le währ,]
aufgrund einer Unvollkommenheit im Glas,

la reine pouvait y voir quelquefois son corps
[la rän pu-wä-ti woahr käl-ke-foa ssohŋ kohr]
konnte die Königin manchmal ihren Körper darin sehen,

mais pas sa tête.
[mä pa ssa täht.]
aber nicht ihren Kopf.

Peut-être était-ce l'annonce
[pö-tätre eh-täss la-noohŋss]
Vielleicht war dies die Ankündigung

du destin qui l'attendait.
[dü däss-täŋ ki la-toŋ-dä.]
des Schicksals, das sie erwartete.

Heureusement, elle n'en savait rien.
[ö-rös-moŋ, äl noŋ ssa-wä rjäŋ.]
Glücklicherweise wußte sie nichts darüber.

L'imparfait exprime aussi l'interruption au passé:
[läŋ-par-fä äkss-prim o-ssi läŋ-tä-rüpss-johŋ o pa-sseh:]
Das Imperfekt drückt auch eine Unterbrechung in der Vergangenheit aus:

J'étais tranquillement en train de dormir,
[sheh-tä troŋ-kil-moŋ oŋ träŋ d dor-mihr,]
Ich schlief gerade friedlich,

quand le téléphone a sonné.
[koŋ le teh-leh-fon sso-neh.]
als das Telefon klingelte.

Gleichzeitigkeit
Dies ist ein gutes Beispiel für den Gebrauch des Imperfekt als beschreibende Zeitform für etwas, das als Zustand in der Vergangenheit andauerte, bis sich etwas neues ereignete – wie im Falle des Schlafenden, der vom Telefon geweckt wurde. Es verdeutlicht auch, daß im Deutschen das französische *imparfait* und das *passé composé* (Perfekt) nicht immer exakt mit dem Imperfekt und dem Perfekt übersetzt werden können. Der Franzose sieht das Schlafen im vorliegenden Satz als eine in der Vergangenheit andauernde Handlung an – er nimmt das *imparfait* –, die von einer neu eintretenden Handlung – er nimmt das *passé composé* – unterbrochen wird. Im Deutschen wird dieser Unterschied nicht gemacht, es wird für beide Handlungsarten dieselbe Vergangenheitsform benutzt.

C'était Raymond, cet imbécile;
[sse-tä rä-mohŋ, ssät äŋ-beh-ssil;]
Es war Raymond, dieser Schwachsinnige;

Il voulait savoir le numéro de Chantal.
[il wu-lä ssa-woahr le nü-meh-ro d schoŋ-tal.]
Er wollte die Telefonnummer von Chantal wissen.

Je lui ai dit que je n'aimais pas répondre au téléphone
[she lüi eh di ke she nä-mä pa reh-pohŋdre o teh-leh-fon]
Ich habe ihm gesagt, daß ich nicht gerne das Telefon beantwortete,

quand je dormais.
[koŋ she dor-mä.]
während ich schlief.

Quand je dormais
Das Imperfekt *dormais* drückt hier den unbegrenzten Verlauf aus, im Deutschen müßte man zu Umschreibungen greifen: „beim Schlafen".

BEISPIELUNTERHALTUNG: EIN FAMILIENTREFFEN

LUI:
[lüi:]
ER:

Nous allons dîner chez mes grands-parents.
[nu sa-lohŋ di-neh scheh meh groŋ-pa-roŋ.]
Wir werden bei meinen Großeltern zu Abend essen.

Aller
Aller mit Infinitiv bezeichnet die nahe Zukunft (temporal) oder die Absicht (modal).

Ils parleront beaucoup de moi. Ils raconteront
[il parl-rohŋ bo-ku d moa. il ra-kohŋt-rohŋ]
Sie werden viel über mich reden. Sie werden erzählen,

comment j'étais et tout ce que je faisais
[ko-moŋ sheh-tä eh tu sse ke she fe-ssä]
wie ich war und was ich alles gemacht habe,

quand j'étais petit...
[koŋ sheh-tä pe-ti...]
als ich klein war...

[...]

LA GRAND-MERE:
[la groŋ-mähr:]
DIE GROSSMUTTER:

Vous savez, Richard passait tous les étés chez nous en Savoie.
[wu ssa-weh, ri-schar pa-ssä tu leh seh-teh scheh nu oŋ ssa-woa.]
Wissen Sie, Richard verbrachte jeden Sommer bei uns in Savoie.

C'était un beau petit garçon.
[sseh-tä töŋ bo pe-ti gar-ssohŋ.]
Er war ein hübscher kleiner Junge.

Il était très intelligent
[il eh-tä trä säŋ-tä-li-shoŋ]
Er war sehr klug,

mais il nous donnait du mal.
[mä sil nu do-nä dü mal.]
aber er pflegte uns Mühe zu machen.

LE GRAND-PERE:
[le groŋ-pähr:]
DER GROSSVATER:

Il partait sans dire où il allait.
[il par-tä ssoŋ dihr u il a-lä.]
Er ging weg, ohne zu sagen, wohin er ging.

Parfois, il faisait tout seul des promenades en montagne.
[par-foa, il fe-ssä tu ssöll deh prom-nad soŋ mohŋ-tanj.]
Manchmal ging er ganz allein im Gebirge spazieren.

LA GRAND-MERE:

Nous ne savions jamais où il pouvait être.
[nu ne ssaw-johŋ sha-mä u il pu-wä tätre.]
Wir wußten nie, wo er sein konnte.

Il inventait des jeux violents.
[il äŋ-woŋ-tä deh shö wjo-loŋ.]
Er erfand gewalttätige Spiele.

Il avait sa bande de garçons qui jouaient à la guerre
[il a-wä ssa booŋd d gar-ssohŋ k shu-ä ta la gähr,]
Er hatte seine Jungenbande, die Krieg spielten,

et se jetaient des pierres et des pétards.
[eh sse she-tä deh pjähr eh deh peh-tar.]
und sie bewarfen sich mit Steinen und Knallfröschen.

Les voisins protestaient…
[leh woa-säŋ pro-täss-tä…]
Die Nachbarn protestierten…

LE GRAND-PERE:

Au cinéma, il aimait surtout les Westerns;
[o ssi-neh-ma. il ä-mä ssür-tu leh wäss-tärn;]
Im Kino hatte er vor allen Dingen die Western gern;

Il voulait aller en Amérique
[il wu-lä ta-leh oŋ na-meh-rik]
Er wollte nach Amerika gehen,

voir les cow-boys et les peaux-rouges.
[woahr leh cow-boys eh leh po-ruhsh.]
um die Cowboys und die Rothäute zu sehen.

LA GRAND-MERE:

Mais avec nous il était toujours si affectueux.
[mä awäk nu il eh-tä tu-shuhr ssi a-fäk-tüö.]
Aber mit uns war er immer so liebevoll.

Quand il est parti pour les Etats-Unis,
[koŋ til ä par-ti pur leh seh-ta-sü-ni,]
Als er in die Vereinigten Staaten abreiste,

nous pensions qu'il allait simplement visiter le pays
[nu poŋss-johŋ kil a-lä soŋ-ple-moŋ wi-si-teh le peh-i]
dachten wir, daß er nur das Land besichtigen wollte

et qu'il devait bientôt revenir.
[eh kil de-wä bjäŋ-to rew-nihr.]
und daß er bald zurückkommen sollte.

Nous ne savions pas naturellement
[nu ne ssaw-johŋ pa na-tü-räl-moŋ]
Wir wußten natürlich nicht,

qu'il allait épouser une Américaine.
[kil a-lä teh-pu-seh ün a-meh-ri-kän.]
daß er eine Amerikanerin heiraten wollte.

LE GRAND-PERE:

Mais une Américaine très charmante.
[mä sün a-meh-ri-kän trä schar-moŋt.]
Aber eine sehr entzückende Amerikanerin.

Nous voulions beaucoup faire votre connaissance.
[nu wul-johŋ bo-ku fähr wotre ko-nä-ssooŋss.]
Wir wollten sehr gerne Ihre Bekanntschaft machen.

LA GRAND-MERE:

Venez, mes enfants. Le dîner est servi.
[we-neh, meh soŋ-foŋ. le di-neh ä ssär-wi.]
Kommt, meine Kinder. Das Abendessen ist aufgetragen.

La Politesse

Wenn Sie bei anderen zu Hause essen, vergessen Sie nicht zu sagen: *Ceci est delicieux.* „Dies ist köstlich". Wenn Sie Leute besuchen, werden diese häufig zu Ihnen sagen: *Faites comme chez vous* – „Fühlen Sie sich wie zu Hause" (frei übersetzt). Eine höfliche Abschiedsformel, die Sie anwenden können, ist *Je vous remercie de votre hospitalité* – „Ich danke Ihnen für Ihre Gastfreundschaft".

Nous avons un civet de lapin. Richard l'aimait tant
[nu sa-wohŋ söŋ ssi-wä d la-päŋ. ri-schar lä-mä toŋ]
Wir haben Hasenklein. Richard aß es so gern,

quand il était petit.
[koŋ til eh-tä pe-ti.]
als er klein war.

[…]

ELLE:
[äl:]
SIE:

Tiens, j'ai appris bien des choses sur toi
[tjäŋ, sheh a-pri bjäŋ deh schohs ssür toa]
Sieh da, ich habe sehr viele Dinge über dich erfahren,

Les exceptions

Im allgemeinen steht nach Adverbien der Menge *de* ohne Artikel. Es gibt aber drei Ausnahmen: *bien* – „sehr viel", *encore* – „nochmals", „noch mehr“ und *la plupart* – „die meisten“. Diese drei behalten den bestimmten Artikel mit *de*.

Encore des choses à faire – Noch mehr Dinge zu tun

que je ne savais pas auparavant.
[ke she ne ssa-wä pa o-pa-ra-woŋ.]
die ich vorher nicht wußte.

Mais dis donc,
[mä di doohŋk,]
Aber sag doch,

est-ce que je dois apprendre à faire du civet de lapin?
[ess ke she doa sa-prooŋdre a fähr dü ssi-wä d la-päŋ?]
muß ich lernen, Hasenklein zu machen?

TESTEN SIE IHR FRANZÖSISCH

Übersetzen Sie die folgenden Sätze ins Französische, indem Sie auf jeden Fall das Imperfekt *(imparfait)* benutzen. Rechnen Sie sich 10 Punkte für jede richtige Übersetzung an. Die Auflösung finden Sie unten.

1. Meine Mutter pflegte immer zu sagen…
2. Das Leben war damals sehr schwierig.
3. Wir hatten Verwandte in der Stadt.
4. Als ich ich jung war…
5. Ich las viele Bücher.
6. Sie betrachtete sich im Spiegel.
7. Er schlief friedlich.
8. Wir wußten nie, wo er war.
9. Er liebte es, ins Kino zu gehen.
10. Wir wollten dieses Stück so gerne sehen.

Auflösung: 1. Ma mère disait toujours… 2. La vie était alors très difficile. 3. Nous avions des parents en ville. 4. Quand j'étais jeune… 5. Je lisais beaucoup de livres. 6. Elle se regardait dans la glace. 7. Il dormait tranquillement. 8. Nous ne savions jamais où il était. 9. Il aimait aller au cinéma. 10. Nous voulions tellement voir cette pièce.

Ergebnis: _____ %

step 23 PLUSQUAMPERFEKT UND FUTUR 2

L'imparfait d'*avoir* ou d'*être*
[läŋ-par-fä da-woahr u dätre]
Das Imperfekt von *avoir* oder *être*

se combine avec le participe passé
[sse kohŋ-bin awäk le par-ti-ssip pa-sseh]
verbindet sich mit dem Partizip Perfekt,

pour former le plus-que-parfait.
[pur for-meh le plü-ke-par-fä.]
um das Plusquamperfekt zu bilden.

Das Plusquamperfekt
Das *plus-que-parfait* (das Plusquamperfekt) ist ganz einfach zu bilden, weil Sie nur das Imperfekt von *avoir* oder *être* mit dem Partizip Perfekt des Verbs verbinden müssen. Das Ergebnis entspricht der deutschen Konstruktion: „war gegangen", „hatte gesehen", „hatte gehört", „war gekommen" usw. Um Ihre Erinnerung darüber wieder aufzufrischen, bei welchen Verben *être* und bei welchen *avoir* steht, um die zusammengesetzten Zeiten zu bilden, schauen Sie noch einmal in Step 19 und 20 nach. Hier sind Beispiele für die beiden Hilfsverben:

j'avais vu, etc. – ich hatte gesehen, etc.
j'étais arrivé, etc. – ich war angekommen, etc.

Celui-ci sert
[sse-lüi-ssi ssär]
Dieses dient dazu,

à indiquer une action passée avant une autre action passée.
[a äŋ-di-keh ün akss-johŋ pa-sseh a-woŋ-tün ohtre akss-johŋ pa-sseh.]
eine vergangene Handlung vor einer anderen vergangenen Handlung anzuzeigen.

Je m'étais déjà couché
[she meh-tä deh-sha ku-scheh]
Ich war schon schlafen gegangen,

quand Victor et Marie sont arrivés avec du champagne.
[koŋ wik-tor eh ma-ri ssohŋ ta-ri-weh awäk dü schoŋ-panj.]
als Victor und Marie mit Sekt angekommen sind.

Quand je suis arrivé à la banque
[koŋ she sswi sa-ri-weh a la booŋk]
Als ich bei der Bank angekommen bin,

je me suis aperçu
[she me sswi sa-pär-ssü]
habe ich gemerkt,

que j'avais perdu mon carnet de chéques.
[ke sha-wä pär-dü mohŋ kar-nä d schäk.]
daß ich mein Scheckbuch verloren hatte.

Nous avions juste fini de dîner,
[nu saw-johŋ shüst fi-ni d di-neh,]
Wir hatten gerade das Abendessen beendet,

mais nous étions encore à table,
[mä nu seht-johŋ soŋ-kohr a table,]
aber wir waren noch am Tisch,

quand nous avons entendu un coup de revolver…
[koŋ nu sa-wohŋ soŋ-toŋ-dü öŋ ku d reh-wol-währ…]
als wir einen Revolver-Schuß hörten…

Il paraît qu'un voleur
[il pa-rä köŋ wo-löhr]
Es scheint, daß ein Dieb

avait cassé la vitrine d'un bijoutier,
[a-wä ka-sseh la wi-trin döŋ bi-shu-tjeh,]
das Schaufenster eines Juweliers zerbrochen hatte,

et qu'il était parti avec des bijoux;
[eh kil eh-tä par-ti awäk deh bi-shu;]
und daß er mit Juwelen fortgegangen war;

mais des gens, qui l'avaient vu,
[mä deh shoŋ ki la-wä wü,]
aber Leute, die ihn gesehen hatten,

avaient appelé la police,
[a-wä-tap-leh la po-liss,]
hatten die Polizei herbeigerufen,

qui était arrivée très vite.
[ki eh-tä ta-ri-weh trä wit.]
die sehr schnell gekommen war.

Comme nous sortions du restaurant,
[kom nu ssort-johŋ dü räss-to-roŋ,]
Als wir das Restaurant verließen,

on nous a dit
[ohŋ nu sa di]
hat man uns gesagt,

qu'on l'avait emmené au commissariat de police.
[kohŋ la-wä toŋ-me-neh o ko-mi-ssar- ja d po-liss.]
daß er aufs Polizei-Kommissariat mitgenommen worden war.

Le coup de revolver
Diese kleine Szene verdeutlicht die Beziehung zwischen den verschiedenen Zeiten der Vergangenheit im Französischen: das Imperfekt schildert, was in der Vergangenheit geschah; der Revolverschuß ereignete sich nur einmal zu einem ganz bestimmten Zeitpunkt – und steht deshalb im *passé composé* (Perfekt).

Au secours!

In bezug auf unerwartete Ereignisse oder Notfälle, finden Sie hier einige wichtige Ausdrücke:

Hilfe! – *Au secours!*
Feuer! – *Au feu!*
Achtung! – *Attention!*
Es hat einen Unfall gegeben – *Il y a eu un accident*
Schnell! – *Vite!*
Rufen Sie einen Krankenwagen! – *Appelez une ambulance!*
Haltet den Dieb! – *Au voleur!*
Da ist er! – *Le voilà!*
Polizei! – *Police!*
Anhalten! – *Arrêtez!*
Haltet ihn! – *Arrêtez-le!*
Haltet sie! – *Arrêtez-la!*

Comme le plus-que-parfait indique une action
[kom le plü-ke-par-fä äŋ-dik ün akss-johŋ]
Wie das Plusquamperfekt eine Handlung anzeigt,

déjà terminée au passé,
[deh-sha tär-mi-neh o pa-sseh,]
die schon in der Vergangenheit beendet ist,

le futur antérieur indique une action
[le fü-tühr oŋ-tehr-jör äŋ-dik ün akss-johŋ]
zeigt das Futur 2 (vorheriges Futur) eine Handlung an,

Das Futur 2

Um das Futur 2 zu bilden, nimmt man das einfache Futur von *avoir* oder *être* – je nachdem, welches der beiden Hilfsverben das entsprechende Verb verlangt – und das Partizip Perfekt. Das Futur 2 entspricht dem deutschen „wird gegangen sein“, „wird gesehen haben“, „wird gehört haben“, „wird gekommen sein“ usw. Im Deutschen steht anstelle des Futur II auch häufig das Präsens (Gegenwart).

déjà terminée dans l'avenir.
[deh-sha tär-mi-neh doŋ law-nihr.]
die schon in der Zukunft vollendet ist.

Croyez-vous qu'ils auront fini de dîner?
[kroa-jeh-wu kil so-roŋ fi-ni d di-neh?]
Glauben Sie, daß sie das Abendessen beendet haben werden?

La semaine prochaine,
[la sse-män pro-schän,]
Nächste Woche

j'aurai reçu la réponse de mes parents à ma lettre.
[sho-rä re-ssü la reh-poohŋss d meh pa-roŋ a ma lätre.]
werde ich die Antwort meiner Eltern auf meinen Brief erhalten haben.

Dites donc! Le mois prochain,
[dit doohŋk! le moa pro-schäŋ,]
Denkt mal! Nächsten Monat

ils auront terminé l'autoroute.
[il so-rohŋ tär-mi-neh lo-to-rut.]
werden sie die Autobahn vollendet haben.

Le paragraphe suivant montre
[le pa-ra-graf ssüi-woŋ mohŋtre]
Der folgende Abschnitt zeigt,

comment on emploie ce temps pour exprimer
[ko-moŋ tohŋ noŋ-ploa sse toŋ pur äkss-pri-meh]
wie man diese Zeit verwendet, um auszudrücken,

ce qui aura eu lieu dans l'avenir.
[sse ki o-ra ü ljö doŋ law-nihr.]
was in der Zukunft stattgefunden haben wird.

—Qu'est-ce qu'on aura découvert dans cent ans?
[kess kohŋ no-ra deh-ku-wär doŋ ssoŋ toŋ?]
Was wird man in hundert Jahren entdeckt haben?

—Sans doute bien des gens
[ssoŋ dut bjäŋ deh shoŋ]
Zweifellos werden sehr viele Menschen

auront fait des voyages interplanétaires.
[o-rohŋ fä deh woa-jahsh äŋ-tär-pla-neh-tähr.]
interplanetarische Reisen gemacht haben.

Nous aurons établi des bases sur les autres planètes.
[nu so-rohŋ eh-ta-bli deh bahs ssür leh sohtre pla-nät.]
Wir werden Basen auf den anderen Planeten gegründet haben.

Les savants auront
[leh ssa-woŋ]
Die Wissenschaftler werden

découvert de nouvelles sources d'alimentation.
[o-rohŋ deh-ku-wär d nu-wäl ssurs da-li-moŋ-tass-johŋ.]
neue Quellen der Ernährung entdeckt haben.

Les progrès de la médecine auront
[leh pro-grä d la mehd-ssin o-rohŋ]
Die Fortschritte der Medizin werden

prolongé encore la durée moyenne de la vie.
[pro-lohŋ-sheh oŋ-kohr la dü-reh moa-jän d la wi.]
nochmals die durchschnittliche Lebensdauer verlängert haben.

Et les ordinateurs auront complètement
[eh leh sor-di-na-töhr o-rohŋ kohŋ-plät-moŋ]
Und die Computer werden vollständig

changé l'enseignement.
[schoŋ-sheh loŋ-ssänj-moŋ.]
den Unterricht verändert haben.

—Qui sait?
[ki ssä?]
Wer weiß?

Peut-être aura-t-on trouvé aussi un moyen
[pö-tätre o-ra-tohŋ tru-weh o-ssi öŋ moa-jäŋ]
Vielleicht wird man auch ein Mittel gefunden haben,

de réduire les impôts?
[d reh-düihr leh säŋ-po?]
um die Steuern zu vermindern?

Konjugationsschema *réduire*

Réduire („vermindern") ist ein unregelmäßiges Verb, dessen Partizip Perfekt *réduit* ist und dessen Partizip Präsens *réduisant* ist. Sein Präsens (Gegenwart) ist wie folgt:

je réduis
tu réduis
il (elle) réduit
nous réduisons
vous réduisez
ils (elles) réduisent

Andere Verben, die diesem Schema folgen, sind *produire* „produzieren", *introduire* „einführen", *séduire* „verführen" oder „bezaubern", *construire* „erbauen" oder „konstruieren", *reconstruire* „wieder aufbauen", und *détruire* „zerstören".

TESTEN SIE IHR FRANZÖSISCH

Schreiben Sie die passende Form des Plusquamperfekts oder des Futur 2 des entsprechenden Verbs auf, das sich jeweils in Klammern unter der Linie befindet. Rechnen Sie sich 10 Punkte für jede richtige Form an. Die Auflösung finden Sie auf der nächsten Seite.

1. Quand je suis arrivé, ils ______ ______ ______.
   (waren schon weggegangen)

2. Mais on m'a téléphoné pour me dire qu'un agent de police l' ______ ______ dans la rue.
   (hatte gefunden)

3. Je pensais que j' ______ ______ mon portefeuille.
   (hatte verloren)

4. Il est allé la voir, mais on lui a dit qu'elle ______ ______.
   (war ausgegangen)

5. Nous voulions faire sa connaissance parce que nous ______ ______ son dernier livre.
   (hatten gelesen)

6. Il ne savait pas que j' ______ ______ en France.
   (hatte gelebt)

7. Dans quatre ans, ils ______ ______ leurs diplômes.
   (werden erhalten haben)

8. Bientôt, je pense, les astronautes ______ ______
   (werden gegründet haben)
   des bases sur une autre planète.

9. Dès que (sowie) vous ______ ______ ce livre, rendez-le moi.
   (werden beendet haben)

10. Avant la semaine prochaine, il ______ ______ son chèque.
    (wird geschickt haben)

Auflösung: 1. étaient déjà partis 2. avait trouvé 3. avais perdu 4. était sortie 5. avions lu 6. avais vécu 7. auront reçu 8. auront établi 9. aurez fini 10. aura envoyé

Ergebnis: _____ %

step 24 BEDINGUNGEN UND VORAUSSETZUNGEN

Des phrases comme:
[deh frahs kom:]
Sätze wie:

S'il pleut demain, nous n'irons pas à la plage.
[ssil plö de-mäŋ, nu ni-rohŋ pa sa la plahsh.]
Wenn es morgen regnet, werden wir nicht zum Strand gehen.

S'il arrive, je lui donnerai votre message.
[ssil a-riw, she lüi don-reh wotre mä-ssahsh.]
Wenn er ankommt, werde ich ihm Ihre Nachricht geben.

sont des conditions simples.
[ssohŋ deh kohŋ-diss-johŋ ssäŋple.]
sind einfache Bedingungen.

Quelquefois, la supposition est plus évidente, comme:
[käl-ke-foa, la ssü-po-siss-johŋ ä plü seh-wi-doŋt, kom:]
Manchmal ist die Voraussetzung augenscheinlicher, wie:

Si vous étiez à ma place, qu'est-ce que vous feriez?
[ssi wu seht-jeh sa ma plass, kess ke wu fär-jeh?]
Wenn Sie an meiner Stelle wären, was würden Sie machen?

Si j'étais à votre place, je consulterais un avocat.
[ssi sheht-jä a wotre plass, she kohŋ-ssül-trä sün na-wo-ka.]
Wenn ich an Ihrer Stelle wäre, würde ich einen Rechtsanwalt um Rat fragen.

Pour ce genre de supposition
[pur sse shoŋre d ssü-po-siss-johŋ]
Für diese Art von Voraussetzung

il faut employer l'imparfait après *si*
[il fo toŋ-ploa-jeh läŋ-par-fä a-prä ssi]
muß man das Imperfekt nach *si* verwenden,

et mettre l'autre verbe au conditionnel.
[eh mätre lohtre wärb o kohŋ-diss-jo-näl.]
und das andere Verb ins Konditional setzen.

Die nur gedachten Voraussetzungen
Wenn Sie sagen „Wenn Sie an meiner Stelle wären" oder „Wenn Sie ich wären", setzen Sie etwas voraus, das nicht wahr ist; und für diese Art von Bedingung benutzen Sie *si* mit dem Imperfekt im „wenn"- Satz, und das Konditional im anderen Satz.

L'histoire suivante, qui pourrait se passer
[liss-toar ssü-woŋt, ki pu-rä sse pa-sseh]
Die folgende Geschichte, die sich ereignen könnte

entre Marseillais, fait appel au conditionnel.
[oohŋtre mar-ssä-jä, fä ta-päl o kohŋ-diss-jo-näl.]
zwischen Leuten aus Marseille, verlangt das Konditional.

Die Anspielung auf Marseille ist eine Bezugnahme auf die phantasievollen Geschichten, die von den bekannten französischen anekdotischen Charakteren Marius und Olive erzählen, den typischen Marseillais.
Die adjektivische Form des Bewohners einer Stadt hat für gewöhnlich die Endung *-ais, -ien, -in, -ois,* – neben vielen anderen Möglichkeiten –, während die weiblichen Endungen *-aise, -ienne, -ine* und *-oise* sind. Im allgemeinen müssen diese Endungen durch den Gebrauch gelernt werden, da jede Stadt und jeder Ort seine eigene Form hat.

—Si vous étiez à la chasse en Afrique
[ssi wu-seht-jeh sa la schass oŋ na-frik]
Wenn Sie auf der Jagd in Afrika wären,

et que vous recontriez un lion, que feriez-vous?
[eh ke wu roŋ-kohŋ-tri-eh sün li-ohŋ, ke fär-jeh wu?]
und Sie einem Löwen begegnen würden, was würden Sie machen?

—Si je rencontrais un lion,
[ssi she roŋ-kohŋ-trä söŋ li-ohŋ,]
Wenn ich einem Löwen begegnen würde,

je le tuerais avec mon fusil.
[she le tü-rä sawäk mohŋ fü-si.]
würde ich ihn mit meinem Gewehr töten.

—Et si vous n'aviez pas de fusil?
[eh ssi wu naw-jeh pa d fü-si?]
Und wenn Sie kein Gewehr hätten?

—Si je n'avais pas de fusil, je me servirais de mon sabre.
[ssi she na-wä pa d fü-si, she me ssär-wi-rä d mohŋ ssahbre.]
Wenn ich kein Gewehr hätte, würde ich meinen Säbel benutzen.

—Et si vous n'aviez pas de sabre?
[eh ssi wu naw-jeh pa d ssahbre?]
Und wenn Sie keinen Säbel hätten?

—Si je n'en avais pas, je grimperais sur un arbre.
[ssi she noŋ na-wä pa, she gräŋ-pe-rä ssür ün nabre.]
Wenn ich keinen hätte, würde ich auf einen Baum klettern.

—Et s'il n'y avait pas d'arbre tout près?
[eh ssil ni ja-wä pa dabre tu prä?]
Und wenn es keinen Baum ganz in der Nähe gäbe?

—S'il n'y avait pas d'arbre tout près,
[ssil ni ja-wä pa dabre tu prä,]
Wenn es keinen Baum ganz in der Nähe gäbe,

je courrais le plus vite possible.
[she kurrä le plü wit po-ssible.]
würde ich so schnell wie möglich rennen.

—Hm… je crois que le lion vous rattraperait facilement.
[mhm… she kroa ke le li-ohŋ wu rat-tra-pe-rä fa-ssil-moŋ.]
Hm… ich glaube, daß der Löwe Sie leicht wieder einholen würde.

—Mais dites donc, vous! Etes-vous de mon côté
[mä dit doohŋk, wu! ett-wu d mohŋ ko-teh]
Aber sagen Sie mal, Sie! Sind Sie auf meiner Seite

Dites donc

Dites donc heißt wörtlich „sagen Sie doch", aber in der Tat handelt es sich um eine Konversationspause, um Aufmerksamkeit zu erzeugen. Die Wiederholung von *vous* bewirkt eine Andeutung von Widerspruch.

ou êtes-vous du côté du lion?
[u ett-wu dü ko-teh d li-ohŋ?]
oder sind Sie auf der Seite des Löwen?

Il y a encore des suppositions
[il ja oŋ-kohr deh ssü-po-siss-johg]
Es gibt überdies Voraussetzungen,

qui se rapportent à des choses qui ne se sont jamais passées.
[ki sse ra-port a deh schohs ki ne sse ssohŋ sha-mä pa-sseh.]
die sich auf Dinge beziehen, die sich niemals ereignet haben.

Si Napoléon avait conquis la Russie,
[ssi na-po-leh-ohŋ a-wä kohŋ-ki la rü-ssi,]
Wenn Napoleon Rußland erobert hätte,

le cours de l'histoire aurait été très différent.
[le kur d liss-toahr o-rä teh-teh trä di-feh-roŋ.]
wäre der Lauf der Geschichte ganz anders gewesen.

Si Lafayette n'avait pas aidé Washington,
[ssi la-fa-jät na-wä pa säh-deh wa-schiŋ-ton,]
Wenn Lafayette Wahington nicht geholfen hätte,

est-ce que les Américains
[ess-ke leh sa-meh-ri-käŋ]
würden die Amerikaner

auraient obtenu leur indépendance quand même?
[o-rä ob-te-nü lör äŋ-di-poŋ-dooŋss koŋ mähm?]
dennoch ihre Unabhängigkeit erlangt haben?

Dinge, die sich niemals ereigneten

Es gibt eine noch stärker betonte Voraussetzung, die sich auf Dinge bezieht, die sich niemals er-

eigneten. So das Nachdenken darüber, wie die Dinge gewesen wären, wenn andere Geschehnisse niemals eingetreten wären oder was geschehen wäre, wenn eine bestimmte Situation eingetreten wäre.
Die oben angeführten Beispiele illustrieren dies; so eroberte Napoleon zu seinem Kummer niemals Rußland, während Lafayette, unterstützt von Rochambeau (dem das selten angerechnet wird), den kämpfenden Kolonisten tatsächlich geholfen hat. In diesen Fällen wird das Plusquamperfekt mit *si* gebraucht, während das Konditional 2 im folgenden Satz benutzt wird, also das Konditional von *être* oder *avoir* mit dem Partizip Perfekt. Zusammengesetzte Zeiten sind relativ einfach, insofern, als Sie bereits das Partizip Perfekt und die Formen von *avoir* und *être* kennen, die sich miteinander verbinden, um bestimmte Zeiten auszudrücken.

BEISPIELUNTERHALTUNG: WAS WÜRDEN SIE TUN, WENN SIE IM LOTTO GEWINNEN WÜRDEN?

—Que feriez-vous si vous gagniez le gros lot
[ke fär-jeh-wu ssi wu gan-jeh le gro lo]
Was würden sie machen, wenn Sie das große Los gewinnen würden

à la Loterie Nationale?
[a la lot-ri nass-jo-nal?]
in der nationalen Lotterie?

—Tout d'abord, on déménagerait
[tu da-bohr, ohŋ deh-meh-nahsh-rä]
Gleich zu Anfang würden wir umziehen

dans une maison plus grande.
[doŋ sün mä-sohŋ plü groŋd.]
in ein größeres Haus.

Cela ferait plaisir à ma femme.
[sse-la fe-rä plä-sir a ma fam.]
Das würde meiner Frau Freude machen.

Ensuite j'achèterais une nouvelle voiture.
[oŋ-swit sha-schät-rä sün nu-wäl woa-tür.]
Dann würde ich einen neuen Wagen kaufen.

Cela me ferait plaisir à moi.
[sse-la me fe-rä plä-sir a moa.]
Das würde mir Freude machen.

Puis nous ferions un voyage dans le Midi,
[püi nu fär-johŋ sün woa-jahsh doŋ le mi-di,]
Dann würden wir eine Reise in den Süden machen,

et nous rendrions visite à mes parents.
[eh nu roŋ-dri-ohŋ wi-sit a meh pa-roŋ.]
und wir würden meine Eltern besuchen.

Je leur offrirais des machines modernes pour leurs vignobles,
[she lör o-fri-rä deh ma-schin mo-därn pur lör win-joble,]
Ich würde ihnen moderne Maschinen für ihre Weinberge anbieten,

et ainsi ils doubleraient leurs bénéfices
[eh äŋ-ssi il du-ble-rä lör beh-neh-fiss.]
und so würden sie ihre Gewinne verdoppeln,

et ils n'auraient pas à travailler si dur.
[eh il no-rä pa sa tra-wa-jeh ssi dür.]
und sie würden nicht so hart zu arbeiten haben.

—Et après ça, qu'est-ce que vous feriez?
[eh a-prä ssa, kess ke wu fär-jeh?]
Und danach, was würden Sie machen?

Continueriez-vous à travailler?
[kohŋ-ti-nür-jeh wu sa tra-wa-jeh?]
Würden Sie fortfahren zu arbeiten?

Verben, nach denen *à* steht

Nach *continuer* steht à, wenn es in Verbindung mit einem anderen Verb gebraucht wird. Andere Verben, bei denen *à* in dieser Weise gebraucht wird, sind:

apprendre à	–	lernen (zu)
consentir à	–	einwilligen (zu, in)
commencer à	–	beginnen (zu)
réussir à	–	gelingen (zu)
hésiter à	–	zögern (zu)
aider à	–	helfen (zu)
inviter à	–	einladen (zu)
chercher à	–	versuchen (zu)

—Bien sûr! Il faudrait travailler.
[bjäŋ ssühr! il fo-drä tra-wa-jeh.]
Natürlich! Es wäre nötig, zu arbeiten.

L'argent de la loterie ne durerait pas toujours.
[lar-shoŋ d la lot-ri ne dü-re-rä pa tu-shuhr.]
Das Lotterie-Geld würde nicht für immer reichen.

—Mais ce serait agréable tant qu'il durerait, pas vrai?
[mä sse sse-rä-ta-greh-able toŋ kil dü-re-rä, pa wrä?]
Aber es wäre angenehm, solange es reichen würde, nicht wahr?

—D'accord. Sortons maintenant pour acheter un billet.
[da-kohr. ssor-tohŋ mäŋt-noŋ pur asch-teh öŋ bi-jeh.]
Einverstanden. Brechen wir gleich auf, um ein Los zu kaufen.

(La semaine suivante)
[la sse-män swi-woŋt]
(Die folgende Woche)

—Ah, je n'ai pas de veine! Je n'ai rien gagné du tout.
[ah, she neh pa d wän! she neh rejäŋ gan-jeh dü tu.]
Ach, ich habe kein Glück! Ich habe gar nichts gewonnen.

—De toute façon, si vous aviez gagné,
[d tut fa-ssohŋ, ssi wu saw-jeh gan-jeh,]
Auf jeden Fall, wenn Sie gewonnen hätten,

vous auriez tout dépensé.
[wu-sohr-jeh tu deh-poŋ-sseh.]
würden Sie alles ausgegeben haben.

—Peut-être, mais du moins j'aurais eu le plaisir
[pö-tätre, mä dü moäŋ sho-rä-sü le plä-sir]
Vielleicht, aber ich hätte wenigstens die Freude gehabt,

de l'avoir dépensé.
[d la-woahr deh-poŋ-sseh.]
es ausgegeben zu haben.

***Avoir* + Partizip Perfekt**
Hier finden Sie ein Beispiel für den Infinitiv von *avoir* mit dem Partizip Perfekt. Vergleichen Sie:

Ich bin zufrieden, es zu tun. – *Je suis content de le faire.*

Ich bin zufrieden, es getan zu haben. – *Je suis content de l'avoir fait.*

TESTEN SIE IHR FRANZÖSISCH

Übersetzen Sie die folgenden einfachen Bedingungssätze. Rechnen Sie sich 10 Punkte für jede richtige Übersetzung an. Die Auflösung finden Sie auf der nächsten Seite.

1. Wenn er kommt, ______________________
   werde ich es ihm sagen. ______________________
2. Wenn es schneit, ______________________
   werde ich nicht gehen. ______________________
3. Wenn Sie wollen, ______________________
   werde ich es machen. ______________________

Übersetzen Sie das Folgende, indem Sie das Imperfekt und das Konditional benutzen.

4. Wenn ich an Ihrer Stelle wäre, ______________________
   würde ich es nicht machen. ______________________
5. Wenn wir heute frei hätten, ______________________
   würden wir Sie begleiten. (accompagner) ______________________
6. Wenn er einem Löwen begegnen würde, ______________________
   würde er so schnell wie möglich rennen. ______________________
7. Was (Que) würde er machen, ______________________
   wenn er gewinnen würde? ______________________
8. Wenn Sie viel Geld hätten, ______________________
   würden Sie fortfahren zu arbeiten? ______________________
9. Was (Que) würden Sie ______________________
   gleich zu Anfang machen? ______________________
10. Ich würde eine Perlenkette (un collier ______________________
    de perles) für meine Frau kaufen. ______________________

Ergebnis: _____ %

Auflösung: 1. S'il vient, je le lui dirai. 2. S'il neige, je n'irai pas. 3. Si vous voulez, je le ferai. 4. Si j'étais à votre place, je ne le ferais pas. 5. Si nous étions libres aujourd'hui, nous vous accompagnerions. 6. S'il rencontrait un lion, il courrait le plus vite possible. 7. Que ferait-il s'il gagnait? 8. Si vous aviez beaucoup d'argent, continueriez-vous à travailler? 9. Que feriez-vous tout d'abord? 10. J'achèterais un collier de perles pour ma femme.

step 25 VERWENDUNG DES *SUBJONCTIF*

On emploie le subjonctif après le mot *que*,
[ohŋ noŋ-ploa le ssüb-shohŋk-tif a-prä le mo ke,]
Man gebraucht den Konjunktiv nach dem Wort *que*,

Der Konjunktiv-Modus
Der Konjunktiv ist keine Zeit, sondern ein Modus, der verschiedene Zeitformen beinhaltet. In den folgenden Beispielen der hauptsächlichen Verb-Gruppen finden Sie die Konjunktiv-Endungen für das Präsens (Gegenwart).

Erste Konjugation:

parler

que je parle
que tu parles
qu'il parle
que nous parlions
que vous parliez
qu'ils parlent

Zweite Konjugation:

finir	*partir*
que je finisse	*que je parte*
que tu finisses	*que tu partes*
qu'il finisse	*qu'il parte*
que nous finissions	*que nous partions*
que vous finissiez	*que vous partiez*
qu'ils finissent	*qu'ils partent*

Dritte Konjugation:

rendre	*recevoir*
que je rende	*que je reçoive*
que tu rendes	*que tu reçoives*
qu'il rende	*qu'il reçoive*
que nous rendions	*que nous recevions*
que vous rendiez	*que vous receviez*
qu'ils rendent	*qu'ils reçoivent*

quand on veut ou désire qu'une autre personne
[koŋ tohŋ wö u deh-sir kün nohtre pär-sson]
wenn man will oder wünscht, daß eine andere Person

fasse quelque chose.
[fass käl-ke schohs.]
etwas macht.

Je voudrais que vous acceptiez mon invitation.
[she wu-drä ke wu sak-ssäpt-jeh mon äŋ-wi-tass-johŋ.]
Ich möchte gerne, daß Sie meine Einladung annehmen.

Il veut que nous revenions demain.
[il wö ke nu re-wen-johŋ de-mäŋ.]
Er will, daß wir morgen zurückkehren.

Der *subjonctif* nach *que*

Um irgendetwas auszudrücken, von dem Sie wollen, wünschen oder hoffen, daß eine andere Person es tut oder umgekehrt eine andere Person von Ihnen, müssen Sie den *subjonctif* benutzen. Das Schlüsselwort für den *subjonctif* ist *que,* das eine Art Signal dafür darstellt, daß das folgende Verb im *subjonctif* stehen muß. Das *que* zeigt den *subjonctif* natürlich nur da an, wo er nötig ist, besonders beim zweiten Verb nach Ausdrücken des Wünschens, Zweifelns, der Gemütsbewegung, die ein Gefühl ausdrückt, der Unsicherheit und nach bestimmten Konjunktionen. Im Deutschen wird der französische *subjon-*

ctif häufig als Indikativ übersetzt, insofern ist die deutsche Bezeichnung Konjunktiv für den *subjonctif* etwas irreführend.

Notez le subjonctif dans des phrases
[no-teh le ssüb-shohŋk-tif doŋ deh frahs]
Beachten Sie den Konjunktiv in Sätzen,

exprimant des émotions,
[äkss-pri-moŋ deh seh-moss-johŋ,]
die Ergriffenheit ausdrücken

ou des sentiments, après le mot *que*.
[u deh ssoŋ-ti-moŋ, a-prä le mo ke.]
oder Gefühle, nach dem Wort *que*.

Je suis content que vous soyez ici,
[she swi kohŋ-toŋ ke wu ssoa-jeh si-ssi,]
Ich bin zufrieden, daß Sie hier sind,

mais je regrette que votre femme soit malade.
[mä she re-grät ke wotre fam ssoa ma-lad.]
aber ich bedaure, daß Ihre Frau krank ist.

Die Form in der 1. Person ist die Schlüsselform
Der Konjunktiv Präsens von *être* und *avoir* ist unregelmäßig. Hier sind die Formen:

être	*avoir*
que je sois	*que j'aie*
que tu sois	*que tu aies*
qu'il soit	*qu'il ait*
que nous soyons	*que nous ayons*
que vous soyez	*que vous ayez*
qu'ils soient	*qu'ils aient*

Sie sollten sich mit der ersten Person Konjunktiv der folgenden unregelmäßigen Verben vertraut machen, da sie den Schlüssel für die weiteren Formen darstellt:

aller – *que j'aille*
savoir – *que je sache*

venir – que je vienne
dire – que je dise
pouvoir – que je puisse
vouloir – que je veuille
faire – que je fasse

Oui, c'est dommage qu'elle n'ait pas pu venir,
[wie, ssä do-mahsh käl nä pa pü we-nir,]
Ja, es ist schade, daß sie nicht kommen konnte,

Der Konjunktiv in der Vergangenheit
Beachten Sie den Unterschied zwischen

„Es ist schade, daß sie nicht kommen kann" –
C'est dommage qu'elle ne puisse pas venir

und

„Es ist schade, daß sie nicht kommen konnte" –
C'est dommage qu'elle n'ait pas pu venir.

Das zweite Beispiel ist der Konjunktiv Perfekt, der mit dem Präsens von *avoir* plus Partizip Perfekt, oder mit dem Präsens von *être* plus Partizip Perfekt gebildet wird, wenn es sich um ein Verb handelt, das mit *être* steht.

mais le médecin ne veut pas qu'elle sorte.
[mä le mehd-ssäŋ ne wö pa käl ssort.]
aber der Arzt will nicht, daß sie ausgeht.

On emploie le subjonctif avec *il faut que*:
[ohŋ oŋ-ploa le ssüb-shohŋk-tif awäk il fo ke:]
Man gebraucht den Konjunktiv bei *il faut que* – „es ist nötig, daß/man muß":

Il faut que je lui parle.
[il fo ke she lüi parl.]
Ich muß ihn sprechen.

Il faut que vous visitiez Fontainebleau.
[il fo ke wu wi-sit-jeh fohŋ-tän-blö.]
Sie müssen Fontainebleau besichtigen.

Il faut que nous partions maintenant.
[il fo ke nu part-johŋ mäŋt-noŋ.]
Wir müssen jetzt losgehen.

Le subjonctif s'emploie après d'autres expressions
[le ssüb-shohŋk-tif soŋ-ploa a-prä dohtre säkss-präss-johŋ,]
Der Konjunktiv wird nach anderen Ausdrücken gebraucht,

indiquant la nécessité
[äŋ-di-koŋ la neh-ssä-ssi-teh]
die die Notwendigkeit anzeigen,

et après certaines conjonctions.
[eh a-prä ssär-tän kohŋ-shohŋkss-johŋ]
und nach bestimmten Konjunktionen.

—Il vaudrait mieux qu'on nous réveille à sept heures,
[il wo-drä mjö kohŋ nu reh-wäy a sset öhr,]
Es wäre besser, wenn man uns um sieben Uhr weckt,

pour que nous ayons le temps de faire nos valises.
[pur ke nu sä-johŋ le toŋ d fähr no wa-lis.]
damit wir die Zeit haben, unsere Koffer zu packen.

Il est important que nous arrivions une heure en avance,
[il ä täŋ-por-toŋ ke nu sa-riw-johŋ ün öhr oŋ na-woŋss,]
Es ist wichtig, daß wir eine Stunde früher ankommen,

car avant que nous puissions monter en avion,
[kahr a-woŋ ke nu püiss-johŋ mohŋ-teh oŋ naw-johŋ,]
denn bevor wir in das Flugzeug steigen können,

il faut qu'on fasse peser les bagages
[il fo kohŋ fahss pe-seh leh ba-gahsh]
müssen wir das Gepäck wiegen lassen

Eine Erinnerung:
faire vor Infinitiv heißt „lassen".

et il est nécessaire qu'on examine les billets et passeports.
[eh il ä neh-ssä-ssähr ko-näg-sa-min leh bi-jäy eh pass-por.]
und es ist notwendig, daß man die Karten und Pässe prüft.

—Pourquoi se presser?
[pur-kwa sse prä-sseh?]
Warum sich beeilen?

Il y aura bien un autre avion.
[il i jo-ra bjäŋ öŋ nohtre aw-johŋ.]
Es wird wohl ein anderes Flugzeug geben.

—Je ne crois pas
[she ne kroa pa]
Ich glaube nicht,

que nous puissions changer nos réservations.
[ke nu püiss-johŋ schoŋ-sheh no reh-sär-wass-johŋ.]
daß wir unsere Reservierungen ändern können.

D'ailleurs, autant que je sache,
[da-jör, o-toŋ she ssahsch,]
Übrigens, soweit ich weiß,

c'est le seul vol direct.
[ssä le ssöl wol di-räkt.]
ist es der einzige direkte Flug.

BEISPIELUNTERHALTUNG: DER GENERATIONENKONFLIKT

LE PERE:
[le pähr:]
DER VATER:

Ca m'ennuie que Maurice n'ait pas de meilleures notes en classe.
[ssa moŋ-nüi ke mo-riss nä pa d mä-jöhr not oŋ klahss.]
Es verdrießt mich, daß Maurice keine besseren Noten in der Schule hat.

J'ai peur qu'il ne puisse pas réussir à ses examens.
[jeh pöhr kil ne püiss pa reh-ü-ssir a sseh säg-sa-mäŋ.]
Ich habe Angst, daß er seine Prüfungen nicht bestehen kann.

Il ne faut pas qu'il sorte si souvent
[il ne fo pa kil ssort ssi ssu-woŋ]
Es ist nicht nötig, daß er so oft ausgeht,

ni qu'il aille trop au cinéma.
[ni kil äye tro po ssi-neh-ma.]
auch nicht, daß er zu viel ins Kino geht.

LA MERE:
[la mähr:]
DIE MUTTER:

Mais il faut tout de même bien qu'il s'amuse, cet enfant.
[mä sil fo tud mähm bjäŋ kil ssa-müs, ssät oŋ-foŋ.]
Aber er muß doch Spaß haben, dieses Kind.

LE PERE:

Quoi qu'il en soit, je tiens à ce
[kwa kil oŋ ssoa, she tjäŋ-sa sse]
Wie dem auch sei, ich lege großen Wert darauf,

qu'il fasse de sérieux efforts
[kil fass d ssehr-jö ssä-for]
daß er ernsthafte Anstrengungen macht,

Spezielle Ausdrücke mit dem Konjunktiv
Nach „wie auch“, „wenn auch“, „wer auch“, „was auch“ und ähnlichen Konstruktionen muß ebenfalls der Konjunktiv stehen:

Was auch geschehe – *Quoi qu'il arrive*

et qu'il obtienne de meilleures notes.
[eh kil ob-tjän d mä-jöhr not.]
und daß er bessere Noten erlangt.

LA MERE:

Personnellement, je ne pense pas que
[pär-sso-näl-moŋ, she ne poŋss pa ke]
Persönlich denke ich nicht, daß

ses notes soient insuffisantes.
[sseh not ssoa täŋ-ssü-fi-soŋt.]
seine Noten ungenügend sind.

Pourvu qu'il travaille un peu plus
[pur-wü kil tra-waj öŋ pö plü]
Vorausgesetzt daß er ein wenig mehr arbeitet,

et qu'on le laisse tranquille, tout ira bien.
[eh kohŋ le läss troŋ-kil, tu ti-ra bjäŋ.]
und daß man ihn ungestört läßt, wird alles gut gehen.

LE PERE:

Eh bien non. Je n'admets pas
[eh bjäŋ nohŋ. she nad-mä pa]
Absolut nicht. Ich lasse nicht zu,

qu'il ait d'aussi mauvaises notes,
[kil ä do-ssi mo-wäs not,]
daß er so schlechte Noten hat,

ni qu'il soit si paresseux.
[ni kil ssoa ssi pa-rä-ssö.]
noch, daß er so faul ist.

Qu'il vienne me voir. J'ai à lui parler.
[kil wjän me woahr. sheh a lüi par-leh.]
Er soll zu mir kommen. Ich habe mit ihm zu reden.

Qu'il vienne me voir
Wenn der Konjunktiv für sich steht – mit der dritten Person – hat es die Bedeutung von „soll...!"

Er soll weggehen! – *Qu'il parte!*

LA MERE:

Maurice, ton père veut que tu ailles le voir tout de suite.
[mo-riss, tohŋ pähr wö ke tü äye le woahr tud swit.]
Maurice, dein Vater will, daß du sofort zu ihm hingehst.

Je crains qu'il soit en colère.
[she kräŋ kil ssoa oŋ ko-lähr.]
Ich fürchte, daß er zornig ist.

MAURICE:

Oui, je sais ce qu'il va me dire.
[wie, she ssä sse kil wa me dihr.]
Ja, ich weiß, was er mir sagen wird.

Il me dira ce qu'il veut que je fasse,
[il me di-ra sse kil wö ke she fass,]
Er wird mir sagen, was er will, daß ich tue,

ce qu'il faut que je fasse dans la vie,
[sse kil fo ke she fass doŋ la wi,]
was ich in meinem Leben machen muß,

la profession qu'il veut que je choisisse...
[la pro-fäss-johŋ kil wö ke she schoa-siss...]
den Beruf, von dem er will, daß ich ihn wähle...

Et comme moi, je veux être directeur de films,
[eh kom moa, she wö sätre di-räk-töhr dü film,]
Und ich, ich will ein Film-Direktor sein,

je ne veux pas qu'on s'occupe de mes affaires
[she ne wö pa kohŋ sso-küp d meh sa-fär]
ich will nicht, daß man sich mit meinen Angelegenheiten beschäftigt,

et je ne veux pas qu'on m'embête.
[eh she ne wö pa kohŋ moŋ-bät.]
und ich will nicht, daß man mich ärgert.

LA MERE:

Mais, Maurice, tu sais bien que ton père
[mä, mo-riss, tü ssä bjäŋ ke tohŋ pähr]
Aber Maurice, du weißt gut, daß dein Vater

veut faire pour le mieux pour ton frère et pour toi.
[wö fähr pur le mjö pur tohŋ frähr eh pur toa.]
das Beste für deinen Bruder und für dich tun will.

Il veut que vous finissiez vos études,
[il wö ke wu fi-niss-jeh wo seh-tüd,]
Er will, daß ihr euer Studium beendet,

que vous ayez des diplômes,
[ke wu säy-jeh deh di-plom,]
daß ihr Diplome habt,

qu'Edouard devienne médecin comme son grand-père
[kä-doar de-wjän mehd-ssäŋ kom ssohŋ groŋ-pähr]
daß Edouard Arzt wird wie sein Großvater,

et que tu sois avocat comme lui.
[eh ke tü ssoa sa-wo-ka kom lüi.]
und daß du ein Rechtsanwalt wie er bist.

MAURICE:

Et voilà! Entre ce qu'il veut que je fasse,
[eh woa-la! oŋtre sse kil wö ke she fass,]
Und das ist es! Zwischen dem, was er will, daß ich mache,

et ce que moi j'ai envie de faire,
[eh sse ke moa sheh oŋ-wi d fähr,]
und dem, was ich Lust habe zu machen,

Relative Ausdrücke

Vergessen Sie nicht den Gebrauch dieser relativen Ausdrücke:

Ce qui – das, was; was (Subjekt)
ce que – das, was; was (Objekt)
Ce dont – das, wovon; das, woran; das, worüber

Was ich will, ist… – *Ce que je veux, c'est…*
Worüber ich gesprochen habe – *Ce dont j'ai parlé*
Was wichtig in dieser Angelegenheit ist, ist – *Ce qui est important dans cette affaire, c'est…*

il y a un abîme.
[il ja öŋ na-bim.]
ist ein Abgrund.

Qu'il cesse de m'embêter!
[kil ssäss d moŋ-bä-teh!]
Er soll aufhören, mich zu ärgern!

LA MERE:

Ciel! Que la vie était différente
[ssjäl! ke la wi eh-tä di-feh-roŋt]
Himmel! Wie anders das Leben war,

quand j'étais jeune. On ne parlait jamais
[koŋ sheh-tä shön. ohŋ ne par-lä sha-mä]
als ich jung war. Man sprach niemals

comme ça à ses parents.
[kom ssa a sseh pa-roŋ.]
in dieser Weise zu seinen Eltern.

Imperfekt
Beachten Sie, wie die Mutter ins Imperfekt wechselt – die Zeitform, die benutzt wird, um über Dinge zu reden, die stattfanden oder vorhanden zu sein pflegten.

Gemütsbewegungen – und ein kleiner Ausschnitt
Die gefühlvolle Szene, die Sie gerade durchgenommen haben, beinhaltet die meisten Konstruktionen – viele betreffend Gefühle und Wünsche –, die den Gebrauch des Konjunktivs verlangen. Obwohl die Kenntnis des Konjunktivs wesentlich

ist für eine vollständige Beherrschung des Französischen, ist es häufig möglich, „darum herumzukommen", besonders im Fall von *il faut*, indem man den Infinitiv benutzt.
Il faut partir zum Beispiel kann bedeuten „Ich, du, sie, er, wir, ihr, sie müssen losgehen", je nach dem Zusammenhang. Außerdem, obgleich der Konjunktiv Imperfekt existiert, wird er praktisch nie in der Unterhaltung verwendet, sondern stattdessen der Konjunktiv Präsens.

Er wollte, daß ich komme – *Il voulait que je vienne.*

TESTEN SIE IHR FRANZÖSISCH

Teil 1 – Schreiben Sie die richtige Konjunktiv-Form des Verbes, das in Klammern angegeben ist, in die Leerräume. Rechnen Sie sich 10 Punkt für jede richtige Form an. Die Auflösung finden Sie unten.

1. Il faut que nous (partir) __________ .
2. Elle est contente que vous (être) __________ ici.
3. Avant que vous (quitter) __________ la France, il faut voir Versailles.
4. Il est important qu'il le (savoir) __________ .
5. Je veux qu'il (venir) __________ me voir.

Teil 2 – Lesen Sie den letzten Dialog über Maurice und entscheiden Sie, ob die nachstehend gemachten Aussagen richtig oder falsch sind.

	Vrai (wahr)	Faux (falsch)
6. Le père de Maurice veut que son fils devienne architecte.	( )	( )
7. Maurice a déjà obtenu son diplôme.	( )	( )
8. Le père et le fils sont d'accord sur la carrière de Maurice.	( )	( )
9. Maurice a bien travaillé cette année.	( )	( )
10. Son père veut qu'il obtienne de meilleures notes.	( )	( )

Auflösung: 1. partions 2. soyez 3. quittiez 4. sache 5. vienne
6. F 7. F 8. F 9. F 10. W

Ergebnis: _____ %

step 26 WIE MAN FRANZÖSISCH LIEST

Voilà quelques conseils
Hier sind einige Ratschläge,

pour faciliter vos lectures en français.
um Ihr Lesen auf Französisch zu erleichtern.

Dans la correspondance commerciale
In der Handelskorrespondenz

vous trouverez souvent
werden Sie oft finden,

qu'on emploie le conditionnel et le subjonctif.
daß man das Konditional und den Konjunktiv verwendet.

Par exemple:
Zum Beispiel:

Cher Monsieur:
Sehr geehrter Herr:

Nous voudrions que vous nous
Wir möchten gerne, daß Sie uns

fassiez parvenir le plus tôt possible la marchandise
so früh wie möglich die Ware senden,

que nous avons commandée.
die wir bestellt haben.

Il faudrait que nous la recevions
Es wäre nötig, daß wir sie erhalten

avant la fin de novembre.
vor Ende November.

Si vous étiez dans l'impossibilité d'expédier cette marchandise,
Falls es Ihnen nicht möglich sein sollte, diese Ware abzusenden,

nous vous serions reconnaissants
wären wir Ihnen dankbar,

de nous le faire savoir par retour du courrier,
es uns mit Rückpost wissen zu lassen,

car nous devrions alors nous adresser
denn wir müßten uns dann wenden

sans délai à un autre fournisseur.
unverzüglich an einen anderen Lieferanten.

Veuillez agréer, cher Monsieur, l'assurance
Mögen Sie annehmen, sehr geehrter Herr, die Versicherung

de notre parfaite considération.
unserer vollkommensten Hochachtung.

Das Brief-Ende
Französische Grüße am Ende eines Geschäftsbriefes neigen dazu, ziemlich lang zu sein – vielleicht der Widerhall einer Epoche, die sehr viel mehr Wert auf Höflichkeit legte. In einem persönlichen Brief kann man schließen mit „Herzlichst" oder „Aufrichtigst", indem man sagt *meilleures amitiés, bien cordialement* oder *bien à vous*.

Quand vous lisez les journaux, vous vous apercevrez
Wenn Sie Zeitungen lesen, werden Sie merken,

qu'on emploie surtout le présent et le passé.
daß vor allen Dingen das Präsens und die Vergangenheit verwendet werden.

«Le président de la République a fait un discours hier à Rennes
Der Präsident der Republik hat gestern in Rennes eine Rede gehalten,

qui a été fort applaudi. Il a terminé par ces mots:
die stark beklatscht worden ist. Er endete mit diesen Worten:

Mes chers concitoyens,
Meine lieben Mitbürger,

je suis sûr que nous sommes d'accord
ich bin sicher, daß wir einverstanden sind,

pour nous féliciter des progrès qui ont été accomplis.»
uns zu den Fortschritten zu beglückwünschen, die gemacht worden sind."

En lisant les livres, toutefois,
Während des Lesens von Büchern jedoch,

on découvre un autre temps des verbes:
entdeckt man eine andere Zeitform der Verben:

le passé défini.
die bestimmte Vergangenheit.

Ce temps est employé presque uniquement dans la littérature.
Diese Zeit wird fast ausschließlich in der Literatur verwendet.

Eine literarische Zeitform: *le passé simple*
Sie sollten lernen, *le passé défini* – „die bestimmte Vergangenheit" oder *le passé simple* – „die einfache Vergangenheit", wie sie auch häufig genannt wird, zu erkennen. Denn Sie werden es brauchen, wenn Sie französische Bücher lesen. Hier sind die jeweiligen Formen für die drei Konjugationen:

donner	*finir*
je donnai	*je finis*
tu donnas	*tu finis*
il donna	*il finit*
nous donnâmes	*nous finîmes*
vous donnâtes	*vous finîtes*
ils donnèrent	*ils finirent*
rendre	*recevoir*
je rendis	*je reçus*
tu rendis	*tu reçus*
il rendit	*il reçut*
nous rendîmes	*nous reçûmes*
vous rendîtes	*vous reçûtes*
ils rendirent	*ils reçurent*

Hier sind die Formen des *passé simple* von

être	und	*avoir*
je fus		*j'eus*
tu fus		*tu eus*
il fut		*il eut*
nous fûmes		*nous eûmes*
vous fûtes		*vous eûtes*
ils furent		*ils eurent*

Hier finden Sie jeweils die 1. Person von einigen der wichigsten unregelmäßigen Verben:

Diejenigen, die auf *-is* enden:

faire – *je fis*
dire – *je dis*
prendre – *je pris*

Diejenigen, die auf *-us* enden:

vouloir – *je voulus*
pouvoir – *je pus*
savoir – *je sus*
devoir – *je dus*
taire – *je tus*

Voilà un exemple du passé défini
Hier ist ein Beispiel der bestimmten Vergangenheit,

employé avec d'autres temps.
gebraucht mit anderen Zeiten.

Pendant le régne de Louis XIV
Während der Regierung Ludwig des XIV.

l'ambassadeur d'un petit état allemand allait
wollte der Botschafter eines kleinen deutschen Staates

être présenté à la cour de France.
am französichen Hof vorgestellt werden.

Comme il ne parlait pas bien le français
Da er nicht gut französisch sprach,

on lui donna un interprète.
gab man ihm einen Dolmetscher.

Alors, quand il fut présenté à Sa Majesté Louis XIV
Dann, als er Ihrer Majestät Ludwig dem XIV. vorgestellt wurde,

l'ambassadeur parla d'abord en allemand
sprach der Botschafter zuerst auf Deutsch,

puis il se tut et laissa la parole à l'interprète.
dann verstummte er und überließ dem Dolmetscher das Wort.

Celui-ci fit un noble discours
Dieser hielt eine edelmütige Rede

plein d'allusions à la grandeur du Roi Soleil.
voll Anspielungen auf die Erhabenheit des Sonnenkönigs.

Quand il cessa de parler,
Als er aufhörte zu sprechen,

l'ambassadeur le prit à part et lui dit:
nahm ihn der Botschafter beiseite und sagte zu ihm:

«J'ai compris votre traduction
„Ich habe Ihre Übersetzung verstanden,

mais ce n'était pas du tout ce que j'avais dit.»
aber es war gar nicht das, was ich gesagt hatte."

«Non, Monseigneur, répondit l'interprète,
„Nein, hochwürdigster Herr, antwortete der Dolmetscher,

ce n'est pas ce que vous avez dit
es ist nicht das, was Sie gesagt haben,

mais c'est bien ce que vous auriez dû dire.»
aber es ist sicher das, was Sie hätten sagen sollen.

N'hesitez pas à lire les grandes oeuvres littéraires françaises,
Zögern Sie nicht, die großen Werke der französischen Literatur zu lesen,

non seulement pour améliorer votre français,
nicht nur, um Ihr Französisch zu verbessern,

mais pour le plaisir et l'amusement
sondern auch wegen des Vergnügens und des Spaßes,

que vous y trouverez.
die Sie dort finden werden.

Notez comment la scène suivante,
Beachten Sie, wie die folgende Szene,

choisie du grand maître Molière,
ausgewählt aus dem großen Meister Molière,

est facile à comprendre.
leicht zu verstehen ist.

LE MAITRE DE PHILOSOPHIE:
DER MEISTER DER PHILOSOPHIE:
Sont-ce des vers que vous lui voulez écrire?
Sind es Verse, die Sie ihr schreiben wollen?

MONSIEUR JOURDAIN:
Non, non point de vers.
Nein, gar keine Verse.

LE MAITRE:
Vous ne voulez que de la prose?
Sie wollen nur Prosa?

M. JOURDAIN:
Non, je ne veux ni prose ni vers.
Nein, ich will weder Prosa noch Verse.

LE MAITRE:
Il faut bien que ce soit l'un ou l'autre.
Es muß das eine oder das andere sein.

M. JOURDAIN:
Pourquoi?
Warum?

LE MAITRE:
Par la raison, monsieur, qu'il n'y a, pour s'exprimer,
Aus dem Grunde, mein Herr, daß es, um sich auszudrücken,

que la prose ou les vers.
nur Prosa oder Verse gibt.

M. JOURDAIN:
Il n'y a que la prose ou les vers?
Es gibt nichts außer Prosa oder Versen?

LE MAITRE:
Non, monsieur. Tout ce qui n'est point prose est vers
Nein, mein Herr. Alles, was nicht Prosa ist, ist Vers,

et tout ce qui n'est point vers est prose.
und alles, was nicht Vers ist, ist Prosa.

M. JOURDAIN:
Et comme l'on parle, qu'est-ce que c'est donc que cela?
Und wenn man spricht, was ist das?

LE MAITRE:
De la prose.
Prosa.

M. JOURDAIN:
Quoi! quand je dis: Nicole, apportez-moi
Was! Wenn ich sage: Nicole, bringen Sie mir

mes pantoufles, et me donnez mon bonnet de nuit,
meine Hausschuhe, und geben Sie mir meine Nachtmütze,

c'est de la prose?
das ist Prosa?

LE MAITRE:
Oui, monsieur.
Ja, mein Herr.

M. JOURDAIN:
Par ma foi, il y a plus de quarante ans
Bei meiner Treu, seit mehr als vierzig Jahren

que je dis de la prose, sans
habe ich Prosa gesprochen, ohne

que j'en susse rien; et je vous suis
irgendetwas davon zu wissen; und ich bin Ihnen

Que j'en susse rien
Obwohl die Texte von Molière vor Hunderten von Jahren geschrieben wurden, werden Sie bemerkt haben, das das einzige Wort, das Ihnen als Student Schwierigkeiten bereitet, der Konjunktiv Imperfekt von *savoir – je susse* ist, der jedoch im gesprochenen Französisch nicht mehr verwendet wird. Um diese Konstruktion in der Literatur erkennen zu können, denken Sie daran, daß er aus dem *passé simple* abgeleitet wird. So ist die Endung des Konjunktiv Imperfekt in der ersten Person bei typischen Verben wie *parler, finir, rendre* und *recevoir que je parlasse, que je finisse, que je rendisse* und *que je reçusse*, und wird mit den regulären Endungen weiterkonjugiert, abgesehen von der dritten Person Singular, die auf *-ât, -ît* oder *-ût* endet.

le plus obligé du monde
der dankbarste Mensch auf der Welt,

de m'avoir appris cela.
daß Sie mich das gelehrt haben.

Tout ce que vous lisez en français,
Alles, was Sie auf Französisch lesen,

que ce soit des pièces, des romans,
ob es nun Theaterstücke, Romane,

des livres d'histoire ou d'art,
Bücher über Geschichte oder Kunst sind,

augmentera votre connaissance du français
werden Ihre Kenntnis des Französischen vergrößern,

et sera une inépuisable source de distraction.
und werden eine unerschöpfliche Quelle der Zerstreuung sein.

Pourtant, le plus important, c'est de parler
Doch das wichtigste ist zu sprechen,

et d'entendre parler les autres, parce que,
und die anderen sprechen zu hören, weil,

pour bien apprendre une langue,
um eine Sprache gut zu lernen,

il faut la pratiquer à toute occasion.
muß man sie bei jeder Gelegenheit praktisch anwenden.

SIE KÖNNEN MEHR FRANZÖSISCH ALS SIE DENKEN

Nachdem Sie nun die wesentlichen Elemente der französischen Sprache gelernt haben, liegt es an Ihnen, Ihre Kenntnisse zu vertiefen und sie anzuwenden, wann immer sich die Gelegenheit bietet.

Eine verhältnismäßig preiswerte Methode, zumindest Ihr schriftliches Französisch weiterzuentwickeln, ist es, regelmäßig französische Tageszeitungen oder Zeitschriften zu kaufen, die in vielen Bahnhofsbuchhandlungen erhältlich sind. Sie werden, wenn Sie französische Bücher oder Zeitungen lesen, natürlich vielen Wörtern begegnen, die in diesem Buch nicht aufgetaucht sind. Ein Französisch-Deutsches Wörterbuch wird Ihnen daher gute Dienste leisten.

Mit Hilfe des Vokabulars, das Ihnen in diesem Wörterbuch zur Verfügung steht, und der grammatischen Kenntnisse, die Sie mit Ihrem Step-By-Step-Lehrbuch erworben haben, werden Sie schnell in der Lage sein, fast alle Texte zu verstehen und, wenn Sie die Gelegenheit haben, sich mit französischsprechenden Menschen zu unterhalten. Auf diese Weise wird sich im Laufe der Zeit Ihre Kenntnis des Französischen immer mehr vertiefen, und eines Tages werden Sie so gut Französisch sprechen, als wäre es Ihre Muttersprache.

WÖRTERBUCH DEUTSCH-FRANZÖSISCH

Dieses kleine Wörterbuch enthält viele Wörter, die in den Steps noch nicht vorgekommen sind. Es soll Ihnen helfen, Ihre Fähigkeit, sich auf Französisch auszudrücken, zu erweitern. Es ist eine interessante Tatsache, daß die meisten Menschen weniger als 2000 Wörter in ihren Alltagsgesprächen verwenden. In diesem Wörterbuch finden Sie mehr als 2000 Wörter, die eigens unter dem Gesichtspunkt der häufigen Verwendung für Sie zusammengestellt wurden.

Einige Vorbemerkungen:

1. Maskulines und feminines Geschlecht von Substantiven wird durch *(m)* bzw. *(f)* angezeigt
2. Substantive bilden normalerweise den Plural durch Anhängen von *-s*. Wenn der Plural mit *-x* gebildet wird, ist dies angemerkt.
3. Adjektive müssen in Geschlecht und Anzahl mit dem Substantiv übereinstimmen, auf das sich sich beziehen. Adjektive sind in der männlichen Form angeführt, während die weibliche Endung mit *-e* oder anderen weiblichen Endungen, die dem jeweiligen Adjektiv entsprechen, wie z. B.*-ère, -ille, -euse, -ienne -aise* usw., angeführt ist. Wenn Adjektive im Maskulinum und Femininum gleich sind, ist nur eine Form angeführt.
4. Nur die wichtigsten Adverbien sind angegeben. Aber erinnern Sie sich, daß die meisten Adjektive in Adverbien umgewandelt werden können, indem man die Endung *-ment* an die feminine Form anhängt.

   Adjektiv: *heureux* – glücklich
   Adverb: *heureusement* – glücklicherweise
5. Wenn Sie die Auswahl zwischen zwei nahezu gleich häufigen Wörten haben, die fast die selbe Bedeutung haben, werden beide angegeben. Dies wird Ihnen helfen, Ihren französischen Wortschatz zu vergrößern.

A

Abbildung illustration *(f)*
Abend soir *(m)*
Abendessen dîner *(m)*
Abend essen, zu dîner
Abenteuer aventure *(f)*
aber mais
abfahren partir
abgemacht! entendu!
Abreise départ *(m)*
abreisen partir
Absatz (v. Schuh) talon (.)
Abschnitt section *(f)*
abwesend absent *(m)*, -e *(f)*
acht huit
Achtung! Attention!
achtzehn dix-huit
achtzig quatre-vingt
Adjektiv adjectif *(m)*
Adverb adverbe *(m)*
Ärger chagrin *(m)*
Ärmel manche *(f)*
äußerst dernier *(m)*, -ère *(f)*
Affe singe *(m)*
Afrika Afrique *(f)*
Agentur agence *(f)*
Aktentasche serviette *(f)*
Aktien actions *(f pl.)*
Aktiengesellschaft société anonyme *(f)*
Akzent accent *(m)*
alle(s) tout, -e/tous, toutes
Allee avenue *(f)*
allein seul
allgemein *(Adj.)* général *(m)*, -e *(f)*
allgemein *(Adv.)* généralement
Alphabet alpahbet *(m)*
alt vieux *(m)*, vielle *(f)*
Alter âge *(m)*
am besten (adv.) le mieux
am liebsten (adv.) le mieux
am meisten le plus
Ameise fourmi *(f)*
Amerika Amérique *(f)*
Amerikaner Américain
Amerikanerin Américaine
amerikanisch américain, -e
Amt bureau *(m)*
anbieten offrir
anbinden attacher
Anblick spectacle *(m)*
Andenken souvenir *(m)*
andere(r) autre
Anfang entrée *(f)*
anfangen commencer
anfüllen remplir
angehören appartenir
Angelegenheiten les affaires *(f)*
angenehm agréable
Angestellte(r) employé *(m)*, -e *(f)*
Angst haben avoir peur
anhalten arrêter
Ankleide toilette *(f)*
anknipsen (Licht) allumer
ankommen arriver
anläßlich à propos de
Anmerkung note *(f)*
annehmen accepter
Anordnung ordre *(m)*
anprobieren essayer
Anschrift adresse *(f)*
Ansehen air *(m)*
Ansicht idée *(f)*
anstatt au lieu de
anstreichen peindre
Antwort réponse *(f)*
antworten répondre
anwenden apporter; pratiquer
Anzeige annonce *(m)*
anzeigen indiquer
anziehen mettre
Anzug complet (*m*, für Männer); tailleur (*m*, für Frauen)
anzünden allumer
Apfel pomme *(f)*
Apotheke pharmacie *(f)*

Appetit appétit *(m)*
April avril *(m)*
Araber(in), arabisch arabe *(m + f)*
Arbeit travail *(m)*
arbeiten traveiller
Arbeitgeber patron *(m)*
Arbeitsanzug combinaison *(f)*
Architekt architecte *(m)*
Architektur architecture *(f)*
Arie air *(m)*
arm pauvre *(m + f)*
Arm bras *(m)*
Art sorte *(f)*
Artikel article *(m)*
Arznei médicament *(m)*
Aschenbecher cendrier
Asien Asie *(f)*
Aspirin aspirine *(f)*
Atlantik Atlantique *(m)*
atmen respirer
Atom... atomique
auch aussi
auf à; pour; sur
auf jeden Fall de toute façon
aufbewahren garder
Aufbruch départ *(m)*
aufhören cesser
Aufmerksamkeit attention *(f)*
aufrichtig serieux *(m)*, -se *(f)*; sincèrement
Aufsicht inspection *(f)*
aufstehen se lever
Auftrag commission *(f)*
Auge oeil *(m)*, les yeux *(f)*
August août *(m)*
ausbessern réparer
Ausdruck expression (F.)
ausdrücken exprimer
auserlesen exquis *(m)*, -e *(f)*
Ausflug tour *(m)*
Ausgaben dépenses *(f)*
Ausgang sortie *(f)*
ausgeben dépenser
ausgehen sortir
ausgenommen sauf
ausgezeichnet excellent *(m)*, -e *(f)*
Auskunft renseignement *(m)*
Ausländer(in) étranger *(m)*, -ère *(f)*
ausländisch étranger *(m)*, gère *(f)*
auslöschen éteindre
Ausnahme exception *(f)*
Ausrede détour *(m)*
ausruhen se reposer
Aussage rapport *(m)*
Ausschuß commission *(f)*
außer wenn à moins que
Aussicht vue *(f)*
Aussprache prononciation *(f)*
Ausstellung exposition *(f)*
Auster huître *(f)*
Australien Australie *(f)*
Australier(in) Australien *(m)*, -ne *(fem.)*
australisch Australien *(m)*, -ne *(f)*
ausüben pratiquer
Auto auto *(f)*
automatisch automatique
Autorität autorité *(f)*

B

Baby bébé *(m)*
Badehose maillot de bain *(m)*
Bad bain *(m)*
Badeanzug maillot de bain *(m)*
Badeort plage *(f)*
Badezimmer salle de bain *(f)*
Bäckerei boulangerie *(f)*
Bär ours *(m)*
Bahnhof gare *(f)*
Bahnsteig quai *(m)*
bald bientôt
Ball balle *(f)*
Banane banane *(f)*

Bank (als Wechselbank) banque *(m)*
Bankier banquier *(m)*
Bar bar *(m)*; boîte *(f)*
Bart barbe *(f)*
Batterie batterie *(f)*
bauen construire
Bauernhof ferme *(f)*
Baum arbre *(m)*
Baumwolle coton *(m)*
Beamter officier *(m)*
beantworten répondre
beaufsichtigen inspecter
bedauern regretter
bedecken couvrir
bedeuten vouloir dire; signifier
Bedingung condition *(f)*
beeilen, sich se dépêcher
beenden finir
beendet fini *(m)*, -e *(f)*
Beerdigung enterrement *(m)*
befehlen commander
befestigen arrêter
befördern avancer
befremden frapper
befreundet ami *(m)*, -e *(f)*
beglaubigen certifier
Begrenzung limite *(f)*
behaglich confortable *(m + f)*
Behörde autorité *(f)*
beide tous les deux *(m)*, toutes … *(f)*
Bein jambe *(f)*
Beispiel exemple
bekommen recevoir
Beleidigung insulte *(f)*
Belgien Belgique *(f)*
Belgier belge *(m)*
belgisch belge (m u.f.)
beliebt populaire *(m + f)*
Belohnung récompense *(f)*
belustigend amusant *(m)*, -e *(f)*
bemerken remarquer
benutzen emprunter
Benzin essence *(f)*
beobachten regarder, observer
bequem commode
Berechnung compte *(m)*
bereuen regretter
Berg montage *(f)*
Bericht rapport *(m)*
berühmt fameux *(m)*, -euse *(f)*
berühren toucher
Beruf profession *(f)*
beschäftigt très occupé
Beschäftigung occupation *(f)*
Beschaffenheit condition *(f)*
bescheinigen certifier
beschimpfen insulter
beschließen arrêter
Besen balai *(m)*
besetzt occupé *(m)*, -e *(f)*
besetzt! complet!
Besitz propriété *(f)*
besitzen posséder
besser meilleur *(m)*, -e *(f)*
beständig permanent *(m)*, -e *(f)*
beste, der, die (adj.) le meilleur *(m)*, la meilleure *(f)*
bestehen (auf etw.) insister
bestellen commander
bestimmt certainement
Besuch visite *(f)*
besuchen visiter
Besucher(in) visiteur *(m)*, -euse *(f)*
betrachten regarder
Betrag montant *(m)*
betreffend concernant
betrunken ivre
Bett lit *(m)*
Bettdecke dessus de lit *(m)*
beunruhigen, sich s'inquiéter
Beutel sac *(m)*
bevorzugt préféré *(m)*, -e *(f)*
bewachen garder
bewandert entendu
bewegen mouvoir
beweisen prouver

bewundern admirer
bezahlen payer
bezahlt payé *(m)*, -e *(f)*
bezwecken chercher
Biegung coude *(m)*
Biene abeille
Bier bière *(f)*
Bild photo *(f)*
billig bon marché
bis à; jusqu'à
bitten demander
bitte s'il vous plaît
bitte (gern geschehen) de rien
blasen souffler
blau bleu *(m)*, -e *(f)*
bleiben rester
Bleistift crayon *(m)*
Blick vue *(f)*
blödsinnig idiot *(m)*, -e *(f)*
blond blond *(m)*, -e *(f)*
bloß seul; seulement
Blume fleur *(f)*
Blumenhändler(in) fleuriste *(m + f)*
Blut sang *(m)*
Boden fond *(m)*
Börse bourse *(f)*
böse mauvais *(m)*, -e *(f)*
böse (auf jdm.) fâché
Bohne haricots *(m)*
Bombe bombe *(f)*
Boot bateau *(m)*
borgen emprunter
Botschaft ambassade *(f)*
Botschaft (Nachricht) message
Bräutigam (am Hochzeitstag) marié *(m)*
brauchen avoir besoin de
braun brun *(m)*, -e *(f)*
Braut (am Hochzeitstag) mariée *(f)*
brav brave
Bremse frein *(m)*
brennen bruler
Brief lettre
Briefkasten boîte (aux lettres) *(f)*
Briefmarke timbre *(m)*
Brieftasche portefeuille *(m)*
Briefträger facteur *(m)*
Briefumschlag enveloppe *(f)*
Briefwechsel correspondance *(f)*
Brille lunettes *(f)*
bringen apporter; porter
bringen Sie mir... apportez-moi
Brot pain *(m)*
Bruder frère *(m)*
Brücke pont *(m)*
brünett brun *(m)*, -e *(f)*
Brust poitrine *(f)*
Buch livre *(m)*
Buchhandlung librairie *(f)*
buchstabieren épeler, s'écrire
Bühne scène *(f)*
Büro bureau *(m)*
Büstenhalter soutien-gorge *(m)*
Bulle taureau *(m)*
Bus autobus *(m)*
Bushaltestelle arrêt de l'autobus
Butter beurre *(m)*

C

Café café *(m)*
Charakter caraktère *(m)*
Chauffeur chauffeur *(m)*
China Chine *(f)*
Chinese, chinesisch chinois *(m)*, -e *(f)*
Computer ordinateur *(m)*

D

da (Grund) comme
Dach toit *(m)*
damals alors
Dame dame *(f)*

Damentoilette toilettes pour dames *(f pl.)*
dankbar reconnaissant *(m)*, -e *(f)*
danke merci
dann alors
darin à l'intérieur *(m)*, dedans
darstellend représent *(m)*, -e *(f)*
das ist alles c'est tout
daß que
Datum date *(f)*
dauern durer
Deck pont *(m)*
Decke tapis *(m)*
denken penser
Denkmal monument *(m)*
denn donc
dennoch pourtant
der, die le, la, les
Deutsche(r), deutsch allemand *(m)*, -e *(f)*
Deutschland Allemagne
Dezember décembre *(m)*
Diamant diamant *(m)*
Dichter poète *(m)*
Dichtung poésie *(f)*
dick gros *(m)*, -se *(f)*
Diebstahl vol *(m)*Fußboden
Dienstag mardi *(m)*
Dienst service *(m)*
Dienstleistung service *(m)*
Dienstmädchen bonne *(f)*
diese *(Pl.)* ces *(m + f. Pl.)*, ceux-ci *(m Pl.)*, celles-ci *(f pl.)*
dieser, diese *(pro.)* celui-ci *(m)*, celle-ci *(f)*
dieser, diese ce *(m)*, cette *(f)*
Ding chose *(f)*
Direktor directeur *(m)*
doch donc; pourtant; si
Doktor docteur *(m)*
Dollar dollar *(m)*
Dolmetscher interprète *(m) (f)*
Dom cathédrale *(f)*
Donnerstag jeudi *(m)*
Dorf village *(m)*
dort là; là-bas
Dosenöffner ouvre-boîte *(m)*
draußen à l'extérieur, dehors
dreckig sale *(m + f)*
drei troa
dreißig trente
dreizehn treize
dringend urgent *(m)*, -e *(f)*
Dringlichkeit urgence *(f)*
dritte(r) toisième
drollig drôle *(m + f)*
dünn mince *(m + f)*
Duft parfum *(m)*
dulden permettre
dumm stupide; bête *(m + f)*
dunkel sombre *(m + f)*
durch à travers; par
durchqueren traverser
Durchschnitt moyenne *(f)*
durstig sein avoir soif
Dusche douche *(f)*
Dutzend douzaine *(f)*

E

echt pur *(m)*, -e *(f)*
Ecke coin *(m)*
edel généreux *(m)*, -euse *(f)*
Ehefrau femme *(f)*
Ehemann mari *(m)*
eher plutôt
Ehre honneur *(m)*
ehrlich honnête
Ei oeuf *(m)*
Eierkuchen omelette *(f)*
eifersüchtig jaloux *(m)*, ouse *(f)*
Eigenschaft qualité *(f)*
Eigenschaft (in der E. als) comme
Eigentümer(in) propriétaire *(m + f)*
eigentümlich original *(m)*, -e *(f)*
eilig haben être pressé (e)

ein, eine un *(m)*, une *(f)*
Einbildung imagination *(f)*
einfach pur *(m)*, -e *(f)*
einfach, simpel simple *(m + f)*
Einfassung ceinture *(f)*
einführen importer
einführen installer; introduire; présenter
Eingang entrée *(f)*
eingeschlafen endormi *(m)*, -e *(f)*
eingeschlossen inclus *(m)*, -e *(f)*; compris *(m)*, -e *(f)*
einheimisch résident *(m)*, -e *(f)*
einige quelques
einkaufen acheter
Einkommen revenu *(m)*
einladen inviter
Einladung invitation *(f)*
einmal une fois
Einnahme recette *(f)*
einpacken empaqueter
einpferchen parquer
einsam seul
einsammeln lever
einschreiben lassen (Post) recommander
Einspritzung injection *(f)*
Eintritt entrée *(f)*
Einverständnis concert *(m)*
einwickeln envelopper
Einwohner habitant *(m)*, -e *(f)*
Einzelheit détail *(m)*
einzig seul
Eis glace *(f)*
Eisenbahn chemin de fer *(m)*
Elefant éléphant *(m)*
elegant élégant *(m)*, -e *(f)*
Elektrizität électricité *(f)*
elf onze
Elfenbein ivoire *(m)*
Ellbogen coude*(m)*
Eltern parents (m Pl.)
empfangen recevoir
empfehlen recommander
empfinden sentir
Ende fin *(f)*
endlich enfin; final *(m)*, -e *(f)*
Endung terminaison *(f)*
Engel ange *(m)*
England Angleterre
Engländer(in) anglais *(m)*, -e *(f)*
englisch anglais *(m)*, -e *(f)*
Engpaß défilé *(m)*
Enkel petit-fils *(m)*
Enkelin petite-fille *(f)*
entdecken découvrir
Ente canard *(m)*
entkommen s'échapper
entscheiden décider
Entschluß conseil *(m)*
Entschuldigen Sie Excusez-moi!
entstehen venir
enttäuscht déçu (m., *(f)*
entzückend charmant *(m)*, -e *(f)*
entzückt enchanté *(m)*, -e *(f)*
er il *(m)*
erben hériter
erbitten demander
Erbsen petits pois (m Pl.)
Erde terre *(f)*
ereignen, sich se passer
erfahren entendu
Erfahrung expérience *(f)*
Erfolg succès *(m)*
erfüllen remplir
erheben lever
erinnern, sich se rappeler
Erinnerung souvenir *(m)*
erkennen reconnaître
erklären expliquer
Erklärung explication *(f)*; exposition *(f)*
erlangen obtenir
erlauben permettre
Erlaubnis permis *(m)*
erlaubt permis *(m)*, -e *(f)*
erleiden faire
ernst serieux *(m)*, -se *(f)*
erörtern discuter

erreichen atteindre
errichten construire
ersetzen réparer
erste (der, die, das) premier *(m)*, -ère *(f)*
Ertrag recette *(f)*
ertrinken se noyer
erwarten attendre
Erzählung roman *(m)*
erzeugen produire
Erzeugnis production *(f)*
Erzeugung génération *(f)*
es gibt il y a
essen manger
Essig vinaigre *(m)*
Eßzimmer salle à manger *(f)*
etwas *(Pron.)* du, de la, de l', des, de -, en
etwas *(Teilungsartikel)* du, de la, de l', des, en
etwas quelque chose; un peu
euch vous
Europa Europe *(f)*
Europäer, europäisch européen *(m)*, -enne *(f)*
exportieren exporter

F

Fabrik usine *(f)*
fabrizieren fabriquer
Faden fil *(m)*
fahren aller en voiture; conduire
fahren (Flugzeug, Schiff) naviguer
Fahrer chauffeur *(m)*
Fahrkarte billet *(m)*
Fahrrad bicyclette *(f)*
Fahrstuhl asconseur *(m)*
Fahrt trajet *(m)*; voyage *(m)*
fallen descendre; tomber
falls si
falsch faux *(m)*, fausse *(f)*
Familie famille *(f)*
Farbe couleur *(f)*; peinture *(f)*
fast presque
faul paresseux *(m)*, -euse *(f)*
Faust poing *(m)*
Februar février *(m)*
fehlen manquer
Fehler tache *(f)*
Feld champ *(m)*; terre *(f)*
Feldlazarett ambulance *(f)*
Fenster fenêtre *(f)*
Ferien vacances *(f pl.)*
Fernsehen télévision *(f)*
Ferse talon *(m)*
Fernsprechzelle cabine *(f)*
fertig prêt *(m)*, -e *(f)*
fest fort *(m)*, -e *(f)*; solide *(m + f)*
Feuer feu *(m)*
Feuerwehrmann pompier *(m)*
Fieber fièvre *(f)*
Figur taille *(f)*
Film film *(m)*
finden trouver
Finger doigt *(m)*
Fisch poisson
fischen pêcher
Fischfang pêeche *(f)*
Flagge drapeau
Flasche bouteille *(f)*
Fleck tache *(f)*
Fleisch viande *(f)*
Fleischer(in) boucher *(m)*, ère *(f)*
Fleischerei boucherie *(f)*
Fliege mouche *(f)*
fliegen voler
Flossen bras (m Pl.)
Flughafen aéroport *(m)*
Flug vol *(m)*
Flugzeug avion *(m)*
Fluß fleuve *(m)*
folgen suivre
Form forme *(f)*
Formel formule *(f)*
formell formel *(m)*, -elle *(f)*

formen former
Formular formule *(f)*
Forscher explorateur *(m)*
fortdauern continuer
fortsetzen continuer
Fotoapparat appareil photographique *(m)*
Fräulein Mademoiselle *(f)*
Frage question *(f)*
fragen demander
Frankreich France *(f)*
französisch, Franzose français *(m)*, -e *(f)*
Frau, (gnädige) madame *(f)*
frei libre
freigebig généreux *(m)*, -euse *(f)*
Freiheit liberté
Freitag vendredi
fremd étranger *(m)*, gère *(f)*
Freude plaisir *(m)*
Freund(in) ami *(m)*, -e *(f)*
freundlich gracieux *(m)*, -euse *(f)*
Frieden paix *(f)*
Friedhof cimetière *(m)*
frisch frais *(m)*, fraîche *(f)*
Friseur coiffeur *(m)*
Frosch grnouille *(f)*
Frucht fruit *(m)*
früh de bonne heure
Frühling printemps *(m)*
Frühstück petit déjeuner *(m)*
Fuchs renard *(m)*
fühlen (sich) (se) sentir
führen conduire
Führer guide *(m)*
Führerschein permis de conduire *(m)*
Füller stylo *(m)*
fünf cinq
fünfzehn quinze
fünfzig cinquante
für pour
Fürst prince *(m)*
Fürstin princesse *(f)*
Fürwort pronom *(m)*
Fuß pied *(m)*
Fußgänger péton *(m)*
Futter nourriture *(f)*
Futur (gramm.) futur *(m)*

G

Gabel fourchette *(f)*
Gans oie *(f)*
ganz absolument; entier *(m)*, -ière *(f)*
ganz(e, -er, -es) tout, -e/tous, toutes
ganz und gar tout à fait
Garage garage *(m)*
Garderobe vestiaire *(m)*
Garn fil *(m)*
Garnelen crevettes *(f pl.)*
Garten jardin *(m)*
Gast hôte *(m)*, -sse *(f)*; invité *(m)*, -e *(f)*
Gastfreundschaft hospitalité *(f)*
Gastgeber(in) hôte *(m)*, -sse *(f)*
Gebäck patisserie *(f)*
Gebäude batiment *(m)*
Gebäude (öffentl.) hôtel *(m)*
geben donner
Gebiet zone *(f)*
Gebirge montagne *(f)*
geboren né *(m)*, -e *(f)*
gebrauchen employer
Geburtstag anniversaire *(m)*
Gedanke idée *(f)*
gefährlich dangereux *(m)*, -reuse *(f)*
Gefälligkeit service *(m)*
Gefängnis prison *(f)*
Gefahr risque *(m)*
gegen contre; vers
Gegenstand objet *(m)*
gegenüber en face
Gegenwart présent *(m)*
geheim secret *(m)*, -e *(f)*
Geheimnis mystère *(m)*
gehen aller; marcher

Gehen Sie!, geht! Sortez!
Gehen Sie weg!, geht weg! Allez-vous-en!
Gehirn cerveau *(m)*
gehorchen obéir
Geige violon *(m)*
Geistlicher prêtre *(m)*
gekauft acheté
gelb jaune
Geld argent *(m)*
Geldstück pièce *(f)* de monnaie
Gelegenheit occasion *(f)*
gemacht fait *(m)*, -e *(f)*
Gemälde peinture *(f)*; tableau *(m)*
gemein sale *(m + f)*
Gemüse légume *(m)*
genau *(Adj.)* exact *(m)*, -e *(f)*
genau *(Adv.)* exactement
Generation génération *(f)*
genug assez
Gepäck bagage *(m)*
gerade droit *(m)*, -e *(f)*
gerade *(zeitl.)* à l'instant même
gerade als comme
gering petit *(m)*, -e *(f)*
gern haben aimer
geröstet grillé *(m)*, -e *(f)*
Gesäß derrière *(m)*
Geschäft magasin *(m)*, boutique *(f)*
Geschäfte les affaires *(f)*
Geschäftsmann homme d'affaires *(m)*
Geschenk cadeau *(m)*
Geschichte histoire *(f)*
geschickt habile *(m + f)*
geschieden divorcé *(m)*, -e *(f)*
Geschlecht génération *(f)*; race *(f)*; sexe *(m)*
geschlossen fermé *(m)*, -e *(f)*
Geschmack goût *(m)*
Geschwindigkeit vitesse *(f)*
gesehen vu *(m)*, -e *(f)*
Gesellschaft compagnie *(f)*
Gesicht visage *(m)*
Gespräch conversation *(f)*; dialogue *(m)*
Gestalt forme *(f)*
gestern hier
gesund sain *(m)*, -e *(f)*
Gesundheit santé *(f)*
Getreide blé *(m)*
getrennt séparé *(m)*, -e *(f)*
Gewehr fusil *(m)*
gewesen été
Gewicht poids *(m)*
Gewinn profit *(m)*
gewinnen gagner
gewöhnlich d'habitude; ordinaire
Gewohnheit habitude *(f)*
Gift poisson *(m)*
giftig vénéneux *(m)*, -euse *(f)*
Gitarre guitare *(f)*
glänzen briller
glänzend brillant *(m)*, -e *(f)*
Glas verre *(m)*
glauben croire
Glaubwürdigkeit autorité *(f)*
gleich même
Glück chance *(f)*; fortune *(f)*
glücklicherweise heureusement
Glückwünsche félicitations *(f)*
Gold or *(m)*
Golf(spiel) golf *(m)*
Gott Dieu
Grab tombe *(f)*
Gras herbe *(f)*
grau gris *(m)*, -e *(f)*
Grieche, griechisch grec *(m)*, grecque *(f)*
Griechenland Grèce *(f)*
grob gros *(m)*, -se *(f)*
Größe taille *(f)*
größer werden grandir
groß grand *(m)*, -e *(f)*
Großmutter grand-mère *(f)*
Großvater grand-père *(m)*
grün vert *(m)*, -e *(f)*
gründen former
gründlich profond *(m)*, -e *(f)*

Grund raison *(f)*
Gruppe groupe *(m)*
Gürtel ceinture *(f)*
gut *(Adj.)* bon *(m)*, bonne *(f)*
gut *(Adv.)* bien

H

Haar *(Sg.)* cheveau *(m Sg.)*
Haar(e) *(Pl.)* cheveux *(m Pl.)*
Haarbürste brosse à cheveux *(f)*
Haarschnitt coupe de cheveux *(f)*
haben avoir
häßlich laid *(m)*, -e *(f)*
Hai requin *(m)*
halb demi *(m)*, -e *(f)*
Hallo! Allô!
Hals cou *(m)*
Halsband collier *(m)*
Halskette collier *(m)*
Halstuch (seidenes) foulard *(m)*
haltbar solide *(m + f)*
halten garder; tenir
Hammer marteau *(m)*
Hand main *(f)*
Handgelenk poignet *(m)*
handgemacht fait à la main
Handschuh gant*(m)*
Handtuch serviette *(f)*
Handwerkszeug outil *(m)*
hart dur *(m)*, -e *(f)*
hassen haïr, détester
Hauptmann capitaine *(m)*
hauptsächlich principal *(m)*, -e *(f)*
Haus maison *(f)*; toit *(m)*
Hausherr patron (M.)
Haut cuir *(m)*; peau *(f)*
Heer armée *(f)*
heilen guérir
heilig saint *(m)*, -e *(f)*
Heilmittel médicament *(m)*
heimlich en dessous
Heirat mariage *(m)*
Held héros *(m)*
helfen aider
hell clair *(m)*, -e *(f)*
Hemd chemise *(f)*
herausgehen sortir
Herbst automne *(m)*
herb (Wein) sec *(m)*, sèche *(f)*
herbeirufen appeler
Herkunft sang *(m)*
Herr monsieur *(m)*
Herren messieurs *(m)*
Herrentoilette toilettes pour hommes *(f pl.)*
Hervorhebung accent *(m)*
Herz coeur *(m)*
heute aujourd'hui
heute abend ce soir
hier ici
Hilfe! Au secours!
Himmel ciel *(m)*
hindern empêcher
hineintun mettre
hinten derrière
hinter après; derrière
Hintere(r) derrière *(m)*
Hintergrund fond *(m)*
Hinterseite derrière *(m)*
hinuntersteigen descendre
hinzufügen ajouter
Hitze chaleur *(f)*
hoch haut *(m)*, -e *(f)*
Höchstgeschwindigkeit plafond *(m)*
höflich poli *(m)*, -e *(f)*
Hölle enfer *(m)*
hören entendre
hoffen espérer
holen lassen envoyer chercher
Holz bois *(m)*
Honig miel
Hose pantalon *(m)*
Hotel hôtel *(m)*

Hubscharauber helicoptère *(m)*
hübsch joli *(m)*, -e *(f)*
Hügel colline *(f)*
Hühnchen poulet *(m)*
Hummer homard *(m)*
Hund chien *(m)*
hundert cent
hungrig sein avoir faim
Husten toux *(f)*
Hut chapeau *(m)*, Pl.: chapeaux

I

ich je
ich selbst moi-même
Idee idée *(f)*
ihr(e), sein(e) son *(m)*, sa *(f)*, ses *(m + f Pl.)*
ihr/Sie vous
Illustration illustration *(f)*
immer toujours
Impfung vaccination *(f)*
in à; dans
in Anbetracht (gen.) vu *(m)*, -e *(f)*
in bezug auf pour
Industrie industrie *(f)*
Insekt insecte *(m)*
Insel île *(f)*
industriell industriel *(m)*, elle *(f)*
Ingenieur ingénieur *(m)*
insgesamt tout, -e/tous, toutes
installieren installer
Instrument instrument *(m)*
interessant intéressant *(m)*, -e *(f)*
international international *(m)*, -e *(f)*
irgendein *(Adj.)* quelque
irgendeiner, -eine, -eins quelqu'un, -e
irgendetwas quelque chose
irgendwo n'importe où
irgendwo(hin) quelque part
irisch, Ire irlandais *(m)*, -e *(f)*
Irland Irlande *(f)*
Irrtum erreur *(f)*
Israel Israël *(m)*
Israeli, israelisch israélien *(m)*, -ienne *(f)*
ist est
Italien Italie *(f)*
italienisch, Italiener(in) italien *(m)*, -ne *(f)*

J

ja oui
Jacke veste *(f)*
Jahr (Dauer) année *(f)*
Jahreszeit saison *(f)*
Jahrhundert siècle *(m)*
Januar janvier *(m)*
Japan Japon *(m)*
Japaner, japanisch japonais *(m)*, -e *(f)*
jeder (jede, jedes) chaque; tout, -e/tous, toutes
jedermann tout le monde
jemals jamais
jemand quelqu'un, -e
jene *(Pl., pro.)* ceux-là *(m)*, celles-là *(f)*
jetzt maintenant
jüdisch juif *(m)*, juive *(f)*
Jugend jeunesse *(f)*
Juli juillet *(m)*
jung jeune *(m + f)*
Junge garçon *(m)*
Junggeselle *(subst. u. adj.)* célibataire *(m + f)*
Juwelier bijouterie *(f)*

K

Kabine cabine *(f)*
Käse fromage *(m)*

Kaffee café *(m)*
Kai quai *(m)*
Kajüte cabine *(f)*
Kalb veau *(m)*
Kalbfleisch veau *(m)*
Kalender calendrier *(m)*
kalt froid *(m)*, -e *(f)*
Kamera caméra *(f)*
Kamin cheminée *(f)*
Kamm peigne *(m)*
Kaninchen lapin *(m)*
Kanne pot *(m)*
Kapitän capitaine *(m)*
Karte carte *(f)*
Kartoffel pomme de terre *(f)*
Kassierer(in) caissier *(m)*, -ière *(f)*
Kasten boîte *(f)*
Katalog catalogue *(m)*
Kater chat *(m)*
katholisch catholique *(m + f)*
Katze chat *(m)*
kaufen acheter
Kehle gorge *(f)*
kein *(adj.)* pas de
keine(r) aucun *(m)*, -e *(f)*
Keller cave *(f)*
Kellergeschoß sous-sol *(m)*
Kellerwohnung sous-sol *(m)*
Kellner garçon *(m)*
Kellnerin serveuse *(f)*
kennen connaître
Kilometer kilomètre *(m)*
Kind enfant *(m + f)*
Kinn menton *(m)*
Kirche église *(f)*; temple *(m)*
Kirschen cerises *(f)*
Klang son *(m)*
klar clair *(m)*, -e *(f)*
Klasse classe *(f)*
Klavier piano *(m)*
Klebstoff colle *(f)*
Kleid robe *(f)*
Kleidungsstücke vêtements *(m)*
klein petit *(m)*, -e *(f)*
Kleingeld monnaie *(f)*
klettern grimper
Klima air *(m)*; climat *(m)*
Klingel sonnette *(f)*
Klub club *(m)*
klug intelligent *(m)*, -e *(f)*
Knie genou *(m)*
Knoblauch ail *(m)*
Knopf bouton *(m)*
Knospe bouton *(m)*
Koch, Köchin cuisinier *(m)*, -ère *(f)*
kochen faire la cuisine, cuire
Kochtopf casserole *(f)*
König roi *(m)*
Königin reine *(f)*
können pouvoir
Körper corps *(m)*
köstlich délicieux *(m)*, -ieuse *(f)*
Koffer valise *(f)*
Kognak cognac *(m)*
Kohl chou *(m)*
Kombination combinaison *(f)*
kommen venir
kommend prochain *(m)*, -e *(f)*
Kommunist, kommunistisch communiste *(m + f)*
komponieren composer
Konditorei pâtisserie *(f)*
konstruieren construire
Konto compte *(m)*
kontrollieren contrôler
Konzert concert *(m)*
Kopf tête *(f)*
Kopfkissen oreiller *(m)*
Kopfschmerzen mal de tête *(m)*
Kopie copie *(f)*
Korb panier *(m)*
Korkenzieher tire-bouchon *(m)*
kosten coûter
Kotelett côtelette *(f)*
Kousin cousin *(m)*, -e *(f)*
Kraftfahrer conducteur *(m)*

krank malade
Krankenhaus hôpital *(m)*
Krankenschwester infirmière *(f)*
Krankenwagen ambulance *(f)*
Krankheit maladie *(f)*
Krawatte cravate *(f)*
Kredit crédit *(m)*
Krieg guerre *(f)*
Krise crise *(f)*
kritisieren critiquer
Krümmung détour *(m)*
Kuchen gâteau *(m)*
Küche cuisine *(f)*
kühl frais *(m)*, fraîche *(f)*
Kühlschrank réfrigérateur *(m)*
Künstler(in) artiste (m. f.)
künstlerisch artiste
kürzlich récemment
küssen embrasser
Küste côte *(f)*
Kugel balle *(f)*
Kuh vache *(f)*
Kummer chagrin *(m)*
Kunde client *(m)*, -e *(f)*
Kunst art *(m)*
Kunstfertigkeit art *(m)*
kurz bref *(m)*, brève *(f)*; court *(m)*, -e *(f)*

L

Laboratorium laboratoire *(m)*
Laden magasin *(m)*
Lärm bruit *(m)*
Lage condition; position; situation *(f)*
Lamm agneau *(m)*
Land pays *(m)*; terre *(f)*
Land (im Gegensatz zur Stadt) campagne *(f)*
Landschaft paysage *(m)*
lang long *(m)*, -gue *(f)*
langsam lent *(m)*, -e *(f)*
langweilig ennuyeux *(m)*, .euse *(f)*
Lappalie rien *(m)*
lassen *(vor inf.)* faire
Lastwagen camion *(m)*
laufen courir
laut haut *(m)*, -e *(f)*
Laut son *(m)*
leben respirer; vivre
Leben vie *(f)*
Leber foie *(m)*
leer vide (m. u.f.)
legen mettre
lehren enseigner
Lehrer professeur *(m)*
Lehrstunde leçon
leicht facilement
leider malheureusement
leihen prêter
Leim colle *(f)*
lernen apprendre
lesen lire
letzt dernier *(m)*, -ère *(f)*
Leute gens (m. u. f. Pl.)
Licht lumière *(f)*
lieb cher *(m)*, chère *(f)*
lieben aimer
liebenswürdig gentil *(m)*, -ille *(f)*
Lied chanson *(f)*
liefern (ab-, aus-) livrer
links gauche *(f)*
Lippe lèvre *(f)*
Liste liste *(f)*
loben louer
Loch trou *(m)*
Löffel cuiller *(f)*, cuillère *(m)*
Löwe lion *(m)*
Lohn prix *(m)*; salaire *(m)*
loskommen sortir
Lotterie loterie *(f)*
Lüge mensonge *(m)*
Luft air *(m)*
Luftpost, mit par avion
Lunge poumon *(m)*

M

machen faire
Mädchen fille *(f)*
März mars *(m)*
Magazin revue *(f)*, magazine *(m)*
Magen estomac *(m)*
Mahlzeit repas *(m)*
Mai mai *(m)*
malen peindre
manchmal quelquefois
Maniküre manucure *(f)*
Mann homme *(m)*
Mannigfaltigkeit variété *(f)*
Mannschaft équipe *(f)*
Mantel manteau *(m)*
Markt marché *(m)*
Marmor marbre *(m)*
marschieren marcher
Maschine machine *(f)*
Massage massage *(m)*
Mauer mur *(m)*
Maus souris *(f)*
Mechaniker mécanicien *(m)*
Meeresfrüchte fruits de mer *(m Pl.)*
Meer mer *(f)*
Mehl farine *(f)*
mehr plus
mehrere plusieurs *(m + f)*
Meile mille *(m)*
mein, meine mon *(m)*, ma *(f)*, mes *(m + f Pl.)*
Meinung opinion *(f)*
meisten, die la plupart de
Meister patron *(m)*
Melodie air *(m)*
Menge foule *(f)*; masse *(f)*; quantité *(f)*
Mensch homme *(m)*
Menschheit monde *(m)*
Merkmal signe *(m)*
Messe (rel.) messe *(f)*
Messer couteau *(m)*
Metall métal
Methode formule *(f)*
mexikanisch, Mexikaner mexicain *(m)*, -e *(f)*
Mexiko Mexique
Miene air *(m)*
mieten louer
Mieter(in) locataire *(m + f)*
Mikrofon micro *(m)*
Milch lait *(m)*
Million million
Minister ministre *(m)*
Minute minute *(f)*
mir, mich me, moi *(m + f)*
mischen mélanger
Mischung mélange *(m)*
Mißverständnis malentendu *(m)*
mit avec
Mitglied membre *(m)*
Mittag midi *(m)*
Mittagessen déjeuner *(m)*
Mitte milieu *(m)*
Mittel moyenne *(f)*
Mittelpunkt centre *(m)*
Mitternacht minuit *(m)*
mittlere(r, -es) moyen *(m)*, -ne *(f)*
Mittwoch mercredi *(m)*
Mode mode *(f)*
modern moderne *(m + f)*
Möbel meubles *(m)*
möglich possible
Mohrrübe carotte *(f)*
Moment moment *(m)*
Mond lune *(f)*
Montag lundi *(m)*
Morgen matin *(m)*
morgen demain
Motor moteur (m.9
Motorrad motocyclette *(f)*
müde fatigué *(m)*, -e *(f)*
Münze pièce *(f)* de monnaie
müssen devoir; il faut
Mütze casquette *(f)*
Mund bouche *(f)*

Museum musée *(m)*
Musik musique *(f)*
musikalisch musicien *(m)*, -ne *(f)*
Muskel muscle *(m)*
Muster dessin *(m)*; modèle *(m)*
mutig généreux *(m)*, -euse *(f)*
Mutter mère *(f)*

N

nach pour
nach *(räuml.)* à
nach *(zeitl.)* après
nach … hin à
Nachahmung imitation *(f)*
Nachbarschaft voisinage *(m)*, quartier *(m)*
nachher après
Nachmittag après-midi *(m)*
Nacht nuit *(f)*
Nadel épingle *(f)*
nahe près
Nahrungsmittel nourriture *(f)*
Name nom *(m)*
Naschwerk bonbon *(m)*
Nase nez *(m)*
Nationalität nationalité *(f)*
natürlich bien entendu
Nebel brouillard *(m)*
Neffe neveu *(m)*
nehmen prendre
nein non
nervös nerveux *(m)*, -euse *(f)*
Nerz vison *(m)*
nett gentil *(m)*, -ille *(f)*
neu nouveau *(m)*, -elle *(f)*
Neues Jahr Nouvel An
Neuigkeiten nouvelles *(f pl.)*
neun neuf
neunzehn dix-neuf
neunzig quatre-vingt-dix
neutral neutre *(m + f)*
nicht ne … pas
Nichte nièce *(f)*
nichts rien *(m)*
nie(-mals) ne … jamais
niedlich joli *(m)*, -e *(f)*
niedrig bas *(m)*, se *(f)*
niemand personne
nirgends nulle part
noch encore
Norden nord *(m)*
normal normal *(m)*, -e *(f)*
normalerweise d'habitude
Note note *(f)*
Notiz note *(f)*
notwendig nécessaire *(m + f)*
November novembre *(m)*
nützlich utile *(m + f)*
Null zéro *(m)*
nur seulement
Nuß noix *(f)*
Nutzen profit *(m)*

O

ob si
oberhalb au-dessus (de); en haut
Oberst colonel *(m)*
Ochse boeuf *(m)*
oder ou
öffentlich public *(m)*, -que *(f)*
Öffentlichkeit publicité *(f)*
öffnen ouvrir
ökonomisch économique
Öl huile *(f)*
Österreich Autriche *(f)*
Österreicher(in) autrichien *(m)*, -ne *(fem.)*
österreichisch autrichien *(m)*, -ne *(f)*
offen ouvert *(m)*, -e *(f)*
oft souvent

ohne sans
ohnmächtig werden s'évanouir
Oktober octobre *(m)*
Olive olive *(f)*
Onkel oncle *(m)*
Operation opération *(f)*
Orange orange *(f)*
Orangensaft jus d'orange *(m)*
Orchester orchestre *(m)*
ordnungsgemäß ordinaire
Ohr oreille
Ort endroit *(m)*
Osten est *(m)*
Ozean océan *(m)*

P

Paar paire *(f)*
packen gagner
Paket paquet *(m)*
Palast palais *(m)*
Papier papier *(m)*
Papst pape *(m)*
Parademarsch défilé *(m)*
Parfüm parfum *(m)*
Pariser(in), pariserisch parisien *(m)*, -enne *(f)*
Park parc *(m)*
parken parquer
Partei parti *(m)*
Paß passeport *(m)*
Passagier passager *(m)*, ère *(f)*
passend à propos
Pastor pasteur *(m)*
Patient client *(m)*, -e *(f)*
Pelz fourrure *(m)*
Pendel pendule *(f)*
Person personne *(f)*
Pfeffer pivre *(m)*
Pfeife pipe *(f)*
Pferd cheval, *pl:* cheveaux *(m)*
Pfirsich pêche *(f)*
Pflanze plante *(f)*
Pflock cheville *(f)*
Pfund livre *(f)*
Photo photo *(f)*
Pille pilule *(f)*
Pilz champignon *(m)*
Plakat placard *(m)*
Plan projet *(m)*, plan *(m)*
Planet planète *(f)*
Platz place *(f)*
plötzlich soudainement
Plünderung sac *(m)*
Plural pluriel *(m)*
Polizeistation commissariat de police *(m)*
Polizei police *(f)*
Polizist agent de police *(m)*
Porträt prtrait *(m)*
Portugal Portugal *(m)*
portugiesisch, Portugiese portugais *(m)*, -e *(f)*
Post bureau de poste *(m)*; courrier *(m)*
Postkarte carte postale *(f)*
prächtig magnifique *(m + f)*
Präsident président *(m)*
praktisch pratique *(m + f)*
Preis prix *(m)*
Priester prêtre *(m)*
Prinz prince *(m)*
Prinzessin princesse *(f)*
privat privé *(m)*, -e *(f)*
probieren goûter
Problem problème *(m)*
Produktion production *(f)*
produzieren produire
Professor professeur *(m)*
Profit profit *(m)*
Programm programme *(m)*
Pronomen pronom *(m)*
Propaganda propagande *(f)*
Propfen bouchon *(f)*
Protestant protestant *(m)*, -e *(f)*
protestieren protester

Provision commission *(f)*
Prozentsatz pourcentage *(m)*
prüfen contrôler; examiner
Psychiater psychiatre *(m)*
pünktlich exact *(m)*, -e *(f)*
Puppe pupée *(f)*
Pyjama pyjama *(m)*

Q

Qualität qualité *(f)*
Quelle fontaine *(f)*
Quittung reçcu *(m)*

R

Rad roue *(f)*
Radio radio *(f)*
Radreifen bandage *(m)*
Rang classe *(f)*
Ranke bras *(m)*
Rasierapparat rasoir *(m)*
Rasse race *(f)*
Rat(schlag) conseil *(m)*
Rate taux *(m)*
Ratgeber conseil *(m)*
Ratsversammlung conseil *(m)*
Ratte rat *(m)*
Rauch fumée *(f)*
rauchen fumer
rechnen compter
Rechnung note *(f)*
Recht droit *(m)*
Rechtsanwalt avocat *(m)*
reden parler
regelmäßig régulier *(m)*, -ère *(f)*
Regen pluie *(f)*
Regenmantel imperméable *(m)*
Regenschirm parapluie *(m)*
Regierung gouvernement *(m)*
reich riche *(m + f)*
Reifen pneu *(m)*
Reihe queue *(f)*
rein pur *(m)*, -e *(f)*; sec *(m)*, sèche *(f)*
reinigen nettoyer
Reinigung teinturerie *(f)*
Reis riz *(m)*
Reise trajet *(m)*; voyage *(m)*
reisen aller; voyager
Reisende(r) voyageur *(m)*, -euse *(f)*
Reißverschluß fermeture éclair *(f)*
Reiter monter à cheval
reizend charmant *(m)*, -e *(f)*
Religion religion *(f)*
rennen courir
reparieren reparer
Republik république *(f)*
Restaurant restaurant *(m)*
Revolution révolution
Rezept formule *(f)*
richten *(auf etw.)* porter
Richtung direction *(f)*
riechen sentir
Rind boeuf *(m)*
Rindfleisch boeuf *(m)*
Ring bague *(f)*
Risiko risque *(m)*
Rock jupe *(f)*
Röntgenstrahlen rayons X *(m Pl.)*
rösten bruler
Roman roman *(m)*
rosa rose
Rose rose *(f)*
rot rouge *(m + f)*
Rückseite derrière *(m)*
rufen appeler
Ruhestand retraite *(f)*
ruhig calme
rund rond *(m)*, -e *(f)*
Rundfunk radio *(f)*
russisch, Russe russe *(m + f)*
Rußland Russie *(f)*

S

Sache chose *(f)*
Sänger(in) chanteur *(m)*, -euse *(f)*
Saft jus *(m)*
sagen dire
Sahne crème *(f)*
Salat salade *(f)*
Salz sel *(m)*
sammeln ramasser; rassembler, collectioner
Samstag samedi *(m)*
sanft doux *(m)*, douce *(f)*
sauber propre
sauer aigre *(m + f)*
Schachtel boîte *(f)*
schätzen apprécier
Schatz trésor *(m)*
Schatzmeister trésorier *(m)*
Schauplatz scène *(f)*
Schauspiel spectacle *(m)*
Schauspieler acteur *(m)*
Schauspielerin actrice *(f)*
Scheck chèque *(m)*
scheinen sembler
scheinen (Sonne) briller
Schenke cabaret *(m)*
Schere ciseaux (m. Pl.)
scheu sauvage *(m + f)*
schicken envoyer
Schicksal destin *(m)*; fortune *(f)*
schieben pousser
schießen tirer
Schiff bateau *(m)*
Schilderung portrait *(m)*
Schinken jambon *(m)*
Schlacht bataille *(f)*
Schlafanzug pyjama *(m)*
schlafen dormir
schlafen gehen se coucher
schlagen frapper
schlagen (sich) (se) battre
Schlagzeug batterie *(f)*
Schlange serpent *(m)*
schlecht *(Adj.)* mauvais *(m)*, -e *(f)*
schlecht *(Adv.)* mal
schließen fermer
schlimm mauvais *(m)*, -e *(f)*
schlimm *(Adv.)* mal
schlimmer pire *(m + f)*
Schloß château fort, château *(m)*
Schlüssel clé *(f)*
schmal étroit *(m)*, -e *(f)*
Schmerz douleur *(f)*
schmerzhaft douloreux *(m)*, -euse *(f)*
Schmuck bijouterie *(f)*
Schmutz boue *(f)*
Schnecke escargot *(m)*
Schnee neige *(f)*
schneiden (ab-, auf-, be-, durch-, ver-, zer-) couper
Schneider tailleur *(m)*
schnell rapide *(m + f)*; vite
Schnitt taille *(f)*
Schnurrbart moustache *(f)*
schön beau *(m)*, belle *(f)*
Schönheit beauté *(f)*
Schönheitssalon salon de beauté *(m)*
Schokolade chocolat *(m)*
schon déjà
Schornstein cheminée *(f)*
schottisch écossais *(m)*, -e *(f)*
Schottland Ecosse *(f)*
Schranke barrière *(f)*
schrecklich terrible *(m + f)*
schreiben écrire
Schreibmaschine machine à écrire
Schreibtisch bureau *(m)*
Schriftsteller écrivain *(m)*
schrill aigre *(m + f)*
Schublade tiroir *(m)*
Schuh chaussure *(f)*
Schuld (Geldschuld) dette
schulden devoir
schuldig coupable
Schule classe *(f)*; école *(f)*

Schulter épaule *(f)*
schwach faible (m .u. f.)
Schwägerin belle-soeur *(f)*
Schwager beau-frère *(m)*
schwanger enceinte *(f)*
Schwanz queue *(f)*
schwarz noir *(m)*, -e *(f)*
schwatzen bavarder
Schweigen silence *(m)*
Schwein cochon *(m)*
Schweinefleisch porc *(m)*
Schweizer(in), schweizerisch suisse *(m + f)*
Schweiz Suisse *(f)*
schwer gros *(m)*, -se *(f)*; lourd *(m)*, -e *(f)*
Schwester soeur *(f)*
Schwiegermutter belle-mère *(f)*
Schwiegersohn gendre *(m)*
Schwiegertochter belle-fille *(f)*
Schwiegervater beau-père *(m)*
schwierig difficile; fort *(m)*, -e *(f)*
Schwierigkeit difficulté *(f)*
Schwimmbad piscine *(f)*
schwimmen nager
Schwindel (med.) vertige *(m)*
sechs six
sechzehn seize
sechzig soixante
See lac *(m)*
Seekrankheit mal de mer *(m)*
Seele âme *(f)*
Seemann marin *(m)*
Segel voile *(m)*
sehen voir
sehr très
sehr gut très bien
Seide soie *(f)*
Seidenschal foulard *(m)*
Seife savon *(m)*
Seil corde *(f)*
sein être
sein(e), ihr(e) son *(m)*, sa *(f)*, ses *(m + f Pl.)*
seit depuis
Seite page *(f)*
Sekretär(in) secrétaire *(m) (f)*
Sekunde seconde *(f)*
selbst même *(m + f)*
selten *(Adj.)* rare *(m + f)*
selten *(Adv.)* rarement
seltsam étrange *(m + f)*; rare *(m + f)*
Senf moutarde *(f)*
September septembre *(m)*
Serviette serviette *(f)*
setzen mettre
setzen, sich s'asseoir
sicher sûr *(m)*, -e *(f)*; sauf *(m)*, sauve *(f)*
sicherlich certainement; sûrement
siebzehn dix-sept
sie elle *(f)*
sie *(Pl.)* ils *(m)*, elles *(f)*
sie selbst *(f)* elle-même
sie selbst *(Pl.)* eux-mêmes *(m Pl.)*, elles-mêmes *(f pl.)*
sieben sept
siebzig soixante-dix
Sieg victoire
Silber argent *(m)*
singen chanter
Ski laufen skier
Smaragd émeraude *(f)*
so si
Socken chaussettes *(f pl.)*
Sofa canapé *(m)*
sogar même
Sohn fils *(m)*
Soldat soldat *(m)*
Sold solde *(f)*
sollen devoir
Sommer été *(m)*
sondern mais
Sonne soleil *(m)*
Sonntag dimanche *(m)*
Sorge tragen für prendre soin de
Sortiment assortiment *(m)*
Soße sauce *(f)*

Souterrain sous-sol *(m)*
spät tard
später plus tard
Spanien Espagne *(f)*
spanisch, Spanier espagnol *(m)*, -e *(f)*
Spargel asperge *(f)*
sparsam économique
Spaß plaisanterie *(f)*
spaßig amusant *(m)*, -e *(f)*
spazierengehen faire une promenade
Speck bacon *(m)*
Speisekarte carte *(f)*; menu *(m)*
speziell *(Adj.)* spécial *(m)*, -e *(f)*
speziell *(Adv.)* spécialement
Spiegel miroir *(m)*
Spiel jeu *(m)*
spielen jouer
Spielzeug jouet *(m)*
Spitze dentelle *(f)*
Sport sport *(m)*
Sprache langue *(f)*
sprechen parler
Springbrunnen fontaine *(f)*
springen sauter
Staat état *(m)*
Stadt ville *(f)*
Stahl acier *(m)*
stark fort *(m)*, -e *(f)*; gros *(m)*, -se *(f)*
stattfinden venir
Statue statue *(f)*
Staub poussière *(f)*
Steak steak *(m)*, entrecôte *(f)*
Stechmücke moustique *(m)*
stehlen voler
steigen (an-, ein-) monter
steil rapide *(m + f)*
Stein pierre *(f)*
Stelle endroit *(m)*
stellen mettre
Stellung position *(f)*; situation *(f)*
stellvertretend représent *(m)*, -e *(f)*
Stenograf(in) sténographe *(m + f)*
sterben mourir
Stern étoile *(f)*
Steuer impôt *(m)*
steuern naviguer
Stickerei broderie *(f)*
Stiefbruder beau-frère *(m)*
Stiefmutter belle-mère *(f)*
Stiefschwester belle-soeur *(f)*
Stieftochter belle-fille *(f)*
Stiefvater beau-père *(m)*
Stier taureau *(m)*
Stil style *(m)*
still calme
Stille silence *(m)*
Stimme voix *(f)*
stören déranger
stoßen pousser
Strand côte *(f)*; plage *(f)*
Strang corde *(f)*
Straße avenue *(f)*; route *(f)*; rue *(f)*
Straßenkreuzung carrefour *(m)*
streben nach chercher
Streichhölzer allumettes *(f pl.)*
Streik grève *(f)*
Strick corde *(f)*
Strickjacke sweater *(m)*, pull *(m)*
Strümpfe bas (m. Pl.)
Stück morceau *(m)*
Student(in) étudient *(m)*, -e *(f)*
studieren étudier
Stuhl chaise *(f)*
Stunde heure *(f)*
Sturm orage *(m)*
Subjekt sujet *(m)*
suchen chercher
Südamerika Amérique du Sud *(f)*
Süden sud *(m)*
süß doux *(m)*, douce *(f)*
Süßigkeit bonbon *(m)*
Süßspeise crème *(f)*
Suppe soupe *(f)*
System système *(m)*
Szene scène *(f)*

T

Tabak tabac *(m)*
täglich *(Adj.)* quotidien *(m)*,-ne *(f)*
täglich *(Adv.)* tous les jours
Tänzer(in) danseur *(m)*, danseuse *(f)*
Tafel tableau *(m)*
Tag jour *(m)*
taktvoll discret *(m)*, -ète *(f)*
Tal vallée *(f)*
Talent talent *(m)*
Tank reservoir *(m)*
Tankstelle poste d'essence *(m)*
Tante tante *(f)*
tanzen danser
tapfer brave
Tasche poche *(f)*; sac *(m)*
Taschenlampe lampe de poche
Tasse tasse *(f)*
tausend mille
Taxi taxi *(m)*
Tee thé *(m)*
Teil partie *(f)*
teilen diviser
Teilhaber associé *(m)*
Telefon téléphone *(m)*
Telegramm télégramme *(m)*
Teller assiette *(f)*
Tempel temple *(m)*
Temperatur température *(f)*
Tennis tennis *(m)*
Teppich tapis *(m)*
Terrasse terrasse *(f)*
teuer cher *(m)*, chère *(f)*
Teufel diable *(m)*
Theater théâtre *(m)*
Theaterstück pièce *(f)*
Thema sujet *(m)*
Thermometer thermomètre *(m)*
tief profond *(m)* -e *(f)*
Tier animal *(m)*
Tiger tigre *(m)*
Tisch table *(f)*
Tischtuch nappe *(f)*
Tochter fille *(f)*
töten tuer
Tomate tomate *(f)*
Topf pot *(m)*
Tor porte *(f)*
tot mort *(m)*, -e *(f)*
Tourist(in) touriste *(m + f)*
tragen porter
Trauben raisins *(m)*
Traum rêve *(m)*
traurig triste *(m + f)*
treffen rencontrer
Treffen réunion *(m)*
Treffpunkt rendez-vous *(m)*
Treppe escalier *(m)*
trinken boire
Trinkgeld pourboire *(m)*
Trinkspruch toast *(m)*
trocken sec *(m)*, sèche *(f)*
Trommel tambour *(m)*
trostlos désolé *(m)*, -e *(f)*
trübe sombre *(m + f)*
tüchtig bon *(m)*, bonne *(f)*
Tür porte *(f)*
Türke, türkisch turque *(m + f)*
Türkei Turquie
tun faire
Tunnel tunnel *(m)*
Turm tour *(f)*
Typ type *(m)*
typisch typique
Typus type *(m)*

U

U-Bahn métro *(m)*
U-Boot sous-marin *(m)*
übel mauvais *(m)*, -e *(f)*
über sur
überall partout

überall wo partout où
Übereinstimmung correspondance *(f)*
Überfahrt trajet *(m)*
überholen dépasser
Überraschung surprise *(f)*
Übersetzung traduction *(f)*
überzeugen convaincre
übrigbleiben rester
übrigens à propos; d'ailleurs
Übung exercice
Uhr heure *(f)*; montre *(f)*
um à
um zu afin de
Umgebung alentours (m. Pl.)
Umhang cape *(f)*
Umkleideraum vestiaire *(m)*
Umleitung détour *(m)*
umtauschen échanger
Umweg détour *(m)*
umziehen (Wohnung) déménager
unangenehm ennuyeux *(m)*, -euse *(f)*
unbekannt inconnu *(m)*, -e *(f)*
unbequem incommode *(m + f)*
und et
unehrlich malhonnête *(m + f)*
unentgeltlich gracieux *(m)*, -euse *(f)*
Unfall accident *(m)*
Unfallstation ambulance *(f)*
ungefähr environ
ungesund mauvais *(m)*, -e *(f)*
unglaublich incroyable *(m + f)*
unglücklicherweise malheureusement
Uniform uniforme *(m)*
Universität université *(f)*
unmöglich impossible *(m + f)*
unrecht haben avoir tort
uns nous
unsere(r) notre
Unterbekleidung sous-vêtements *(m Pl.)*
unterbrechen couper
Untergrund sous-sol *(m)*
Unterhaltung conversation *(f)*
Unterricht classe *(f)*
Unterschrift signature *(f)*
unter entre; sous
unter (mitten) parmi
unterrichten enseigner
unterschreiben signer
unverzüglich immédiatement
unvollkommen imparfait *(m)*, -e *(f)*
unwissend ignorant *(m)*, -e *(f)*
Urkunde papier *(m)*
ursprünglich original *(m)*,-e *(f)*

V

Vater père *(m)*
Verabredung rendez-vous *(m)*
verabscheuen détester
verändern changer
veranlassen (zu etw.) porter
verantwortlich responsable
Verb verbe *(m)*
Verband bandage *(m)*
verbergen chacher
verbessern améliorer
verbieten défendre
Verbindung combinaison *(f)*
verboten défendu *(m)*, -e *(f)*
Verbrechen crime *(m)*
verbrecherisch criminel *(m)*, -le *(f)*
verdanken devoir
Verdauungsstörung indigestion
verdienen gagner
Vereinigte Staaten États-Unies *(m Pl.)*
Vereinte Nationen Nations Unies *(f pl.)*
vereiteln traverser
verfassen composer
verfügbar disponible
vergangen passé *(m)*, -e *(f)*
Vergaser carburateur *(m)*
vergessen oublier
Vergnügen plaisir *(m)*

vergrößern augmenter; grandir
verhaften arrêter
verheiratet marié *(m)*, -e *(f)*
verhindern empêcher
verkaufen vendre
Verkehr circulation *(f)*
verlangen demander
Verleger éditeur *(m)*
verlieren perdre
verloren perdu *(m)*, -e *(f)*
vermeiden éviter
vermieten louer
vernachlässigen négliger
vernünftig sage *(m + f)*
verpflichten obliger
verrückt fou *(m)*, folle *(f)*
versäumen négliger
versammeln rassembler
Versammlung réunion
verschieden différent *(m)*, -e *(f)*; divers *(m)*, -e *(f)*
verschwiegen discret *(m)*, ète *(f)*
Verspätung retard *(m)*
versprechen promettre
versprochen promis *(m)*, -e *(f)*
verstecken cacher
versteckt en dessous
verstehen comprendre; entendre
versuchen essayer
vertauschen changer
verteidigen défendre
Vertreter agent *(m)*
verursachen porter
verwaist orphelin *(m)*, -e *(f)*
verwenden employer
verzeihen pardonner
Verzeihung pardon
viel beaucoup de
viele beaucoup
vielleicht peut-être
vielmehr plutôt
Viertel quart *(m)*
vier quatre
vierzehn quatorze
vierzig quarante
violett violet *(m)*, -te *(f)*
Visum visa *(m)*
Vogel oiseau *(m)*
Volk foule *(f)*
volkstümlich populaire *(m + f)*
vollkommen *(Adj.)* complet *(m)*, -ète *(f)*; parfait *(m)*, -e *(f)*
vollständig *(Adj.)* complet *(m)*, -ète *(f)*
von à; de
von vorn en face de
vor, vorher avant
vorbereiten préparer
vorherig antérieur *(m)*, -e *(f)*
vorig (nach d. Subst.) dernier *(m)*, -ère *(f)*
vorn avant
vornehm beau *(m)*, belle *(f)*; haut *(m)*, -e *(f)*
vorschießen avancer
Vorsicht! Attention!
vorstellen présenter; représenter
vorstellen, sich (i. Sinne von denken) s'imaginer
vortragen dire
vorübergehend temporaire *(m + f)*
vorwärts! en avant!
vorwärtskommen avancer
vorziehen préférer

W

wählen choisir
während par; pendant que; pour
Währung monnaie *(f)*
Wäsche linge *(m)*
Waffe arme *(f)*
wahr vrai *(m)*, -e *(f)*
wahrhaftig vraiment
wahrscheinlich probablement

Wald bois *(m)*; forêt *(f)*
Wandschrank placard *(m)*
wann quand
Warenhaus grand magasin *(m)*
warm chaud *(m)*, -e *(f)*
warten attendre
warum pourquoi
waschecht lavable *(m + f)*
waschen laver
Wasser eau *(f)*
wechseln échanger
wechseln (Geld) changer
weder ... noch (mit *ne* b. Vb.) ni … ni
Weg chemin *(m)*; route *(f)*
wegen pour
weggehen partir; s'en aller
wegnehmen enlever; lever
wehen souffler
weich doux *(m)*, douce *(f)*
Weihnachten Noël *(m)*
weil parce que
Wein vin *(m)*
weinen pleurer
weiß blanc *(m)*, blanche *(f)*
weit large *(m + f)*; loin
weiter plus loin
Weizen blé *(m)*
welche(r), welches, welche *(Pl.)* quel, quelle, quels, quelles
Welt monde *(m)*
wen que, qui
wenden tourner
weniger monis
wenn que; si
wer qui
Werbung propagande *(f)*
werden devenir
werden (Passiv) être
werfen jeter
Wert prix *(m)*; valeur *(f)*
Westen ouest *(m)*
Wette pari *(m)*
Wetter temps *(m)*
Wichtigkeit importance *(f)*
wie comme; comment
wiedererkennen reconnaître
wiederholen répéter
wiederkommen revenir
Wiedersehen, auf au revoir
wiegen peser
wild sauvage *(m + f)*
Willkommen! Bienvenue!
Wind air *(m)*; vent *(m)*
Winter hiver *(m)*
wir nous
wirklich propre; vrai *(m)*, -e *(f)*
Wirkung opération *(f)*
Wirt patron *(m)*
Wirtshaus bouchon *(f)*
wissen savoir
Wissen savoir *(m)*
Wissenschaft science *(f)*
Wissenschaftler savant *(m)*
Witwe veuve *(f)*
Witwer veuf *(m)*
wo où
Woche semaine *(f)*
Wochenende week-end *(m)*
Wörterbuch dictonnaire *(m)*
wohin où
wohnhaft résident *(m)*, -e *(f)*
Wohnung appartement *(m)*
Wohnzimmer salon *(m)*
Wolf loup *(m)*
Wolke nuage *(m)*
Wolle laine *(f)*
wollen vouloir
worin où
Wort mot *(m)*
wovon dont
wünschen désirer
Wüste désert *(m)*
wunderbar merveilleux *(m)*, -se *(f)*

Z

zählen compter
Zahl nombre *(m)*
zahlreich nombreux *(m)*, -euses *(f)*
Zahn dent *(f)*
Zahnarzt dentiste *(m)*
Zahnbürste brosse à dents *(f)*
Zahnpaste dentifrice *(m)*
Zehe doigt de pied *(m)*, orteil *(m)*
zehn dix
Zeichen sigen *(m)*
Zeichnung dessin *(m)*
zeigen montrer
Zeit temps *(m)*
Zeit (Uhrzeit) heure *(f)*
Zeit, zu gelegener à propos
Zeitalter siécle *(m)*
Zeitung journal *(m)*
zeitweilig temporaire *(m + f)*
Zement ciment *(m)*
zentral central *(m)*, -e *(f)*
Zentrum centre *(m)*
zerbrechen casser
zerbrechlich fragile
zerbrochen cassé *(m)*, -e *(f)*
zerstören détruire
zerstreut (bildl.) absent *(m)*, -e *(f)*
Ziege chèvre *(f)*
ziehen tirer
Ziel fin *(f)*
Zigarette cigarette *(f)*
Zigarre cigare *(m)*
Zimmer chambre *(f)*
Zimmerdecke plafond *(m)*
Zimmeruhr pendule *(f)*
Zitrone lemon *(m)*
zögern hésiter
Zoll douane *(f)*
Zone zone *(f)*
Zoo zoo *(m)*
zu viel trop
zubereiten préparer
Zucker sucre *(m)*
Zufall accident *(m)*
zufrieden content *(m)*, -e *(f)*
Zugabe extra *(m)*
zugehören appartenir
Zugwind air *(m)*
Zug train *(m)*
zuhören écouter
Zukunft futur *(m)*, avenir *(m)*
zumachen fermer
Zurückgezogenheit retraite *(f)*
zurückkehren retourner; revenir
zurückweisen refuser
zurückzahlen rembourser
zusammen ensemble
Zusammenkunft rendez-vous *(m)*; réunion *(f)*
zusammensetzen composer
Zusammenstellung combinaison *(f)*
zwanzig vingt
zweckmäßig pratique *(m + f)*
zwei deux
zweite(r) deuxième *(m + f)*
Zwiebel lignon *(m)*
zwingen obliger
zwischen entre
zwölf douze